Walter Göbel

Abiturwissen Geschichte

Erster Weltkrieg und Weimarer Republik

Klett Lernen und Wissen

Dr. Walter Göbel ist Gymnasiallehrer für die Fächer Geschichte und Englisch in Bayern, langjähriger Referent an der Akademie in Dillingen a.d. Donau und bei der Konrad-Adenauer Stiftung. An der Universität Würzburg ist er Zweitprüfer im Staatsexamen für das Fach „Didaktik der Geschichte".

Bibliographische Information Der Deutschen Bibliothek
Die Deutsche Bibliothek verzeichnet diese Publikation in der Deutschen Nationalbibliographie; detaillierte bibliographische Daten sind im Internet über http://dnb.ddb.de abrufbar

Auflage   6. 5. 4. 3. | 2011 2010 2009 2008
Die letzten Zahlen bezeichnen jeweils die Auflage und das Jahr des Druckes.

Klett Lernen und Wissen GmbH, Stuttgart 2008
© Ernst Klett Verlag GmbH, Stuttgart 2005
Internetadresse: www.klett.de
Umschlagfoto: Thomas Weccard, Ludwigsburg
Satz: SMP Oehler, Remseck
Druck: Druck Partner Rübelmann, Hemsbach
Printed in Germany
ISBN 978-3-12-929809-1

Inhalt

1 Der Erste Weltkrieg   **5**
  1.1 Die Ursachen   6
  1.2 Die Bündniskonstellationen   6
  1.3 Die Krisen im Vorfeld   7
  1.4 Der Kriegsausbruch   9
  1.5 Die Kriegsschuldfrage   10
  1.6 Die Kriegsziele   11
  1.7 Der Kriegsverlauf in Europa   12
  1.8 Die Charakteristik des Ersten Weltkriegs   15

2 Die Entstehungsbedingungen der Weimarer Republik   **19**
  2.1 Die innenpolitische Situation während des Ersten Weltkriegs   20
  2.2 Der Waffenstillstand   23
  2.3 Die Novemberrevolution 1918   24
  2.4 Die Bewertung der Revolution   27
  2.5 Die chronologische Struktur der Weimarer Republik   28

3 Die Etablierung der Weimarer Republik   **31**
  3.1 Der Rat der Volksbeauftragten   32
  3.2 Der „Pakt mit den alten Mächten"   33
  3.3 Demokratie oder Räterepublik?   34
  3.4 Die verfassunggebende Nationalversammlung   36
  3.5 Die Wahl Eberts zum Reichspräsidenten   38
  3.6 Probleme der Konzipierung der Verfassung   38
  3.7 Die Verfassung   39

4 Parteien, Reichswehr und paramilitärische Organisationen   **45**
  4.1 Die Parteien   46
  4.2 Die Reichswehr   53
  4.3 Paramilitärische Organisationen   53

5 Der Vertrag von Versailles und seine Folgen   **57**
  5.1 Unterschiedliche Friedenskonzepte   58
  5.2 Das Problem des Friedenschließens   58
  5.3 Die Annahme des Vertrags   59
  5.4 Die wesentlichen Bestimmungen   60
  5.5 Die Problematik der einzelnen Bestimmungen   61
  5.6 Die Dolchstoßlegende   63
  5.7 Die Beurteilung des Vertrags   64

6 Innenpolitische Belastungen der Anfangsjahre   **67**
  6.1 Räterepubliken   68
  6.2 Der Kapp-Putsch   69
  6.3 Kommunistische Aufstände   71
  6.4 Die innenpolitischen Auswirkungen   72
  6.5 Der Mord als politisches Mittel   72

7 Das Krisenjahr 1923   **75**
7.1 Der Ruhrkampf   76
7.2 Die Inflation   78
7.3 Der Separatismus   81
7.4 Der Hitlerputsch   82

8 Das Problem der Reparationen   **87**
8.1 Der Kampf um die Reparationsbedingungen   88
8.2 Die Reparationskonferenzen   89

9 Die Außenpolitik der Weimarer Republik   **95**
9.1 Bedingungsfaktoren der deutschen Außenpolitik   96
9.2 Der Vertrag von Rapallo   96
9.3 Die Locarno-Verträge   99
9.4 Die Aufnahme Deutschlands in den Völkerbund   102
9.5 Der Berliner Vertrag   103
9.6 Erfolge und Misserfolge der Stresemann'schen Außenpolitik   104
9.7 Die Beurteilung Stresemanns   105

10 Die ruhigen Jahre der Weimarer Republik (1924–1929)   **107**
10.1 Die „goldenen Zwanzigerjahre"   108
10.2 Die wirtschaftliche Entwicklung   108
10.3 Die Sozialpolitik   109
10.4 Wissenschaft und Technik   110
10.5 Kulturelle Blütezeit   111
10.6 Die Abschwächung des Radikalismus   112
10.7 Die Schwäche des Parlamentarismus   113
10.8 Die Reichspräsidentenwahl von 1925 als Symptom dieser Entwicklung   114

11 Die Krise des parlamentarischen Systems   **117**
11.1 Der Anfang vom Ende: Das Scheitern der Großen Koalition   118
11.2 Der Beginn der Präsidialkabinette   120

12 Der Untergang der Weimarer Republik   **123**
12.1 Die Regierung Brüning   124
12.2 Die Reichspräsidentenwahl von 1932   129
12.3 Das Kabinett von Papen   130
12.4 Bürgerkrieg in Permanenz   136
12.5 Das Kabinett von Schleicher   137
12.6 Die Ernennung Hitlers zum Reichskanzler   139
12.7 Ursachen und Gründe für das Scheitern Weimars   139

Fragen und Arbeitsaufträge   **146**

Arbeitsaufträge im Abitur und bei Klausuren   **150**

Musterklausur   **153**

Zitat-, Literatur- und Abbildungsnachweis   **159**

Glossar   **162**

Der Erste Weltkrieg

Deutsche, russische und amerikanische Kriegspropaganda

„Nun aber wollen wir sie dreschen!" England (John Bull) bekommt einen Fußtritt, Frankreich und Russland K.O.-Schläge.

„Der große Europäische Krieg!" Russland schlägt dem deutschen Drachen den Kopf ab.

US-Freiwilligenwerbung zum Kampf gegen den deutschen King Kong (mit Pickelhaube)

Lied an alle

(1) Sei uns gesegnet, ernste Stunde,
Die uns endlich stählern eint;
Frieden war in aller Munde,
Argwohn lähmte Freund wie Feind –
Jetzt kommt der Krieg!
Der ehrliche Krieg!

(2) Dumpfe Gier mit stumpfer Kralle
Feilschte um Genuss und Pracht;
Jetzt auf einmal fühlen alle
Was uns einzig selig macht –
Jetzt kommt die Not!
Die heilige Not!

(3) Feurig wird nun Klarheit schweben
Über Staub und Pulverdampf;
Nicht ums Leben, nicht ums Leben
Führt der Mensch den Lebenskampf –
Stets kommt der Tod,
Der göttliche Tod!

(4) Gläubig greifen wir zur Wehre
Für den Geist in unserm Blut;
Volk tritt ein für deine Ehre,
Mensch, dein Glück heißt Opfermut –
Dann kommt der Sieg,
Der herrliche Sieg!

(Richard Dehmel, 1914)

1

1.1 Die Ursachen

Der Erste Weltkrieg hatte eine Reihe von Ursachen. Sie bedingten und verschärften sich wechselseitig, bestimmten die europäische Politik gegen Ende des 19. und zu Beginn des 20. Jahrhunderts, erzeugten zahlreiche Konflikte und Krisen, vergifteten das Verhältnis der Großmächte und schufen eine Atmosphäre des Misstrauens. Diese **Ursachen** waren:

- Machtpolitische Gegensätze im europäischen Staatensystem.
- Der Imperialismus* europäischer und überseeischer Mächte (England, Frankreich, Russland, Deutschland, Italien, Belgien, USA und Japan) löste einen Wettlauf um Kolonien aus, verstärkte die Konkurrenz der Großmächte, erzeugte politische Spannungen und Krisen und bewirkte einen Rüstungswettlauf.

z.B. zwischen Deutschland-Großbritannien, Deutschland-Frankreich, Österreich-Ungarn und Russland

- Eine ausgeprägte Prestigepolitik der Großmächte, die oft von maßlosem Nationalismus* und Chauvinismus* bestimmt wurde.
- Die vor allem von Wilhelm II. geforderte und betriebene deutsche Weltmachtpolitik.
- Die deutsch-britische Rivalität im Flottenbau.
- Die Schwierigkeiten des österreichisch-ungarischen Vielvölkerstaates.
- Der absehbare Zerfall des Osmanischen Reiches, der in Österreich und Russland Hoffnungen auf territoriale Gewinne weckte.
- Wachsende Interessenskonflikte auf dem Balkan zwischen (dem panslawistischen*) Russland, Serbien und Österreich-Ungarn („Pulverfass Balkan").
- Überstürzte Mobilmachungen und Ultimaten in der Julikrise 1914.

Wilhelm II. (1900): „Der Ozean ist unentbehrlich für Deutschlands Größe. Aber der Ozean beweist auch, dass auf ihm in der Ferne, jenseits von ihm, ohne Deutschland und ohne den Deutschen Kaiser keine große Entscheidung mehr fallen darf." [1]
Der spätere Reichskanzler von Bülow hatte bereits 1897 im Reichstag für Deutschland einen „Platz an der Sonne" verlangt.

1.2 Die Bündniskonstellationen

z.B. die Krügerdepesche 1896, Wilhelms „Hunnenrede" 1902, der Bau der Bagdadbahn (Beginn 1903), Wilhelms Daily Telegraph Interview (1908), der verschärfte Bau der Kriegsflotte (1898-1914).

Die aggressive und oft ungeschickte Außen- und Flottenpolitik Wilhelms II. sowie sein Weltmachtanspruch in Afrika, Ostasien und im Pazifik isolierte das Deutsche Reich seit Mitte der Neunzigerjahre des 19. Jahrhunderts zunehmend und führte dazu, dass sich die Bündnispolitik Bismarcks ins Gegenteil verkehrte: Nachdem der Kaiser ein Bündnisangebot der britischen Regierung 1901 platzen ließ, da er sein ehrgeiziges Flottenaufbauprogramm nicht verlangsamen wollte, schloss **Großbritannien 1902** ein **Bündnis mit Japan** und **1904** die **Entente cordiale*** („herzliches Einverständnis") mit **Frankreich**, das bereits zehn Jahre zuvor (1894) ein **Defensivbündnis** mit **Russland** eingegangen war. Die Entente cordiale hatte zunächst ausschließlich koloniale Bedeutung, wurde aber angesichts der europäischen Mächtekonstellation und der Krisen im Vorfeld des Ersten Weltkriegs bald zu einem auf Europa bezogenen und gegen Deutschland gerichteten Bündnis.

z. B. in der ersten Marokko-krise von 1905

Die enge Beziehung des Deutschen Reichs zu Österreich-Ungarn und die säbelrasselnde Außenpolitik Wilhelms II. bewirkten auch eine Annäherung zwischen Großbritannien und Russland. Nachdem beide Großmächte ihre Interessen im Mittleren Osten abgestimmt und ihr Verhältnis verbessert hatten, ergab sich 1907 eine britisch-französisch-russische Verbindung, die **Triple-Entente***. Darin sah die Führungsspitze des Deutschen Reichs eine vornehmlich von Großbritannien betriebene „Einkreisung" Deutschlands, reagierte mit chauvinistischen und agitatorischen* Aktionen und intensivierte den **Zweibund*** (von 1879) mit Österreich-Ungarn. Trotzdem versuchte Großbritannien 1912 den Ausbau der deutschen Flotte, die unter Admiral Tirpitz im ersten Jahrzehnt des 20. Jahrhunderts zur zweitstärksten der Welt wurde, durch einen Vertrag mit Deutschland zu begrenzen („Haldane-Misson") und den kostspieligen Rüstungswettlauf zwischen beiden Staaten zu stoppen. Als ein deutsch-britisches Bündnis an der starren Flottenpolitik Wilhelms II. und Tirpitz' scheiterte, standen die **Kriegskonstellationen** fest: Der **Triple Entente** stand der **Zweibund** gegenüber. Auf Seiten der so genannten Mittelmächte standen auch das Osmanische Reich, Bulgarien und Italien, dessen Bindungen zu seinen Partnern des Dreibundes* von 1882 (Deutsches Reich, Österreich-Ungarn) sich jedoch aufgrund eines Neutralitätsvertrages mit Frankreich (1902) und wachsender Spannungen mit Österreich gelockert hatten.

Der massive Flottenbau begann 1898. Als Ziel legte Tirpitz fest, dass „eine möglichst starke Schlachtflotte" der englischen zwar nicht in der Zahl der Schiffe, wohl aber in deren waffentechnischer Qualität überlegen sein sollte.

1.3 Die Krisen im Vorfeld

Die Rivalität der europäischen Großmächte verschärfte in der unmittelbaren Vorkriegszeit die machtpolitischen Gegensätze. Zahlreiche Krisen und Konflikte schufen zwischen 1905 und 1914 die feindselige Atmosphäre des Ersten Weltkriegs. Dazu gehören:

* Die **erste Marokkokrise**. 1905 wandten sich Wilhelm II. und Reichskanzler von Bülow gegen den wachsenden Einfluss Frankreichs in Marokko, um dort deutsche Wirtschaftsinteressen zu schützen. Der Kaiser reiste nach Tanger, betonte die Unabhängigkeit Marokkos und löste dadurch eine internationale Krise aus. Die Konferenz von Algeciras brachte keinen Erfolg. Sie bestätigte zwar die Unabhängigkeit des Sultanats Marokko,

31.3.1905

Januar-März 1906

1

ohne dass sich am französischen Einfluss in Nordwestafrika etwas änderte, isolierte jedoch Deutschland als Provokateur und Friedensstörer.

- Die **zweite Marokkokrise**. Als Frankreich gegen marokkanische Aufständische militärisch vorging, die den Sultan stürzen wollten, entsandte Wilhelm II. am 1. Juli **1911** das Kanonenboot „Panther" zum westmarokkanischen Hafen Agadir, um deutsche Ansprüche in dieser Region zu demonstrieren. Der „**Panthersprung nach Agadir**" löste eine Krise zwischen dem Deutschen Reich und dem von Großbritannien unterstützten Frankreich aus, die zeitweilig in eine militärische Auseinandersetzung auszuarten drohte. Nach zähen Verhandlungen legte der deutsch-französische **Marokko-Kongo-Vertrag** im November 1911 die Errichtung des französischen Protektorats* über Marokko fest und die Übergabe kleinerer Randgebiete des französischen Kongo an Deutschland. Der Vertrag, der keine Entspannung zwischen den beteiligten Mächten bewirkte, wurde in beiden Staaten von nationalistischen Kreisen als Niederlage empfunden und heftig kritisiert. Wilhelms Drohgebärde hatte die bereits bestehenden Spannungen verschärft, die Großmächte rüsteten hektisch auf und bereiteten sich auf einen Krieg vor.

Beide Marokkokrisen, die von Wilhelm II. als Machtdemonstrationen genutzt wurde, endeten mit diplomatischen Niederlagen für das Deutsche Reich und festigten bei den anderen Großmächten den Eindruck, Deutschlands Weltpolitik bedrohe den Frieden Europas. Vor allem die zweite Marokkokrise führte zu einer intensiveren Zusammenarbeit der Entente-Mächte.

- Die **erste Balkankrise** („Bosnienkrise"). Im Herbst **1908** nutzte Österreich innenpolitische Wirren in der Türkei („Jungtürkische Revolution"), um die türkischen Provinzen Bosnien und Herzegowina zu annektieren*. Dagegen protestierten Serbien, Montenegro und Russland heftig. Die Krise löste im Winter 1908/09 Mobilisierungsmaßnahmen Serbiens, Russlands und Österreich-Ungarns aus. Die deutsche Regierung verschärfte diese Situation, indem sie die Donaumonarchie zu kompromisslosem Vorgehen gegen Serbien aufforderte und von Russland ultimativ verlangte, die Unterstützung Serbiens aufzugeben. Das vom verlorenen Krieg gegen Japan (1905) noch geschwächte Zarenreich lenkte schließlich ein, schloss sich aber noch enger an Großbritannien und Frankreich an.

- Die **zweite Balkankrise**. Die von Russland unterstützten nationalrevolutionären Befreiungsbewegungen auf dem Balkan gegen die Türkei führten **1912** zu dem „Balkanbund" zwischen Serbien, Bulgarien, Griechenland und Montenegro und zum **ersten Balkankrieg** (Herbst **1912**). Die Türkei verlor bis auf ein kleines Gebiet vor Istanbul alle ihre europäischen Besitzungen. Die Aufteilung der Beute löste einen gegen Bulgarien gerichteten **zweiten Balkankrieg** aus (Sommer **1913**), aus dem Serbien als Gewinner hervorging.

Der maßlose Nationalismus bzw. Chauvinismus der jungen Balkanstaaten verhinderte die Entstehung eines neuen Ordnungssystems im Südosten Europas und schuf zusätzliche Konflikte, in die die Großmächte immer wieder hineingezogen wurden oder an denen sie sich aus machtpolitischen Gründen beteiligten. So wurde der Balkan zum „Pulverfass" Europas und zum Auslöser des Ersten Weltkriegs.

1.4 Der Kriegsausbruch

Der Krieg wurde ausgelöst durch die **Ermordung des österreichischen Thronfolgers Franz Ferdinand** und seiner Frau. Ende Juni 1914 besuchten beide Sarajevo, die Hauptstadt des 1908 von Österreich-Ungarn annektierten Bosnien-Herzegowina. Dabei wurden beide von dem bosnischen Studenten Gavrilo Princip im Auftrag der serbischen Untergrundorganisation „Schwarze Hand" ermordet. Eine direkte Beteiligung der serbischen Regierung wurde nicht deutlich. Dieser Mord löste die **„Julikrise"** aus, die geprägt war von Drohgebärden, halbherzigen diplomatischen Vermittlungsversuchen und Fehleinschätzungen. Kaiser Franz Joseph I. und die Mehrheit der österreichisch-ungarischen Spitzenpolitiker, bei denen der Thronfolger nicht sehr beliebt gewesen war, wollten zunächst – im Gegensatz zu den Militärs – keinen Krieg gegen Serbien. Sie wurden jedoch von Wilhelm II. und Kanzler von Bethmann Hollweg unter Druck gesetzt, die eine „Abrechung" mit den Serben und einen militärischen Leistungsnachweis des Bündnispartners wollten. Schließlich richtete Österreich-Ungarn am 23. ~~August~~ Juli ein mit der deutschen Regierung abgesprochenes, sehr hartes und auf 48 Stunden befristetes Ultimatum an Serbien, das dieses im Wesentlichen annahm und lediglich die direkte Einmischung in die inneren Angelegenheiten des Landes ablehnte. Trotzdem erfolgte am **28.7.1914** die **Kriegserklärung Österreich-Ungarns an Serbien**. Da Russland am 30.7., Österreich-Ungarn am 31.7. und Deutschland nach einem Ultimatum an Russland, die Mobilmachung zurückzunehmen, am 1.8. mobil machten, war aufgrund der Bündnissituation ein europäischer Krieg unvermeidlich.

Am 1.8.1914 erklärte Deutschland Russland und am 3.8. Frankreich den Krieg. Der Durchmarsch der deutschen Truppen durch das neutrale Belgien bewirkte am 4.8. die Kriegserklärung Großbritanniens an Deutschland.

Bei Kriegsausbruch war die **Entente in der besseren Ausgangslage**, da sie über mehr Soldaten, auch aus ihren Kolonien, verfügte,

28.6.1914

Die „Schwarze Hand" war eine Untergrundorganisation der serbischen Nationalisten Bosnien-Herzegowinas, die einen Anschluss an ein Groß-Serbien forderten. Der serbische Ministerpräsident Pasic wusste zwar von dem geplanten Attentat, unternahm aber nichts dagegen.

Österreich-Ungarn forderte u.a. die Unterdrückung jeglicher Propaganda und feindlicher Aktionen gegen die Habsburger Monarchie, die Beteiligung Österreich-Ungarns bei der gerichtlichen Untersuchung des Attentats und die Entlassung bestimmter serbischer Offiziere und Beamter.

Weitere Kriegserklärungen bzw. Kriegseintritte:
  23.8.1914: Japan an Deutschland

1

2.11.1914: Russland an die Türkei

3.11.1914: Großbritannien an die Türkei

5.11.1914: Frankreich an die Türkei

23.5.1915: Italien an Österreich-Ungarn

14.10.1915: Kriegseintritt Bulgariens aufseiten der Mittelmächte

26.8.1916: Kriegserklärung Italiens an Deutschland

27.8.1916: Rumänien an Österreich-Ungarn

6.4.1917: USA an Deutschland

27.6.1917: Kriegseintritt Griechenlands aufseiten der Alliierten

Der deutsche Botschafter in Wien, Tschirschky, erklärte am 8.7.1914 in Wien, dass „sein kaiserlicher Herr ihn beauftragt habe, hier mit allem Nachdruck zu erklären, dass man in Berlin eine Aktion gegen Serbien erwarte und dass man es in Deutschland nicht verstehen würde, wenn wir die gegebene Gelegenheit vorübergehen ließen, ohne einen Schlag zu führen." [4]

Serbien wies nur diejenigen Forderungen zurück, die seine Souveränität eingeschränkt hätten.

größere Rohstoffreserven und umfangreicheres Kriegsmaterial hatte. Aufgrund ungenügender Vorbereitung konnte die Entente ihre personelle und waffentechnische Überlegenheit zunächst nicht nutzen. Die **Mittelmächte**, vor allem das Deutsche Reich, waren **strategisch besser auf den Krieg vorbereitet**. Ihre Armeen waren besser organisiert und sie verfügten aufgrund des dichten Eisenbahnnetzes über die bessere Kriegslogistik.

Keine der Großmächte rechnete mit einem langen Krieg, geschweige denn mit einem Weltkrieg. Die militärischen Führungen gingen auf beiden Seiten davon aus, den Krieg noch im Jahre 1914 beenden zu können.

1.5 Die Kriegsschuldfrage

Nach dem Attentat von Sarajevo waren Kaiser Franz Joseph I. und die Mehrheit der österreichischen Politiker im Gegensatz zu den Generälen gegen ein militärisches Vorgehen gegen Serbien. Die Beteiligung des serbischen Staates am Attentat war nicht nachzuweisen und man befürchtete, dass sich eine militärische Auseinandersetzung zu einem europäischen Krieg ausweiten und zudem die innere Situation des Vielvölkerstaates Österreich-Ungarn ernsthaft gefährden könnte. Wilhelm II. bestärkte jedoch die österreichischen „Falken" (Befürworter einer militärischen Aktion) durch seinen „**Blankoscheck***" (**5. Juli**), in dem er Österreich-Ungarn seine bedingungslose Bündnistreue auch für den Fall eines militärischen Eingreifens Russlands erklärte. In den folgenden Tagen übte er stärkeren Druck aus, indem er u. a. Franz Joseph mitteilen ließ, dass „mit einer Aktion gegen Serbien" aufgrund der günstigen Situation nicht mehr gewartet werden solle; Russland sei nicht kriegsbereit und zu schwach, um für Serbien in den Krieg zu ziehen. Deshalb würde er es nicht verstehen, wenn Österreich-Ungarn „die gegebene Situation" vorübergehen ließe, „ohne einen Schlag zu führen". Das mit ihm abgesprochene und als unannehmbar angesehene **Ultimatum Österreich-Ungarns an Serbien** sollte den Krieg auslösen und Deutschland die Möglichkeit geben, in einem größeren Präventiv- und Eroberungskrieg Frankreich und Russland auszuschalten und die Hegemonie auf dem Kontinent zu erreichen. Dabei gingen sowohl Wilhelm II. als auch führende deutsche Politiker und Militärs davon aus, dass England aufgrund seiner „splendid isolation*" (frei übersetzt: Sicherheit durch Insellage) nicht eingreifen werde. Obwohl Serbien das Ultimatum weitgehend annahm und Wilhelm II. nun keinen Kriegsgrund mehr sah, übte er keinen Druck auf seinen Bündnispartner aus, die Mobilmachung rückgängig zu machen und von einer Kriegserklärung gegen Serbien abzusehen. Obwohl **Wilhelm II.** einen großen europäischen Krieg (unter Einbeziehung Großbritanniens) sicherlich nicht wollte, haben er, Kanzler **von Bethmann Hollweg und führende Militärs** sicherlich die **Hauptschuld**, auch wenn **andere Staaten** eine **Teilschuld unterschiedlichen Ausmaßes** zukommt:

- Österreich-Ungarn hielt starr an seiner übernationalen Kaiseridee und seinem problematischen Vielvölkerstaat fest. Die Militärs und einige Spitzenpolitiker wollten den Krieg gegen Serbien und nahmen dafür einen größeren Krieg in Kauf.
- Serbien versuchte in aggressiver Weise die Nationalidee zu verwirklichen und unternahm nichts gegen die Attentäter.
- Russland befürchtete nach dem verlorenen Krieg gegen Japan (1905) einen erneuten außenpolitischen Prestigeverlust und wollte zudem die Revolution im Inneren durch einen Krieg nach außen verhindern.
- Großbritannien schwankte zwischen Neutralität und Parteinahme, versuchte zwar zu vermitteln, nutzte seine Stärke aber diplomatisch nicht genügend und wirkte nicht mäßigend auf Russland ein.
- Frankreich benutzte die Entente als Druckmittel gegen das Deutsche Reich, hegte starke Revanchegelüste und forderte Russland zu einer harten Haltung auf. Ein Versuch der Deeskalation wurde nicht unternommen.

Die **Frage der Kriegsschuld** wurde nach dem Ersten Weltkrieg sowohl bei Siegern als Besiegten völlig unterschiedlich gesehen und **bestimmte** die Pariser Friedensverträge sowie **das Verhältnis der Sieger und Besiegten** in der Zwischenkriegszeit maßgeblich.

Der deutschstämmige englische Historiker John Röhl über Wilhelm II. (2004): „Er hat keine Kriegsverbrechen verübt, keinen Mordbefehl erlassen oder dergleichen. Aber Verschwörung zu einem Angriffskrieg – das muss man ihm vorwerfen. … eines ist sicher: Das Ultimatum Österreich-Ungarns an Serbien bedeutete Krieg, und ohne die Deutschen hätte es das Ultimatum nicht gegeben. Ich glaube übrigens, dass es überhaupt nicht zu einem Krieg gekommen wäre, wenn die Deutschen ihre Weltmachtansprüche reduziert hätten."[5]

Anlässlich eines Staatsbesuches (20. – 23.7.) sicherte der französische Staatspräsident Poincaré Russland ausdrücklich die Bündnistreue zu. Daraufhin beschloss der russische Kronrat am 25.7. die militärische Unterstützung Serbiens.

1.6 Die Kriegsziele

Alle wichtigen am Krieg beteiligten Staaten hatten neben kolonialen Kriegszielen und Absprachen weitreichende europäische **Kriegsziele**:

- Das **Deutsche Reich** strebte vier große Ziele an: Die Hegemonie auf dem Kontinent und deren wirtschaftliche Grundlage durch die Gewinnung wichtiger Wirtschaftsgebiete im Westen (Lüttich-Antwerpen, flandrische Küste, Erzbecken von Briey) und einen vom Deutschen Reich kontrollierten „Großraum" im Osten Europas; die Vergrößerung des Kolonialbesitzes; Beseitigung der englischen Vorherrschaft zwischen Gibraltar und Indien; ein Sonderfriede mit Russland, um den Rücken gegen die Westmächte frei zu bekommen.

Aus dem so genannten Septemberprogramm der deutschen Regierung (9.9.1914): „Sicherung des Deutschen Reiches nach West und Ost auf erdenkliche Zeit. Zu diesem Zweck muss Frankreich so geschwächt werden, dass es als Großmacht nicht neu erstehen, Russland von der deutschen Grenze nach Möglichkeit abgedrängt und seine Herrschaft über die nichtrussischen Vasallenvölker gebrochen werden kann." [6]

Auch die Teilung Deutschlands in neun unabhängige Staaten tauchte als Kriegsziel immer wieder auf.

Meerenge zwischen der Ägäis und dem Schwarzen Meer

- Die zwei Hauptziele **Österreich-Ungarns** bestanden in der Erhaltung des Vielvölkerstaates und in der Sicherung des Großmachtstatus in Südosteuropa. Hierfür sollte die österreichische Dominanz auf dem Balkan ausgebaut und Russland als Konkurrent ausgeschaltet werden.
- **Frankreich** wollte Revanche für 1870/71, die Rückgewinnung von Elsass-Lothringen, die Annexion des Saarlandes und sichere Ostgrenzen. Diese sollten durch die Eingliederung des Rheinlandes oder durch die Schaffung zweier neutraler Rheinstaaten als Puffer erreicht werden. Das Hauptziel bestand in der Rückgewinnung der kontinentalen Hegemonie.
- Als oberstes Kriegsziel wollte **Großbritannien** verhindern, dass Deutschland Weltmacht werde. Dies implizierte als wichtigste Voraussetzungen die Wegnahme der deutschen Kolonien in Afrika und Asien und das Ende der deutschen Seemacht. Direkte territoriale Ziele hatte Großbritannien auf dem Kontinent nicht, unterstützte jedoch die Wiederherstellung Belgiens, die Unabhängigkeit Polens und der Völker der Donaumonarchie. Hierfür propagierte es den Krieg als Kreuzzug der Demokratie gegen Tyrannei und Despotimus*.
- **Russland** hatte folgende Ziele: Die Gewinnung der Dardanellen und damit Zugang zu einem warmen Meer, Ostpreußens und Galiziens (Südosten Polens) und die Zusammenfassung aller Slawen in einem von Russland geführten panslawistischen Reich.

1.7 Der Kriegsverlauf in Europa

Der französische Staatspräsident Poincaré sprach zur gleichen Zeit von der „union sacrée" zwischen Volk und Regierung.

Der (spätere) britische Premier Lloyd George: „Die Bevölkerung wurde vom Kriegsfieber gepackt. In sämtlichen Hauptstädten schrieen sie nach dem Krieg." [8]

s. S. 17

1914: Große nationale Begeisterung auf allen Seiten („**Hurrapatriotismus**"). Anfang August schließen die im Reichstag vertretenen deutschen Parteien den „**Burgfrieden***", vereinbaren, angesichts des Krieges Geschlossenheit zu zeigen und verzichten im nationalen Interesse auf ihre politischen Rechte. Damit überlassen sie dem Kaiser und den Militärs auch die politischen Entscheidungen.

Die SPD stimmt am 4. August (bei nur 2 Enthaltungen) für den Kriegskredit. Kaiser Wilhelm erklärt dazu, er kenne keine Parteien mehr, er kenne nur noch Deutsche. Deutschland ergreife „in aufgedrungener Notwehr, mit reinem Gewissen und reiner Hand das Schwert", um sich gegen ein „seit langen Jahren tätiges Übelwollen gegen Macht und Gedeihen des Deutschen Reichs" [7] zu schützen. Rasches Vordringen der deutschen Truppen nach dem „**Schlieffen-Plan**" über Brüssel und Lüttich bis zur Marne. Die militärische Führung stoppt den Vormarsch Anfang September 1914, da Truppen gegen die russische Armee in Ostpreußen benötigt werden. Das „Wunder an der Marne" (so die französische Sicht) lässt den Schlieffen-Plan scheitern und beeinflusst den ganzen Krieg entscheidend. Den „Wettlauf zum Meer", zur Atlantikküste, kann keine Seite für sich entscheiden und der **Bewegungskrieg erstarrt** im November zwischen Kanalküste und den Vogesen **zum Stellungs-, Material- und Abnutzungskrieg**. Von jetzt an gibt es nur noch die strategische Alternative der Abnutzung bzw. des verlustreichen Durchbruchs. Mit dieser Entwicklung wird die Nachschub- und Versorgungsfrage kriegsentscheidend, zumal die **britische Seeblockade** zwischen den Shetland Inseln und Norwegen die Mittelmächte von Rohstoff- und Nahrungsmittelzufuhren abschneidet und sie zur Rationierung von Lebensmitteln zwingt.

In Ostpreußen erreicht von **Hindenburg*** nach dem unerwartet raschen Vorrücken der russischen Truppen entscheidende **Siege bei Tannenberg und an den Masurischen Seen** (Ende August bzw. Anfang September 1914).

1915: **Materialschlachten** und der **massive Einsatz von** Soldaten und **neuen Waffen** (Artillerie, Gas, Maschinengewehre, Panzer, Flugzeuge, U-Boote) bestimmen von jetzt an den Krieg und bringen **riesige Verluste auf beiden Seiten** (Verdun, Douaumont, an der Somme). Deutschland erklärt als Reaktion auf die Seeblockade Anfang Februar den uneingeschränkten **U-Boot-Krieg**, der sich auch gegen Handels- und Passagierschiffe neutraler Staaten richtet. Dies und die Versenkung des britischen Passagierschiffs Lusitania (7.5.) lösen schwere Spannungen zwischen den USA und Deutschland aus. Der **Kriegseintritt Italiens** auf der Seite der Triple Entente verschlechtert die militärische Lage Österreich-Ungarns.

Im Osten gelingt den Mittelmächten eine große Offensive, die zur **Einnahme von Warschau, Brest-Litowsk, Grodno und Wilna** führt. Trotzdem erstarrt im Verlauf des Jahres auch der Krieg im Osten immer mehr zum **Stellungskrieg**.

Die Erstarrung der Fronten, der verlustreiche Stellungskrieg, die tägliche Bedrohung und die Erkenntnis, dass es in diesem Krieg nicht allein um die Verteidigung des Vaterlandes geht, führen dazu, dass die anfängliche Euphorie bereits Ende 1915 einer **rasch zunehmende Desillusionierung** wich.

1916: In der fünfmonatigen, äußerst brutalen und extrem verlustreichen Schlacht um **Verdun** („Hölle von Verdun", Februar-Dezember) fallen auf beiden Seiten insgesamt ca. 700 000 Soldaten. Entscheidende Gebietsgewinne können trotz des gewaltigen Einsatzes von schwerem Kriegsgerät ebenso wenig erzielt werden wie in der wohl verlustreichsten Schlacht der Geschichte an der **Somme** (Juni–November), in der ca. 1,2 Mio. Soldaten fallen. Auch im

Der vom Chef des Generalstabs Alfred von Schlieffen 1905 konzipierte Plan sah bei einem Zweifrontenkrieg einen hinhaltenden Kampf im Osten und eine rasche Entscheidung im Westen durch Umgehung der französischen Stellungen (an der deutschen Grenze) durch die neutralen Staaten Luxemburg und Belgien vor.

22.4.1915.: Erster massiver Einsatz von Giftgas (Senfgas) bei Ypern durch deutsche Truppen. Gas war das bei allen Soldaten am meisten gefürchtete Kampfmittel, da es unsichtbar und in seiner Wirkung verheerend war.

Aufkleber aus dem Ersten Weltkrieg

Somme-Schlacht:
Mehr als 500 000
britische, ca.
200 000 französische, ca.
500 000 deutsche Soldaten
fallen. An einem einzigen
Tage, am 1. Juni, verloren die
Briten ca. 60 000 Mann.
Die Schlacht brachte den al-
liierten Truppen einen Gelän-
degewinn von 40 km Breite
und 12 km Tiefe.

Osten kommt es trotz der Eroberung der rumänischen Erdölfelder durch die Mittelmächte zu keiner wesentlichen Veränderung.

Verwüstetes Dorf in Frankreich

Die einzige Schlacht zwischen der deutschen und der englischen Kriegsflotte vor dem **Skagerrak** (östlicher Meeresarm der Nordsee zwischen Nordjütland, Südnorwegen und Schweden, 31.5/1.6.) verändert die Gesamtlage und vor allem die britische Seeblockade nicht.

Die **Desillusionierung im Deutschen Reich** wächst. Der Krieg und Missernten bewirken **Hungersnöte und staatliche Zwangs-wirtschaft**. SPD, Zentrum und die Liberalen fordern einen „Ver-ständigungsfrieden".

6.4.1917

1917: Der verschärfte deutsche U-Boot-Krieg bewirkt den **Kriegs-eintritt der USA**, der die militärische Wende bedeutet: Der **eu-ropäische Krieg wird ein Weltkrieg**, den die USA mit ihren fri-schen Truppen und aufgrund ihrer militärischen Überlegenheit entscheiden. Nach der **russischen Oktoberrevolution**, die die russische Kampfkraft entscheidend schwächt, übernehmen die Bolschewiken unter Lenin und Trotzki die Macht.

Februar 1917: Die deutsche
OHL (Oberste Heeresleitung)
ermöglicht Lenin, der sich
in der Schweiz aufhält, die
Rückkehr nach Russland über
Deutschland, Schweden und
Finnland in einem Zug, der
zu exterritorialem Gebiet er-
klärt wird.

Alliierte Offensiven scheitern im Frühjahr (Schlachten bei Arras, an der Aisne und in der Champagne sowie in Flandern). Im No-vember setzen die Briten in der Schlacht von Cambrai erstmals Panzer ein.

Im Osten rücken die Mittelmächte bis nach Riga vor. Auf Initia-tive von Leo Trotzki, dem bolschewistischen Volkskommissar des Äußeren, wird Ende des Jahres ein **Waffenstillstand** zwischen **Deutschland** und **Russland** geschlossen.

15.12.1917

3.3.1918. Russland verliert
die baltischen Staaten, Kon-

1918: Der „**Diktatfriede" von Brest-Litowsk** zwischen dem Deut-schen Reich und Russland beendet den Krieg im Osten. Das Scheitern der deutschen Frühjahrs- und Sommeroffensiven im Westen, die den Krieg vor Eintreffen der amerikanischen Truppen entscheiden sollten, der Abfall der Verbündeten sowie die mit Hilfe der frischen, gut ausgerüsteten US-Truppen erfolgreiche Sommeroffensive der Westmächte machen die Lage der Mittelmächte aussichtslos. Ende September fordert die OHL die sofortige Einleitung von Waffenstillstandsverhandlungen, die von Politikern, also Zivilisten, geführt werden sollen. Damit will die OHL (Hindenburg, Ludendorff und Groener) die militärische Niederlage verschleiern und die Verantwortung für den verlorenen Krieg auf die Politiker abwälzen. Am **11. November** unterzeichnen im Wald von **Compiègne** Matthias Erzberger (Zentrum) und der Oberbefehlshaber der Entente, der französische Marshall Foch den **Waffenstillstand**, der aufgrund der außerordentlich harten Bedingungen die **bedingungslose Kapitulation des Deutschen Reichs** bedeutete.

gresspolen (auf dem Wiener Kongress gegründetes Königreich Polen, das in Personalunion mit Russland verbunden wurde), Finnland und die Ukraine. Damit war (bis Kriegsende) ein wesentliches deutsches Kriegsziel erreicht.

1.8 Die Charakteristik des Ersten Weltkriegs

„Der Erste Weltkrieg war nicht nur eine europäische Katastrophe. Er war ein globales Gemetzel, in dem Abertausende Soldaten aus Asien und Übersee für den imperialen Wahn der europäischen Großmächte Deutschland, Frankreich und England sterben mussten."[9] Ausmaß und Bedeutung dieser „Urkatastrophe des 20. Jahrhunderts" zeigen die folgenden **Charakteristika**:

Allein Australien mobilisierte 300 000 Soldaten, von denen 60 000 nicht überlebten.

- Der Erste Weltkrieg war der erste totale Krieg* in der Geschichte der Menschheit.
- An der weltweiten Auseinandersetzung waren ca. 70 Mio. Soldaten aus allen fünf Kontinenten in Europa, Afrika und Asien beteiligt. Im Verlauf des Kriegs blieben weltweit nur 17 Staaten auf Dauer neutral, in Europa z.B. nur Norwegen, Schweden, Dänemark, die Niederlande, Spanien, die Schweiz und Albanien.
- Ca. 10 Mio. Soldaten starben auf den Schlachtfeldern von Flandern bis Tsingtau (China), im Schnitt ca. 6600 pro Tag; fast 6 Millionen Zivilisten verloren durch den Krieg ihr Leben.
- Mindestens 20 Millionen kamen aus dem Krieg als körperliche oder nervliche Wracks zurück.
- Der Krieg erzeugte Gewalt, Brutalität und durch den Einsatz einer gigantischen, hoch technisierten Kriegsmaschinerie (schwere Artillerie, Maschinengewehr, Tanks, Giftgas, U-Boote, Luftwaffe) Vernichtung und Zerstörung von bisher ungeahntem Ausmaß.
- Der Krieg unterschied sich grundlegend von allen bisherigen Kriegen, für die es bestimmte Regeln gegeben hatte. Nun präg-

Der französische Botschafter In St. Petersburg (Aug. 1914): „Der jetzige Krieg gehört nicht zu denjenigen, die durch einen politischen Vertrag beendet werden. … Es ist ein Krieg auf Leben und Tod, in welchem jeder Kämpfende seine nationale Existenz aufs Spiel setzt."[10]

Das deutsche „Parisgeschütz" hatte eine Reichweite von über 130 km, amerikanische Maschinengewehre verschossen 600 Kugeln pro Minute. Am 12. 9. 1918 feuerten US-Truppen während eines vier-

ten Flucht, Vertreibung und Verschleppung, Zwangsarbeit, die völlige Zerstörung von Städten (z. B. Ypern) und Kampfgebieten (Nordostfrankreich), Zivilisten als lebende Schutzschilde und brutale Vergeltungsmaßnahmen für Partisanentätigkeit das Bild des Krieges, der extremste Emotionen auslöste und bald den Charakter eines Kreuzzugs annahm.

- Europa verlor seinen bisherige Bedeutung als „Regulator" der Weltpolitik an die USA.

Deutsches Reich, Österreich-Ungarn, das Zarenreich, das Osmanische Reich.

- Der Erste Weltkrieg bewirkte den Untergang von vier Imperien.
- Zahlreiche neue Staaten entstanden (z.B. Polen, Finnland, die baltischen Staaten, die Tschechoslowakei).
- In den weiter bestehenden Staaten vollzogen sich als Folge des Krieges tief greifende Veränderungen der Herrschaftssysteme hin zu miliärisch-diktatorischen Strukturen.

Mit diesem Begriff betonen zeitgenössische Historiker die Kontinuität der europäischen Geschichte 1914 bis 1945.

- Der Krieg markiert den Beginn einer neuen Epoche, der Zwischenkriegszeit bzw. des zweiten „Dreißigjährigen Kriegs".
- Er verhalf Wladimir Iljitsch Lenin bzw. den Bolschewisten an die Macht und initiierte dadurch die Entstehung der UdSSR, die die europäische und seit 1945 die globale Politik bis zum Beginn der Neunzigerjahre maßgeblich bestimmte.
- Er schuf die Voraussetzungen für den Aufstieg des Postkartenmalers und Gefreiten Adolf Hitler zum Diktator und bereitete den Nährboden für die Entstehung faschistischer Diktaturen bzw. des Bolschewismus mit ihren Wahnvorstellungen von Rassen- oder Klassenkampf und
- löste den Überlebenskampf zwischen Demokratie, Faschismus und Bolschewismus im Europa der Zwischenkriegszeit aus und ist aufgrund dieser eng miteinander verknüpften und auf einander einwirkenden Faktoren die Hauptursache des Zweiten Weltkriegs.

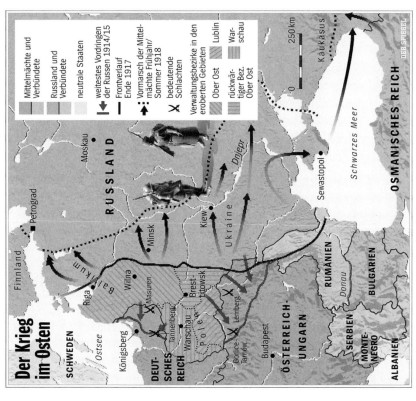

Der Krieg im Osten

Mittelmächte und Verbündete

Russland und Verbündete

neutrale Staaten

weitestes Vordringen der Russen 1914/15

Frontverlauf Ende 1917

Vormarsch der Mittelmächte Frühjahr/ Sommer 1918

bedeutende Schlachten

Verwaltungsbezirke in den eroberten Gebieten

Ober Ost · Lublin

rückwärtiger Bez. Ober Ost · Warschau

250 km

SCHWEDEN · Ostsee · Finnland · Petrograd · Moskau · RUSSLAND · Dnjepr · Minsk · Kiew · Ukraine · Baltikum · Riga · Wilna · Masuren · Königsberg · Tannenberg · Brest-Litowsk · Warschau · Lemberg · Gorlice-Tarnów · Budapest · DEUTSCHES REICH · Polen · ÖSTERREICH-UNGARN · RUMÄNIEN · Donau · SERBIEN · MONTENEGRO · BULGARIEN · ALBANIEN · Schwarzes Meer · Sewastopol · Kaukasus · OSMANISCHES REICH

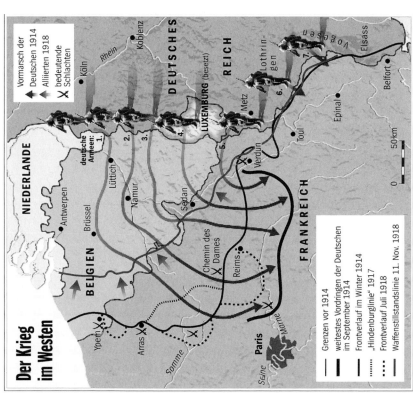

Der Krieg im Westen

Vormarsch der Deutschen 1914

Alliierten 1918

bedeutende Schlachten

Grenzen vor 1914

weitestes Vordringen der Deutschen im September 1914

Frontverlauf im Winter 1914

„Hindenburglinie" 1917

Frontverlauf Juli 1918

Waffenstillstandslinie 11. Nov. 1918

deutsche Armeen: 1. 2. 3. 4. 5. 6. 7.

50 km

NIEDERLANDE · Antwerpen · Brüssel · BELGIEN · Lüttich · Namur · Sedan · Ypern · Arras · Somme · Chemin des Dames · Reims · Seine · Marne · Paris · FRANKREICH · LUXEMBURG (besetzt) · Metz · Verdun · Toul · Epinal · Belfort · Köln · Rhein · Koblenz · DEUTSCHES REICH · Lothringen · Vogesen · Elsass.

Zusammenfassung: Der Erste Weltkrieg

Die wesentlichen Ursachen des Ersten Weltkriegs waren Nationalismus bzw. Chauvinismus, Imperialismus, die Weltmachtpolitik des Deutschen Reichs, die deutsch-britische Rivalität im Flottenbau, die inneren Probleme des Vielvölkerstaats Österreich-Ungarn, die ausgeprägte Prestigepolitik aller europäischen Großmächte, der Zerfall des osmanischen Reichs und das „Pulverfass" Balkan. Diese Faktoren vergifteten das Verhältnis der europäischen Mächte und bewirkten durch neue Bündniskonstellationen die Spaltung Europas in zwei Machtblöcke. Großbritannien und Frankreich schlossen sich 1904 zur Entente cordiale zusammen. 1907 entstand die Triple Entente zwischen den Entente-Mächten und Russland. Ihr stand der Zweibund (von 1879) zwischen Deutschland und Österreich-Ungarn gegenüber.

Ausdruck der sich permanent verschlechternden außenpolitischen Verhältnisse waren die Marokkokrisen (1905, 1911) und die Balkankrisen (1908, 1912/13). Die Ermordung des österreichischen Thronfolgerpaares in Sarajevo (28.6.1914) löste den Ersten Weltkrieg aus. Die Kriegsschuld trifft aufgrund ihres Verhaltens in der Julikrise (1914) und ihrer Kriegsziele alle europäischen Großmächte. Allerdings kommt Wilhelm II. (und führenden deutschen Politikern sowie Militärs) aufgrund seiner aggressiven Außenpolitik und des Drucks auf Österreich-Ungarn in der Julikrise die Hauptschuld zu.

Der Weltkrieg, der Anfang August ausbrach, war der erste totale Krieg in der Geschichte der Menschheit. An der weltweiten Auseinandersetzung waren mit wenigen Ausnahmen alle Staaten der damaligen Welt beteiligt. Aus dem anfänglichen Bewegungskrieg entwickelte sich nach wenigen Monaten zunächst im Westen und 1915 auch im Osten Europas ein zermürbender Stellungs- und Materialkrieg. Neue Waffen, die emotionale Verbissenheit und die Brutalität der Kriegsgegner bewirkten ungeheure Menschenverluste sowie Vernichtung und Zerstörung in bisher ungeahntem Ausmaß. Die durch die britische Seeblockade ausgelöste Material- und Versorgungskrise und das Eingreifen der USA in den Krieg (1917) nach der Verschärfung des deutschen U-Bootkriegs verschlechterten die militärische Lage der Mittelmächte drastisch. Trotz des Sieges im Osten gegen Russland, der durch den Diktatfrieden von Brest-Litowsk (März 1918) besiegelt wurde, mussten die Mittelmächte schließlich am 11. November 1918 zu Compiègne bedingungslos kapitulieren.

Der Erste Weltkrieg, die „Urkatastrophe" Europas zu Anfang des 20. Jahrhunderts, hatte weitreichende und langfristig wirkende Folgen: Fast 16 Mio. Menschen verloren ihr Leben, ca. 20 Mio. machte der Krieg zu Krüppeln. Europa verlor seine bisherige Bedeutung als „Regulator" der Weltpolitik an die USA, vier Imperien gingen unter (Deutsches Reich, Österreich-Ungarn, das Zarenreich, das Osmanische Reich) und hinterließen zahlreiche ungelöste Probleme. Neue Staaten mit oft problematischen ethnischen Verhältnissen entstanden; der Krieg schuf den Nährboden für die Entstehung faschistischer Diktaturen bzw. des Bolschewismus mit ihren Wahnvorstellungen von Rassen- oder Klassenkampf und löste den Überlebenskampf zwischen Demokratie, Faschismus und Bolschewismus aus, der Europa zwischen den Weltkriegen prägte. Der Erste Weltkrieg markiert den Beginn einer neuen Epoche, des zweiten „Dreißigjährigen Kriegs" (1914–1945) und ist aufgrund dieser eng miteinander verknüpften und aufeinander einwirkenden Folgen die Hauptursache des Zweiten Weltkriegs.

Aufständische Matrosen vor dem Brandenburger Tor (November 1919)

Arbeiter, Parteigenossen

Der Frieden ist gesichert — in wenigen Stunden wird die Waffenruhe eingetreten sein.

Nur jetzt keine Unbesonnenheiten, die das an der Front brennende Blutvergießen im Lande wieder aufleben machen! Die Sozialdemokratische Partei setzt ihre ganze Kraft ein, Eure Forderungen schnellstens zur Erfüllung zu bringen!

Deshalb haben heute die Vorstände der Sozialdemokratischen Partei und der sozialdemokratischen Fraktion folgende letzte Forderungen an den Reichskanzler gestellt:

1. Freigabe der heute verbotenen Versammlungen.
2. Anweisung an Polizei und Militär zur äußersten Besonnenheit.
3. Rücktritt des Kaisers und des Kronprinzen bis Freitagmittag.
4. Verstärkung des sozialdemokratischen Einflusses in der Regierung.
5. Umgestaltung des preußischen Ministeriums im Sinne der Mehrheitsparteien des Reichstags.

Ist bis Freitagmittag keine befriedigende Antwort erfolgt, so tritt die Sozialdemokratie aus der Regierung aus.

Erwartet weitere Mitteilungen von uns im Laufe des Freitagnachmittag.

Die Vorstände der Sozialdemokratischen Partei und der Sozialdemokratischen Reichstags-Fraktion.

Aufruf der SPD vom 7.11.1918

---

2. Extraausgabe   Sonnabend, den 9. November 1918.

Vorwärts
Berliner Volksblatt
Zentralorgan der sozialdemokratischen Partei Deutschlands.

Der Kaiser hat abgedankt!

Der Reichskanzler hat folgenden Erlaß herausgegeben:

Seine Majestät der Kaiser und König haben sich entschlossen, dem Throne zu entsagen.

Der Reichskanzler bleibt noch so lange im Amte, bis die mit der Abdankung Seiner Majestät, dem Thronverzichte Seiner Kaiserlichen und Königlichen Hoheit des Kronprinzen des Deutschen Reichs und von Preußen und der Einsetzung der Regentschaft verbundenen Fragen geregelt sind. Er beabsichtigt, dem Regenten die Ernennung des Abgeordneten Ebert zum Reichskanzler und die Vorlage eines Gesetzentwurfs wegen der Ausschreibung allgemeiner Wahlen für eine verfassunggebende deutsche Nationalversammlung vorzuschlagen, der es obliegen würde, die künftige Staatsform des deutschen Volks, einschließlich der Volksteile, die ihren Eintritt in die Reichsgrenzen wünschen sollten, endgültig festzustellen.

Berlin, den 9. November 1918. **Der Reichskanzler.**

Prinz Max von Baden.

Es wird nicht geschossen!

Der Reichskanzler hat angeordnet, daß seitens des Militärs von der Waffe kein Gebrauch gemacht werde.

Parteigenossen! Arbeiter! Soldaten!

Soeben sind das Alexanderregiment und die vierten Jäger geschlossen zum Volke übergegangen. Der sozialdemokratische Reichstagsabgeordnete Wels u. a. haben zu den Truppen gesprochen. Offiziere haben sich den Soldaten angeschlossen.

Der sozialdemokratische Arbeiter- und Soldatenrat.

Öffentliche Bekanntgabe der Abdankung des Kaisers

2.1 Die innenpolitische Situation während des Ersten Weltkriegs

Von der konstitutionellen Monarchie* zur Militärdiktatur*

Ende **August 1916** wurden auf Druck der Stimmung in Volk und Heer der „Sieger von Tannenberg", Hindenburg, und sein „Kopf" Ludendorff an die Spitze des Feldheeres berufen. Diese Maßnahme bedeutete, zumal sie nicht dem Willen Wilhelms II. entsprach, de facto die **Entmachtung des Kaisers**, obwohl er bis zu seiner Abdankung nominell das Amt des obersten Befehlshabers wahrnahm. Von nun an bestimmte weder der Kaiser, noch irgendein Politiker, sondern die neue, dritte Oberste Heeresleitung (OHL). Ihre Stellung war aufgrund der Kriegssituation und der dadurch bedingten innenpolitischen Verhältnisse praktisch unangreifbar. **Hindenburg und Ludendorff bestimmten** neben der Kriegsführung auch die **Innen- und Außenpolitik**, die Einberufung und den Sturz von Kanzlern, die nur auf dem Papier dem Kaiser verantwortlich waren. Auf diese Weise erhielten die Nachfolger Bismarcks beinahe die Funktion von Briefträgern zwischen Heeresleitung und Parteiführern.

Die OHL erzwang z. B. im Juli 1917 den Rücktritt des Kanzlers von Bethmann Hollweg und die Nachfolge ihres Kandidaten Michaelis.

In der Mitte Wilhelm II, links Paul von Hindenburg, rechts Erich Ludendorff, der ein glänzender Stratege und der „Vater" der Siege war, die Hindenburg zum militärischen Mythos machten.

Das Ergebnis dieser gesamten Entwicklung war eine absolute **Militärdiktatur**, die **an** die **Stelle der konstitutionellen Monarchie** getreten war.

Der Zerfall des Burgfriedens

Die monarchisch-konservative, auf Obrigkeitsstaat und Untertanengeist basierende Staatskonzeption hatte die längst fälligen Ansprüche und Forderungen des liberalen Bürgertums bis zum Ausbruch des Kriegs durch wirtschaftliche Zugeständnisse und durch Überbetonung des Nationalen unterlaufen. Diese Haltung war bisher deshalb nicht auf nennenswerte Opposition gestoßen, weil die Liberalisierungswünsche des Bürgertums eher Lippenbekenntnis und modischer Zeitgeist waren und nicht konsequent und energisch verfolgt wurden. Als die nationale Begeisterung 1915/16 einer wachsenden Desillusionierung wich, die im „Kohlrübenwinter" 1916/17 ihren Höhepunkt erreichte, traten die gravierenden gesellschaftlichen Spannungen und innenpolitischen Gegensätze aus der Vorkriegszeit immer stärker in den Vordergrund. Der **Hungerwinter 1916/17**, bedingt durch Lebensmittelrationierung und schlechte Ernte, traf vor allem die Stadtbevölkerung hart. Hunger, Entbehrungen, Schwarzmarkt, Wuchergeschäfte und die enttäuschende Kriegssituation ließen die in den ersten Kriegsmonaten von der Bevölkerung und den Parteien gezeigte Einmütigkeit zerbrechen und lösten eine **breite Friedensdiskussion** aus.

Deutlichstes Indiz hierfür: Das Dreiklassenwahlrecht* hatte in Preußen bis Ende Oktober 1918 Bestand.

Hauptnahrungsmittel wurden die staatlich zugeteilten Kohl- oder Steckrüben.

1916 betrug die Kartoffelernte nur 50 % des Vorjahres; fehlende Düngermittel und der Mangel an landwirtschaftlichen Arbeitskräften trugen zu der miserablen Ernährungssituation bei.

Bereits 1915 hatten zwanzig SPD-Abgeordnete um Karl Liebknecht die Verlängerung der Kriegskredite abgelehnt und waren daraufhin aus Fraktion* und Partei ausgeschlossen worden. Anfang 1916 gründete eine Gruppe linksradikaler Intellektueller innerhalb der SPD um Rosa Luxemburg den **Spartakusbund**, der die Unterstützung der Kriegspolitik durch die SPD ablehnte. Anfang April 1917 konstituierten die ausgeschlossenen SPD-Abgeordneten in Gotha die Unabhängige Sozialdemokratische Partei Deutschlands (**USPD**). Der Spartakusbund schloss sich der USPD an, erhielt sich aber als „Partei in der Partei" seine Selbständigkeit. Mit der Gründung der USPD wurde der größere, kriegsbejahende Flügel der SPD vorübergehend zur „Mehrheits"-SPD (**MSPD**).

s. S. 35

Auch in anderen Parteien nahm die Friedensdiskussion angesichts der Situation an der Front und im Reich einen immer breiteren Raum ein. Am 12. Dezember 1916 scheiterte ein Friedensangebot Deutschlands und seiner Verbündeten an den überzogenen Kriegszielen der Großmächte, wenig später ein Vermittlungsversuch des amerikanischen Präsidenten Wilson (Januar 1917). Daraufhin gründeten im **Frühjahr 1917 SPD**, **Zentrum** und die **Fortschrittliche Volkspartei** einen interfraktionellen Ausschuss und beschlossen im Juli eine vom Reichstag mehrheitlich getragene **Friedensresolution**, die einen Verständigungsfrieden ohne erzwungene Gebietsabtretungen zum Inhalt hatte. Dagegen wandten sich extreme Nationalisten und gründeten, unterstützt von der Obersten Heeresleitung und der Industrie, Anfang September 1917 die **Deutsche Vaterlandspartei** unter Führung des Großadmirals Tirpitz und des ostpreußischen Generallandschaftsdirek-

Aus der Friedensresolution vom 19.07.1917: „Der Reichstag erstrebt einen Frieden der Verständigung und der dauernden Versöhnung der Völker. Mit einem solchen Frieden sind erzwungene Ge-

tors Kapp. Die Friedensresolution, mit der das Parlament* seinen politischen Entscheidungsanspruch dokumentierte, bedeutete den ersten Schritt auf dem Weg zu einer Parlamentarisierung.

Die parlamentarische Monarchie*

Aus der sich im Sommer 1918 abzeichnenden Niederlage zogen Hindenburg und Ludendorff die Konsequenzen und drängten Ende September in völliger Umkehr ihrer bisherigen Durchhaltepolitik auf sofortigen Waffenstillstand. Dies bedeutete die rasche **Bildung einer von oben verordneten Regierung** auf demokratischer Grundlage, da der amerikanische Präsident sich im Rahmen seines „Kreuzzugs gegen die Monarchie" weigerte, mit einem kaiserlichen Deutschland zu verhandeln. Dieses Vorgehen der OHL bedeutete eine **„Revolution von oben"**.

Seinen Mitarbeitern gegenüber erklärte Ludendorff: „Die [Politiker der neuen Regierung] sollen nun den Frieden schließen, der geschlossen werden muss. Sie sollen die Suppe jetzt essen, die sie uns eingebrockt haben."[2]

Neben der politischen Notwendigkeit spielte bei der Etablierung der parlamentarischen Regierung ganz sicherlich die Absicht der beiden Generäle eine wichtige Rolle, die Verantwortung für das militärische Desaster auf Politiker und damit auf das ungeliebte und unverstandene System der Demokratie abzuwälzen. Denen blieb es nun überlassen, „die Suppe auszulöffeln", was zu einer permanenten Belastung der Demokratie bis 1933 führte.

Die **Parteien** wurden **zur Machtübernahme befohlen** und waren von der neuen Situation völlig überrascht und nicht im Geringsten auf die Erfordernisse vorbereitet. Sie hatten nicht einmal einen Kandidaten für das Amt des Kanzlers aus ihren eigenen Reihen anzubieten. Deshalb ernannte Wilhelm II. auf Veranlassung der OHL den parteilosen Prinzen **Max von Baden**, der als **Kompromisskandidat** die Zustimmung der Parteien fand.

Vorgänger Max von Badens: Graf Hertling.

Diese Ernennung hatte schwer wiegende Folgen: Nach außen hin blieb für die überwiegende Mehrheit des Volkes alles beim Alten. Ein Prinz, der Vetter des Kaisers war, hatte einen Grafen als Reichskanzler abgelöst. Die **Wende von der** (de jure) **konstitutionellen Monarchie bzw. der** (de facto) **Militärdiktatur zur parlamentarischen Monarchie**, drang überhaupt nicht ins Bewusstsein der Bevölkerung.

Am 3. Oktober bildete der neue Reichskanzler mit Billigung der OHL eine **Regierung aus** den Parteien **SPD**, **Zentrum** (Z) und der **Fortschrittlichen Volkspartei**. Die fünf Wochen amtierende Regierung konzentrierte sich außenpolitisch auf die Erreichung eines raschen und günstigen Waffenstillstands, dessen Abschluss allerdings nicht mehr in ihre Amtszeit fiel. Innenpolitisch erreichte sie, gemessen an der kurzen Amtszeit, erstaunlich viel. Die Ende Oktober verabschiedete **Verfassung** beinhaltete folgende wesentliche Bestimmungen:

- Die Regierung ist vom Vertrauen des Parlaments abhängig.
- Das Dreiklassenwahlrecht in Preußen wird durch das allgemeine, gleiche und geheime ersetzt.

- Die Kommandogewalt über das Heer wird dem Kaiser entzogen und einem dem Parlament verantwortlichen Minister übertragen.

Dies bedeutete in der politischen Praxis, dass das **Reich nur noch formell** eine **Monarchie** war. Die Stellung des Kaisers entsprach jetzt der eines erblichen Reichspräsidenten mit lediglich repräsentativen Funktionen. Damit war für das liberale Bürgertum die Forderung nach Liberalisierung und Demokratisierung zur Genüge erfüllt. An eine Abschaffung der Monarchie dachte selbst in den Kreisen der SPD niemand.

2.2 Der Waffenstillstand

Nachdem noch bis in den Sommer 1918 hinein die Militärs mit Durchhalteparolen und nationalen Appellen der wachsenden Kriegsmüdigkeit Einhalt hatten bieten wollen, kam im September die radikale Wende, als die führenden Generäle von der zur Macht befohlenen Regierung schnellstens einen Waffenstillstand forderten. Max von Baden wehrte sich vergeblich gegen die übereilten, ohne jegliche diplomatische Vorbereitung erzwungenen Verhandlungen, die im Ausland einer Kapitulation gleichkommen mussten. Innenpolitisch hatten die Waffenstillstandsverhandlungen zur Folge, dass auch der Rest der bisher aufgestauten und mühsam unter Kontrolle gehaltenen Kriegsmüdigkeit abrupt zum Ausbruch kam. Die Folge war ein enormer Druck auf die verhandelnden deutschen Politiker.

Telegramm aus dem Hauptquartier an die Regierung (1.10.1918): „General Ludendorff bat … seine dringende Bitte zu übermitteln, dass unser Friedensangebot sofort hinausgehe. Heute halte die Truppe, was morgen geschehen könne, sei nicht vorauszusehen."[3]

Entscheidend jedoch war, dass in weiten Kreisen der **Bevölkerung** trotz der äußerst problematischen Gesamtsituation eine **verhängnisvolle Fehleinschätzung der militärischen Lage** vorherrschte. Hierfür gab es folgende **Ursachen:**
- Der Sieg im Osten gegen Russland und der Diktatfriede von Brest-Litowsk.
- Das Unvermögen und die fehlende Bereitschaft der militärischen und national gesinnten Kreise, die Niederlage zu erkennen und zu akzeptieren.
- Die übertriebenen und nach Lage der Dinge völlig unrealistischen Hoffnungen weiter Kreise, die in Wilsons Vierzehn-Punkte-Programm* vom 8.1.1918 gesetzt wurden.

3.3.1918

Auf die besonders harte 3. Wilsonnote vom 23.10.1918 änderte die OHL wiederum den Kurs radikal und proklamierte nun den heroischen, wenngleich sinnlosen Widerstand bis zum Untergang. Als die Reichsregierung dieses Hasardspiel nicht mitmachte, stahl sich Ludendorff mit seinem Rücktritt aus der Verantwortung als

Aus der 3. Note (= offizielle und verbindliche Mitteilung einer Regierung) Wilsons: „Die … Vereinigten Staaten [werden nur] mit Vertretern des deutschen Volkes verhan-

2

deln … Wenn mit den militärischen Beherrschern und monarchistischen Autokraten Deutschlands jetzt verhandelt werden muss … kann Deutschland über keine Friedensbedingungen verhandeln, sondern muss sich ergeben." [4]

ob er ein x-beliebiger General und nicht des Reichs Diktator gewesen wäre. Ebenso wie die Entstehung der parlamentarischen Monarchie wurde auch dieser Rücktritt von der Bevölkerung in seiner Tragweite nicht erkannt, da Ludendorff, obwohl er der Kopf der OHL und der Vater der Erfolge Hindenburgs gewesen war, immer in dessen Schatten gestanden hatte. Die **Parteien**, vor allem die SPD, **versäumten es**, die **Rolle der Militärs**, speziell die Ludendorffs, und deren Verantwortung für die augenblickliche Misere dem Volk **deutlich zu machen**. Die Folge war, dass sie schließlich zu Unrecht „die Suppe auszulöffeln" hatten und mit dem Makel des verlorenen Kriegs bzw. des Versailler Vertrags belastet wurden. Aufgrund der aussichtslosen Situation unterzeichneten die deutschen Bevollmächtigten unter der Leitung von Matthias Erzberger (Z) am 11. November 1918 den Waffenstillstand.

2.3 Die Novemberrevolution 1918

Ausbruch und Verlauf

28.10.: Die Marineleitung erteilt der Hochseeflotte den Befehl, von Wilhelmshaven aus in Richtung Themsemündung auszulaufen. Für diesen angesichts der Lage sinnlosen Befehl gibt es zwei Erklärungen: Einmal die vage Hoffnung, dadurch dem Westheer Entlastung zu verschaffen, zum anderen, und dies war sicherlich der maßgebliche Grund, sollte die seit 1916 untätige Flotte noch schnell ihre Existenzberechtigung nachweisen.

Die einzige Seeschlacht zwischen der britischen und deutschen Kriegsmarine fand am 31.5./1.6.1916 am Skagerrak statt, s. S.14.

Konteradmiral von Trotha am 8.10.1918: „Aus einem ehrenvollen Kampf der Flotte, auch wenn er ein Todeskampf sein wird in diesem Kriege … wird eine neue deutsche Zukunfts-Flotte hervorwachsen…" [5]

Resolution der Meuterer vom 30.10.: „Greift der Engländer an, so stellen wir unseren Mann und verteidigen unsere Küsten bis zum Äußersten. Aber wir selbst greifen nicht an. Weiter als bis Helgoland fahren wir nicht, andernfalls wird [das] Feuer [in den Kesseln] ausgemacht." [6]

29.10.: Erste Matrosen verweigern den Dienst in Wilhelmshaven. Von dort aus greift die Meuterei auf Kiel über.
31.10.: Prinz Max von Baden schickt den preußischen Innenminister Drews ins Hauptquartier nach Spa mit der Bitte an Wilhelm II. angesichts der Lage abzudanken.
01.11.: In den norddeutschen Häfen fordern die Matrosen die Freilassung der Meuterer sowie disziplinäre Verbesserungen. Politische Forderungen werden zu diesem Zeitpunkt noch nicht erhoben, politische Parteien oder Gruppierungen greifen in das Geschehen nicht ein. Noch am selben Tag bringt Drews die Ablehnung des Kaisers.
03.11.: Die Matrosenmeuterei greift auf Kiel über. Die Unruhen führen zu einem ersten Zusammenstoß zwischen meuternden Matrosen und Militär, bei dem es zum Blutvergießen kommt. Dadurch weitet sich die Revolution rasch aus. Kiel wird von den Meuterern in Besitz genommen.
04.11.: Erstmals werden politische Forderungen laut: Sofortiger Waffenstillstand, Bildung von Räten*, Abdankung des Kaisers. Damit wird die Revolution politisch.

05./06.11.: Die Revolution greift auf Lübeck und Hamburg über. Der Reichstag bewilligt zwar eine Amnestie für die Meuterer, kann jedoch damit die aufgebrachten Gemüter nicht mehr beruhigen.

07.11.: In München stürzt mit Ludwig III. der erste Monarch, Kurt Eisner (USPD) ruft dort die Räterepublik aus. Weitere Fürsten treten daraufhin zurück und die Revolution weitet sich in den beiden nächsten Tagen auf ganz Deutschland aus. Die SPD stellt Wilhelm II. das Ultimatum, bis zum 8.11. nachmittags abzudanken; ansonsten werde sie aus der Regierung ausscheiden.

08.11.: Der Linkssozialist Kurt Eisner (USPD) wird erster bayerischer Ministerpräsident.

09.11.: Wilhelm II. weigert sich in völliger Verkennung der Lage, wegen „der paar Juden und der 1000 Arbeiter" als Kaiser und preußischer König abzudanken. Erst als General Groener, der Nachfolger Hindenburgs in der OHL, ihm unmissverständlich erklärt, dass die Truppe nicht mehr hinter ihm stehe und gegen die Revolutionäre nicht einzusetzen sei, erklärt er sich zum Rücktritt bereit. Max von Baden hatte jedoch die Dinge bereits forciert, um einer weiteren Radikalisierung vorzubeugen: Um 12.30 Uhr lässt er über das Wolff'sche Telegraphen-Bureau in Berlin die Nachricht von der **Abdankung des Kaisers** verbreiten. Gleichzeitig tritt er als Regierungschef zurück und überträgt das **Kanzleramt Friedrich Ebert*** (SPD), der es einen Tag innehat.

Aus einer Depesche Max von Badens an den Kaiser vom 8.11.: „ Das Kabinett, dessen Mitglieder bis gestern in der Mehrzahl gegen die Thronentsagung Euerer Majestät waren, hält heute ganz überwiegend diesen Schritt für das einzige Mittel, um Deutschland vor blutigem Bürgerkrieg zu bewahren."[7]

Die Abdankung des Kaisers durch Max von Baden: „Der Kaiser und König hat sich entschlossen dem Throne zu entsagen. … Er beabsichtigt …die Ernennung des Abgeordneten Ebert zum Reichskanzler … vorzuschlagen."[8]

Wichtigste bewaffnete Kämpfe und revolutionäre Kampfaktionen

November 1918 bis Mitte Januar 1919

● Streiks
○ Kundgebungen und Demonstrationen
+ bewaffnete Kämpfe

Damit reagierte Max von Baden sowohl auf die Weigerung Wilhelms als auch auf die jüngsten Geschehnisse in Berlin. Inzwischen hatte nämlich die SPD ihre Drohung wahr gemacht und war aus der Regierung ausgetreten, da sie nicht die Führung der Arbeiterschaft an die radikalen Unabhängigen Sozialdemokraten (USPD) und die Spartakisten verlieren wollte.

In fast allen Ländern und Städten des Reichs bilden sich Arbeiter- und Soldatenräte, die regierenden Fürsten danken ab oder werden zum Rücktritt gezwungen. In Berlin befinden sich die Arbeitermassen zum Zeitpunkt des Rücktritts von Max von Baden auf dem Marsch zum Regierungsviertel, um die Herrschaft der Regierung und der Parteien, die immer noch als Repräsentanten des alten Systems betrachtet werden, zu beenden. Damit spitzt sich die Situation dramatisch zu. Um dem Vorhaben der radikalisierten Arbeiterschaft zuvorzukommen, verkündet Philipp **Scheidemann** (SPD) um 14 Uhr, sehr zum Missfallen des Parteivorsitzenden Friedrich Ebert, vom Fenster des Reichstags aus in einer improvisierten Rede die Abdankung der Hohenzollern, die **deutsche Republik*** und damit das **Ende der Monarchie**. Diese Eile und Hektik, die eine sorgfältige Abstimmung der politischen Maßnahmen auch in der SPD nicht mehr möglich machte, war aus Sicht Scheidemanns vor allem deshalb geboten, weil man dem Spartakus-Führer Karl **Liebknecht** nicht die Initiative überlassen wollte. Kurze Zeit nach Scheidemann rief nämlich Liebknecht vor dem Berliner Schloss die „Freie **sozialistische Republik Deutschland**" aus und verkündete die neue Marschroute mit der Parole: „Alle Macht den Arbeiter- und Soldatenräten."

Aufgrund dieser Ereignisse, und weil er sich in seiner monarchischen Ehre und Würde durch die von Max von Baden betriebene Abdankung „tief enttäuscht" fühlt, dankt Wilhelm II. noch am selben Tag offiziell ab und begibt sich am 11.11. ins Exil nach Doorn (Holland).

Scheidemann ruft die Republik aus: „Das Alte und Morsche ist zusammengebrochen; der Militarismus ist erledigt! Die Hohenzollern haben abgedankt! Es lebe die deutsche Republik!" [9]

Aus der Ansprache Liebknechts „Das Alte ist nicht mehr. Die Herrschaft der Hohenzollern, die in diesem Schloss jahrhundertelang gewohnt haben, ist vorüber ... Durch dieses Tor wird die neue sozialistische Freiheit der Arbeiter und Soldaten einziehen. Wir wollen an der Stelle, wo die Kaiserstandarte wehte, die rote Fahne der freien Republik Deutschland hissen." [10]

Scheidemann begründet später die Ausrufung der deutschen Republik: "...Liebknecht will die Sowjetrepublik ausrufen. Was! Nun sah ich die Situation klar vor Augen: Deutschland, eine russische Provinz? Eine Sowjetfiliale? Nein, tausendmal nein." [11]

14. 8. 1918	Konferenz in Spa (Belgien)– Oberste Heeresleitung (OHL) erklärt Fortführung des Krieges als aussichtslos	
29. 9. 1918	Hindenburg und Ludendorff fordern sofortiges Waffenstillstandsangebot	
3. 10. 1918	Neue Regierung Prinz Max von Baden – Gesetz über Verfassungsänderung	
3./4. 10. 18	Waffenstillstandsangebot der deutschen Regierung an Wilson	
26. 10. 1918	Entlassung Ludendorffs	
28. 10. 1918	Meuterei auf der deutschen Hochseeflotte	
3. 11. 1918	Aufstand der Matrosen in Kiel – Bildung von Arbeiter- und Soldatenräten	
7./8. 11. 1918	Revolution in München – Ausrufung des Freistaates Bayern	
9. 11. 1918	Revolution in Berlin – Ausrufung der deutschen Republik – Abdankung des Kaisers und des Kronprinzen	
10. 11. 1918	Übertragung der Regierungsgeschäfte an Friedrich Ebert und an den Rat der Volksbeauftragten – Bildung des Vollzugsrates der Arbeiter- und Soldatenräte	
11. 11. 1918	Abschluss des Waffenstillstandsvertrages	

Von der Kapitulation 1918 zur Weimarer Republik

Blockade ab 5. 12. 1918
Blockade seit dem Kriege
Kiel
Blockade ab 5. 12. 1918
Rückzug der deutschen Truppen
Spa
Elbe
Berlin
Oder
3. 3. 1918 Friedensvertrag von Brest-Litowsk zwischen den Mittelmächten und Russland
München
Donau
Rhein

in 15 Tagen	von deutschen Truppen zu räumen
in 25 Tagen	
	Neutrale 10-km-Zone
	Alte Reichsgrenze
++++++	Letzte Frontlinie vom 4.-11. 11. 1918

ZAHLENBILDER
50 065

© Erich Schmidt Verlag

2.4 Die Bewertung der Revolution

Sie **kann** aus folgenden Gründen **weder mit** der Französischen (**1789**) **noch mit** der russischen (Oktober-)Revolution (**1917**) ver**glichen werden**:

* Die „revolutionären" Aktionen gehen keineswegs von der Masse des Volkes aus, die das gesellschaftspolitische System verändern will, sondern sind Meutereien und werden anfangs nur von den Matrosen der Kriegsflotte getragen.
* Es ist keine Ideologie, es sind keine klaren, langfristigen Ziele bei ihrem Ausbruch vorhanden und politische Forderungen spielen zunächst keine Rolle.
* Es fehlt eine geistige und politische Führungselite.
* Die Revolution ist ein Zufallsprodukt.
* Sie wird nicht bis zu ihrem möglichen Ende fortgeführt, sondern ihre Träger begnügen sich – von den Linksradikalen abgesehen – mit gesellschaftlich kleinen Umwälzungen.
* Es werden keine wirklich tief greifenden gesellschaftspolitischen Veränderungen angestrebt. Es verändert sich zwar (ungewollt) die Fassade (Republik statt Monarchie), die wesentlichen staatlichen und gesellschaftlichen Säulen (Verwaltung, Justiz, Militär) bleiben erhalten.

Der Historiker Rosenberg war zeitweilig USPD- bzw. KPD-Mitglied (bis 1927), Abgeordneter des Reichstags 1924 – 1928. Sein Buch „Die Entstehung der deutschen Republik" erscheint 1928.

Rathenau: „Nicht
wurde eine Kette
gesprengt durch
das Schwellen eines Geis-
tes und Willens, sondern ein
Schloss ist durchgerostet. Die
Kette fiel ab, und die Befrei-
ten standen verblüfft, hilflos, verlegen, und mussten
sich wider Willen rüsten. Am
schnellsten rührten sich, die
ihren Vorteil erkannten." [13]

Lenin wird folgende Charakterisierung der November-
revolution zugeschrieben:
„Wenn die Deutschen eine
Revolution machen und einen
Bahnhof stürmen wollen, lösen sie vorher eine Bahnsteig-
karte." [14]

s. S. 33 f.
s. S. 39
s. .S. 36

Die **Einschätzung der Revolution** unter den Zeitgenossen war sehr umstritten und reichte von der „größten aller Revolutionen" (Berliner Tageblatt vom 10. 11. 1918 bis zur „wunderlichsten aller Revolutionen" (Arthur Rosenberg).[12] Der spätere Außenminister Walther **Rathenau** nannte sie eine „Enttäuschung", ein „Zufallsge-schenk", ein „Verzweiflungsprodukt", eine „**Revolution aus Ver-sehen**". Sie verdiene diesen Namen nicht, da sie die eigentlichen Missstände nicht beseitigt habe, sondern in einen entwürdigen-den Interessenkampf ausgeartet sei.

Die Bewertung der Revolution hängt in erster Linie mit der Frage zusammen, ob der neue Staat, die Republik, trotz der Veränderung der Staatsform, wirklich etwas Neues war oder ob die bestimmen-den Elemente aus dem Kaiserreich hinter der Fassade so stark er-halten blieben, dass die Weimarer Republik die Fortführung des alten Regimes, allerdings ohne den Kaiser, ohne die Monarchie, war. Für die Einschätzung, dass es sich vor allem von ihrem Er-gebnis her um **keine wirkliche Revolution** handelte, sprechen folgende **Belege**:

- Der „Pakt mit den alten Mächten" Militär, Verwaltung und Jus-tiz, die nach wie vor monarchisch und antidemokratisch ein-gestellt waren und die ihre Position im Staat halten konnten.
- Die Machtstellung des Reichspräsidenten als „Ersatzkaiser".
- Die Reichstagswahl von 1920, in der eine deutliche Mehrheit der Wähler ihre Stimme antidemokratischen Parteien gab.

Auch die Abdankung der Fürsten, die starke sozialdemokratische Prägung der ersten Regierungen und liberale Gesetze (Streik-, De-monstrationsrecht, weitgehende Presse- und Informationsfreiheit, modernes Wahlrecht etc.) ändern an dieser Einschätzung nichts.

2.5 Die chronologische Struktur der Weimarer Republik*

Für Beginn und Ende der Weimarer Republik gibt es eine Reihe von Daten, jedoch **keine eindeutige Datierung**. Die Weimarer Re-publik kann am 28. Oktober 1918 (die parlamentarische ersetzt die konstitutionelle Monarchie) begonnen haben, am 9. Novem-ber 1918 (Abdankung des Kaisers bzw. Ausrufung der Republik), am 6. Februar 1919 (Zusammentreten der Nationalversammlung zu Weimar), und am 11. August 1919 (Unterzeichnung der neuen Verfassung durch Reichspräsident Ebert).

Gleiches gilt für das Ende der ersten deutschen Republik. Auch hier gibt es eine Reihe von Datierungen: 27. März 1930 (Scheitern der letzten parlamentarischen Reichsregierung und Beginn der Präsidialregierungen), 30. Mai 1932 (Sturz des letzten Reichskanzlers, der zwar keine parlamentarische Mehrheit besaß, aber wenigstens keine Mehrheit gegen sich hatte), 30. Januar 1933 (Ernennung Hitlers zum Reichskanzler), 28. Februar 1933 (Aufhebung der demokratischen Grundrechte „bis auf weiteres"), 14. Juli 1933 (Verbot aller Parteien außer der NSDAP), 2. August 1934 (Hitler vereinigt die Ämter des Reichskanzlers und des Reichspräsidenten und ist damit unangefochtener Diktator).

Um dieser Erklärungsproblematik zu entgehen, nimmt man **gewöhnlich** die markantesten und optisch auffallendsten Zäsuren, also den **9. November 1918** und den **30. Januar 1933**.

Die Geschichte der **Weimarer Republik** wird von den Historikern meist in **drei Phasen** eingeteilt:

- 1. Phase: 1918/19 (Entstehung) bis Ende 1923. (Beendigung des Ruhrkampfs und effiziente Bekämpfung der Inflation). In dieser Zeit war die Existenz der jungen Republik permanent gefährdet durch bürgerkriegsähnliche Zustände, linke und rechte Putschversuche und Aufstände, Räterepubliken, Ruhrkampf, Separatismus und Inflation.
- 2. Phase: Anfang 1924 bis Ende 1929. Diese Jahre werden aufgrund der positiven Entwicklung in wesentlichen Bereichen (Außen- und Innenpolitik, Wirtschaft, Sozialpolitik, Technik und Wissenschaft, Kunst und Kultur) als die „ruhigen Jahre der Weimarer Republik" bezeichnet oder als die „Ära Stresemann", da Gustav Stresemann* als Außenminister und markanteste politische Persönlichkeit diese Phase entscheidend prägte.
- 3. Phase: Ende 1929 (Beginn der Weltwirtschaftskrise, Tod Stresemanns) bis Ende Januar 1933 (Ernennung Hitlers zum Reichskanzler). Charakteristisch für diese Phase ist die Verschlechterung der wirtschaftlichen und innenpolitischen Situation und die Führung der Republik durch Hindenburg mit nicht verfassungskonformen Mitteln. Daraus resultierte die Auflösung des parlamentarischen Systems und das Erstarken des politischen Radikalismus.

Zusammenfassung: Die Entstehungsbedingungen der Weimarer Republik

Regierung und Staatsform des Deutschen Reichs veränderten sich im Verlauf des Kriegs. Ende August 1916 entmachtete die Oberste Heeresleitung (OHL) den Kaiser. Militärische und politische Belange bestimmten von nun an die neue OHL unter den Generälen Hindenburg und Ludendorff. Damit wurde aus der konstitutionellen Monarchie, die de jure und rein äußerlich weiter existierte, de facto eine unangreifbare Militärdiktatur.

Angesichts der prekären militärischen Situation zerfiel der Burgfrieden, der 1914 von den im Parlament vertretenen Parteien aus nationalen Gründen vereinbart worden war. Eine breite Friedensdiskussion entstand 1916, die zunächst von linksradikalen ehemaligen SPD-Mitgliedern, im folgenden Jahr auch von anderen Parteien (SPD, Z, Fortschrittliche Volkspartei) getragen wurde. Deren Ziel war ein Verständigungsfriede. Die Friedensdiskussion im Reichstag bedeutete den ersten Schritt der Parlamentarisierung des Deutschen Reichs.

Als sich die militärische Niederlage im Sommer 1918 abzeichnete, verordneten Hindenburg und Ludendorff eine demokratische Regierung, die einen Waffenstillstand erreichen sollte. Damit wollte die OHL die Verantwortung für den verlorenen Krieg auf die Parteien bzw. die ungeliebte Demokratie abwälzen. Die „zur Machtübernahme befohlenen Parteien" bildeten unter Prinz Max von Baden eine Regierung, die, gemessen an ihrer kurzen Amtszeit, erstaunlich viel erreichte („Oktoberverfassung", Waffenstillstand). Das Deutsche Reich war nun eine parlamentarische Monarchie. Da der Bevölkerung die Entwicklung von der konstitutionellen zur parlamentarischen Monarchie angesichts der sehr prekären militärischen und wirtschaftlichen Verhältnisse nicht bewusst wurde, konnte kein Demokratisierungsprozess einsetzen. Die Parteien versäumten es zudem, die Bedeutung des Kaisers und der Militärs für die militärische und gesellschaftliche Misere deutlich zu machen, die Demokratie wurde zu Unrecht mit dem Vorwurf des verlorenen Kriegs belastet.

Die Novemberrevolution begann mit der Meuterei der Matrosen und richtete sich gegen den sinnlosen „Leistungsnachweis", der im Kampf gegen die britische Flotte wenige Tage vor Kriegsende erbracht werden sollte. Die Meuterei, die sich in den ersten Novembertagen rasch über ganz Deutschland ausdehnte, wurde nach wenigen Tagen politisch. Die ungeschickte Haltung Wilhelms II. führte am 9. November zum unbeabsichtigten Sturz der Monarchie und zur Ausrufung der deutschen Republik durch Scheidemann (SPD), der eine sozialistische Räterepublik verhindern wollte.

Ob die Ereignisse von Ende Oktober/Anfang November eine Revolution bedeuteten, wurde von den Zeitgenossen durchaus unterschiedlich gesehen. Tatsächlich war die „Novemberrevolution" keine Revolution im klassischen Sinne, denn es kam trotz der (nicht beabsichtigten) Abschaffung der Monarchie zu keinen tief greifenden gesellschaftspolitischen Veränderungen: Die tragenden „Säulen" des Kaiserreichs (Verwaltung, Justiz, Militär) konnten ihre Bedeutung auch in der Republik erhalten. Sie blieben monarchisch gesinnt, standen dem neuen System ablehnend gegenüber und waren, wie die Mehrheit der Bevölkerung, antidemokratisch.

Die Etablierung der Weimarer Republik

Die Gründung der deutschen Republik.

Der „Rat der Volksbeauftragten". Links: Haase (USPD), Landsberg (MSPD), Dittmann (USPD); rechts: Ebert (MSPD), Scheidemann (MSPD), Barth (USPD)

3

3.1 Der Rat der Volksbeauftragten

Mit der Abdankung des Kaisers sah die Parteiführung der SPD die Revolution als beendet an; sie war im Gegensatz zu ihren radikalen Genossen (USPD, Spartakusbund) mit dem Erreichten zufrieden. An die Schaffung einer Räterepublik* dachte in der SPD niemand. Am **10. November** wählten die Berliner Arbeiter- und Soldatenräte im Zirkus Busch die **neue republikanische Regierung**, den **Rat der Volksbeauftragten**. Er bestand aus je drei Vertretern der SPD und der USPD und war von Anfang an aufgrund der konträren Ziele seiner Mitglieder zum Scheitern verurteilt. Die SPD-Mitglieder wollten Ruhe, Ordnung, demokratische Verwaltung und eine baldige Regelung der Verfassungsfrage durch eine Nationalversammlung. Die Vertreter der USPD dagegen sahen ihr Ziel in der Vereitelung dieser Versammlung, in der Fortführung der Revolution und in der Ausübung der Macht durch Arbeiter- und Soldatenräte, also in einem Rätestaat*. Als **Kontrollorgan** für die neue, provisorische Regierung wurde der aus Arbeiter- und Soldatenräten paritätisch gebildete **Vollzugsrat** gewählt. Zwischen beiden Institutionen bestanden von Anfang an erhebliche Spannungen, die sich nicht nur aus den unterschiedlichen Zielen, sondern vor allem auch aus der Frage der Höherrangigkeit ergaben: Der Vollzugsrat war zwar offiziell das übergeordnete Organ, hatte jedoch kein klares Konzept und konnte deshalb seine mitunter diffusen Wünsche und Vorstellungen nicht durchsetzen.

SPD-Parole: So viel Kontinuität wie möglich, so viel Revolution wie machbar.

Anschlag der SPD zur Wahl der Nationalversammlung 1919

Die Spannungen zwischen SPD und USPD traten auf der **Reichskonferenz der Arbeiter- und Soldatenräte (16.–19.12.1918)**, an der 450 Delegierte teilnahmen, offen zu Tage. Die radikalen Delegierten warfen den gemäßigten der SPD vor, sie paktierten mit den Befehlshabern der heimgekehrten Fronttruppen, sabotierten bewusst die Revolution durch dieses verräterische Bündnis und durch ihr Eintreten für eine verfassunggebende Nationalversammlung, die im Dienste der Konterrevolution stehen werde. Zutreffend war, dass der von der SPD beherrschte Rat der Volksbeauftragten seine Macht gegenüber dem Vollzugsrat eben dadurch gesteigert hatte, dass sich Ebert als der führende Mann der SPD zum „Pakt mit den alten Mächten" entschlossen hatte (Militär, Justiz, Verwaltung).

Max Cohen-Reuß (SPD) während der Reichskonferenz: „Wir Sozialdemokraten müssen uns dagegen wehren, dass unsere reine, klare, gute sozialistische Gedankenwelt durch bolschewistische Verschrobenheiten diskreditiert wird."[1]

Nach harten Auseinandersetzungen und erbitterten Debatten fielen schließlich mit 400 gegen 50 Stimmen diejenigen **Entscheidungen**, die die Entwicklung der Weimarer Republik wesentlich bestimmten:

- Die Reichskonferenz überträgt die exekutive und legislative Macht dem Rat der Volksbeauftragten.
- Dessen Amtszeit läuft bis zur Wahl einer verfassunggebenden Nationalversammlung am 19. Januar 1919.

Cohen-Reuß (SPD): „Es gibt nur ein einziges Organ, das [den] Volkswillen feststellen kann, das ist die allgemeine deutsche Nationalversammlung."[2]

- Der Kongress wählt einen „Zentralrat der Arbeiter- und Soldatenräte", der als Kontrollinstanz den Vollzugsrat ersetzt.

Da sich die USPD-Mitglieder gegen eine Beteiligung in diesem Organ aussprachen, bestand er nur aus Mitgliedern der SPD. Damit war die Entscheidung über die Verteilung der politischen Macht endgültig gefallen.

Die Spannungen innerhalb des Rats der Volksbeauftragten verschärften sich durch das „Ebert-Groener-Abkommen" und den Berliner Matrosenaufstand. Sie führten Ende Dezember zu dem von der Parteibasis erzwungenen Austritt der USPD-Mitglieder aus der provisorischen Regierung. Der Rat der Volksbeauftragten wurde daraufhin durch die SPD-Mitglieder Noske und Wissell ergänzt, regierte bis zur Übergabe der Regierungsgeschäfte an die Nationalversammlung (10.2.1919) und stellte die Weichen für eine parlamentarische Demokratie.

s. S. 35
Auch aus dem preußischen, württembergischen und sächsischen Kabinett traten die USDP-Mitglieder aus.

3.2 Der „Pakt mit den alten Mächten"

Am 10. November schlossen Ebert und General Groener, der den zurückgetretenen Ludendorff ersetzte, das Bündnis zwischen SPD und Militär, das für die weitere Entwicklung der Weimarer Republik große Bedeutung erhielt. Es handelte sich dabei um eine Vernunftehe, bei der jeder Teil seine eigenen Ziele verfolgte. **Ebert** ging es in erster Linie darum, mit Hilfe der alten Mächte die junge Republik zu stabilisieren, eine sozialistische Revolution zu verhindern, Ruhe und Ordnung als Grundvoraussetzungen des Neuaufbaus zu erreichen. **Groener** befürchtete, dass „der Karren noch weiter nach links rutscht", bot Ebert das Bündnis an und sicherte dadurch die Kommandogewalt des Militärs gegenüber den Soldatenräten. Demzufolge handelte es sich bei dem Ebert-Groener-Abkommen um ein **zeitlich begrenztes Zweckbündnis** mit dem Ziel der gegenseitigen Existenzsicherung durch Ausschaltung der Linksradikalen. Entscheidend ist, dass auf Seiten der Militärs von einem Bekenntnis zum neuen Staat oder gar von Loyalität ihm gegenüber nie die Rede war. Auch die Einstellung der hohen Beamtenschaft und der Justiz zu dem von der SPD bestimmten Staat war geprägt von einer geringschätzigen Loyalität.
Am 15.11.1918 schlossen Arbeitgeber und Gewerkschaften den nach den Unterhändlern benannten **Stinnes-Legien-Pakt**. Er ermöglichte der SPD eine ausgeprägte Sozialpolitik und garantierte den Arbeitgebern einen geregelten Produktionsablauf und Sicherheit vor Sozialisierung.

Groener über sein Angebot an Ebert: „Am Abend rief ich die Reichskanzlei an und teilte Ebert mit, dass das Heer sich seiner Regierung zur Verfügung stelle, dass dafür der Feldmarschall [Hindenburg] und das Offizierskorps von der Regierung Unterstützung erwarteten bei der Aufrechterhaltung der Ordnung und Disziplin im Heer. Das Offizierskorps verlange von der Regierung die Bekämpfung des Bolschewismus und sei dafür zum Einsatz bereit. Ebert ging auf meinen Bündnisvorschlag ein." [3]

Aus Groeners Lebenserinnerungen: „ Wir [die OHL] hofften durch unsere Tätigkeit einen Teil der Macht im neuen Staat an Heer und Offizierskorps zu bringen." [4]

(25.11.1918): „Wir [die sechs Volksbeauftragten] mussten, nachdem wir die politische Macht in die Hand genommen hatten, dafür Sorge tragen, dass diese Maschine weiterläuft, um unsere Ernährung und Wirtschaft aufrechterhalten zu können... Dazu brauchten wir die erfahrene Mitarbeit der Fachleute."[5]

z.B. Rückführung der Truppen, Umstellung der Kriegs- auf Friedenswirtschaft, Versorgung der Bevölkerung, Erhaltung des Reichs durch die Abwehr separatistischer Bestrebungen, Eindämmung des Radikalismus, Auf- und Ausbau des neuen Staates.

Auf dieser instabilen Basis trieb der Rat der Volksbeauftragten den Neuaufbau der Republik in der folgezeit mit Hilfe der „alten Mächte" energisch voran. Dieses von weiten Teilen der SPD-Wählerschaft misstrauisch oder ablehnend betrachtete Bündnis, hatte jedoch große langfristig wirkende Auswirkungen:

- Die SPD verschaffte sich die Voraussetzungen für die Durchsetzung ihrer gemäßigten Politik.
- Die Spannungen zwischen den linken Parteien bzw. Gruppierungen (SPD, USPD, Spartakus bzw. KPD) verstärkten sich.
- Die USPD wurde nach links in den Radikalismus abgedrängt und schließlich zwischen KPD und SPD zerrieben.
- Die SPD verlor vor allem durch den Einsatz des Militärs gegen linksrevolutionäre Gruppen Teile ihrer Parteibasis.

Oft ist der Pakt als *der* Ausgangspunkt und *die* Ursache des Unglücks (= Scheitern der ersten deutschen Demokratie) bewertet worden. Diese **Bewertung des Pakts** muss jedoch angesichts der Alternative einer sozialistischen Räterepublik und der Würdigung der Gesamtsituation revidiert werden. Vor allem wäre die Bewältigung der vielfältigen, schwierigen Aufgaben, mit denen sich der Rat der Volksbeauftragten konfrontiert sah, ohne die alten Mächte nicht möglich gewesen. Angesichts der zahlreichen und existenziellen Probleme, die die Weimarer Republik in den ersten Monaten bedrohten, war die Sorge der SPD-Führung durchaus begründet, dass die Linksradikalen von einem in Chaos und Auflösung versinkenden Staat profitieren würden.

3.3 Demokratie oder Räterepublik?

Obwohl die Mehrheit der Arbeiter- und Soldatenräte, die sich in fast allen Großstädten gebildet hatten, aus gemäßigten Sozialdemokraten bestanden, gab es immer wieder Unruhen und revolutionäre Putschversuche.

Der Berliner Matrosenaufstand

Wegen ausstehender Löhnung besetzten Matrosen der Berliner Volksmarine-Division, deren Aufgabe der Schutz der Regierung war, am 23.12.1918 die Reichskanzlei und stellten den Rat der Volksbeauftragten unter Arrest. Revolutionäre Ziele hatten sie nicht. Als Ebert Truppen gegen die Matrosen einsetzte, kam es am folgenden Tag zu blutigen Straßenkämpfen. Aus Protest gegen das Vorgehen Eberts traten die USPD-Mitglieder am 27.12. aus dem Rat der Volksbeauftragten aus.

Der Spartakusaufstand (5. – 12.1.1919)

Der 1916 aus dem äußersten linken Flügel der SPD entstandene Spartakusbund schloss sich zunächst der USPD an. Ihre Führer, Karl Liebknecht und Rosa Luxemburg, gründeten am 1. Januar 1919 zusammen mit anderen Linksradikalen die „Revolutionäre Kommunistische Partei Deutschlands – Spartakusbund" (KPD). Die Spartakisten wollten die Revolution fortsetzen und strebten eine Räterepublik mit demokratischem Kommunismus an, die sich in wesentlichen Punkten von der bolschewistischen Lehre Lenins unterschied.

Aus Enttäuschung über die von der SPD bestimmte evolutionäre staatliche Entwicklung und deren Zusammenarbeit mit den „reaktionären Kräften" entstand Anfang Januar 1919 in Berlin der Spartakusaufstand: In der Reichshauptstadt tobten Generalstreik und blutige Straßenkämpfe zwischen Spartakisten und Linksradikalen auf der einen und der von dem Volksbeauftragten Noske (SPD) eingesetzten Regierungstruppen und Freikorps* auf der anderen Seite. Der insgesamt ohne klares Ziel und ohne ausreichende Beteiligung der Arbeiter geführte Aufstand brach nach wenigen Tagen unter dem brutalen Vorgehen des Militärs und der Freikorps zusammen, die anschließend Berlin von Spartakisten „säuberten". Im Rahmen dieser „Säuberungsaktion" wurden am 15. Januar 1919 Rosa Luxemburg und Karl Liebknecht verhaftet und von rechten Freikorpsführern ermordet.

Die brutale Niederschlagung des Aufstands, vor allem jedoch die Ermordung der beiden Spartakusführer, löste Aufstände der Spartakisten in Bremen, Hamburg, Wilhelmshaven, Düsseldorf, Essen, Leipzig, Halle und anderen Städten aus. In Bremen, Baden, Braunschweig, Bayern und im Vogtland (Sachsen) wurden Räterepublik ausgerufen. Aufstände und Räterepubliken gingen wie in Berlin im Feuer des Militärs unter. Dadurch verstärkte sich die Erregung der Arbeiterschaft, welche die ganze Schuld an diesem Blutbad der SPD zuschob. Der Rätegedanke erhielt vorübergehend neuen Auftrieb und kurze Zeit drohte ein gemeinsames Vorgehen der Spartakisten und der USPD. Dieser Linksrutsch der Arbeiterschaft konnte jedoch die wenige Tage später stattfindenden Wahlen für eine verfassunggebende Nationalversammlung nicht verhindern.

Spartacus:
Römischer Sklave, der 73 bis 71 v. Chr. den für Rom gefährlichsten Sklavenaufstand mit zeitweilig 60 000 Sklaven anführte.

Aus dem von R. Luxemburg verfassten „Spartakusprogramm": „Freiheit nur für die Anhänger der Regierung, nur für die Mitglieder einer Partei …ist keine Freiheit. Freiheit ist immer nur die Freiheit des anders Denkenden." [6]

Aufruf der Reichsregierung vom 8.1.1919: „Spartakus kämpft jetzt um die ganze Macht. Die Regierung … soll mit Gewalt gestürzt werden. Das Volk soll nicht sprechen dürfen. Seine Stimme soll unterdrückt werden…Gewalt kann nur mit Gewalt bekämpft werden … Die Stunde der Abrechnung naht." [7]

Gesamtzahl der Getöteten: 156

s. S. 68 f.

3.4 Die verfassunggebende Nationalversammlung

Wahl vom 19. Januar 1919. Ergebnis der staatstragenden Parteien (in Prozent):

Zentrum	*19,7*
DDP	*18,5*
SPD	*37,9*
Zusammen:	*76,1*

Andere Parteien:

DNVP	*10,3*
DVP	*4,4*
USPD	*7,6*
Sonstige	*1,6*
Zusammen:	*23,9*

Die Wahl vom 19. Januar 1919 vermittelt auf den ersten Blick den Eindruck, dass die Mehrheit des deutschen Volkes einem Normalzustand zustrebte. Dies dokumentiert sich auf zweierlei Art: Zum einen machen die Wahlergebnisse die Ablehnung der radikalen Parteien deutlich, zum anderen blieb insgesamt die Struktur des kaiserlichen Reichstags in seinen Grundzügen erhalten, da sich die SPD behaupten konnte, die bürgerlich-bäuerlichen Parteien (DDP, Z, DVP) jedoch die Mehrheit der Abgeordneten stellten. Eine derartige oberflächliche Betrachtung muss jedoch korrigiert werden:

- Die KPD hatte ihren Mitgliedern den Boykott der Wahlen empfohlen. Sie taucht deshalb in der Statistik gar nicht auf.
- SPD und USPD erreichten zwar zusammen 45,5 %, doch war aufgrund der Ereignisse der vergangenen Wochen an eine gemeinsame Regierungsbildung nicht zu denken, weshalb die bereits in der Endphase des Ersten Weltkrieges begonnene Zusammenarbeit zwischen Sozialdemokraten, Zentrum und Linksliberalismus in der so genannten „Weimarer Koalition" fortgesetzt wurde.
- Die Stabilität signalisierenden Wahlergebnisse der Mittelparteien (Z, DDP, DVP: ca. 43 %) täuschen über die wahren politischen Verhältnisse und über die Einstellung weiter Wählerkreise zu dem neuen Staat hinweg. Es darf hier nicht übersehen werden, dass die Angst vor revolutionären Veränderungen das im Grunde monarchische, antidemokratische Bürgertum veranlasste, das im Augenblick kleinere Übel der Demokratie zu wählen. Auf keinen Fall lassen sich die Erfolge der bürgerlichen Parteien aus einer grundsätzlich bejahenden Einstellung ihrer Wähler zum Staat erklären.

Reichstagswahl vom 20. Juni 1920

Zentrum	*13,6*
DDP	*8,3*
SPD	*21,7*
Zusammen:	*43,6*

Andere Parteien:

DNVP	*15,1*
DVP	*13,9*
Wirtschaftspartei	*0,8*
BVP	*4,4*
USPD	*17,9*
KPD	*2,1*
Sonstige	*2,2*
Zusammen:	*56,4*

Aufschlussreich ist der Vergleich mit der Reichstagswahl vom 20. Juni 1920, in der die Koalitionsparteien nicht mehr die Mehrheit erreichten. Der wesentliche Grund dafür war das Wahlverhalten der bürgerlichen Schichten. Während sie 1919 noch aus Angst vor der Revolution und „russischen Verhältnissen" die Koalition gewählt hatten (vgl. vor allem die Wahlergebnisse der DDP), wählten sie nun nach der Abwendung der Gefahr entsprechend ihrer eigentlichen Einstellung und Überzeugung,

Die aus den Wahlen vom 19. Januar 1919 hervorgegangene **Deutsche Nationalversammlung** wurde am **6. Februar** in **Weimar** eröffnet. Für den Versammlungsort, der der ganzen Epoche den Namen gab, lassen sich zwei Begründungen anführen: Der offiziellen

Version zufolge wurde der Ort gewählt, um an die geistige Tradition Deutschlands (Goethe, Schiller, Wieland, Herder) anzuknüpfen. Der inoffizielle, jedoch eigentliche Grund ist darin zu sehen, dass man der brodelnden, revolutionären Stimmung in Berlin entfliehen wollte, um „auf dem Lande" in aller Ruhe die Grundlagen des neuen Staates zu legen.

Die Nationalversammlung sah sich im Wesentlichen zwei Aufgaben gegenüber. Sie musste die Verfassung schaffen und den Abschluss des Friedensvertrags – soweit dies die Alliierten zuließen – mitgestalten. Bereits am **10. Februar** wurde das „**Gesetz über die vorläufige Reichsgewalt**" verabschiedet, das folgende wichtige Entscheidungen enthielt:

- Ein Reichspräsident soll sofort gewählt werden, der die Regierungsgeschäfte bis zum Amtsantritt der nach der neuen Verfassung zu wählenden Regierung führt.
- Er soll parlamentarische Reichsminister berufen.
- Die Verfügungen dieser Minister bedürfen der Gegenzeichnung durch den Reichspräsidenten.
- Die verfassunggebende Deutsche Nationalversammlung hat die Aufgabe, die künftige Reichsverfassung sowie auch sonstige dringende Reichsgesetze [u. a. Annahme oder Ablehnung des Versailler Vertrags] zu schaffen.

Die Nationalversammlung tagte ab 30. 9. 1919 in Berlin und löste sich am 21. 5. 1920 nach Ausschreibung der Reichstagswahlen auf. Ihr folgte der am 6. 6. 1920 gewählte erste Reichstag.

Plakat des „Rates der Volksbeauftragten" zur Wahl der Verfassunggebenden Nationalversammlung (19. 1. 1919)

3.5 Die Wahl Eberts zum Reichspräsidenten

Friedrich Ebert

Am folgenden Tage wurde Friedrich **Ebert** mit 277 von 379 Stimmen (ca. 73 %) zum **Reichspräsidenten** gewählt. Zwei Tage später (13. 2.) berief er ein **Reichskabinett**, das aus den Reihen der SPD, der DDP und des Zentrums („**Weimarer Koalition**") gebildet wurde und unter der Leitung von Philipp Scheidemann (SPD) als Ministerpräsident stand. Die Weimarer Koalition, die ein Jahr lang eine ¾-Mehrheit in der Nationalversammlung hatte, bestimmte wesentliche Entscheidungen und prägte vor allem die Verfassung. Die Einsetzung der neuen Regierung macht Eberts anfänglich bedeutenden Einfluss auf die Politik der einzelnen Reichsregierungen deutlich. Nachdem sich die junge Republik zu Beginn der Zwanzigerjahre zu stabilisieren begann, hielt sich Ebert immer mehr aus der Tagespolitik heraus und führte sein Amt mit einer gewissen Distanz. Die Fachliteratur unterstreicht seine hervorragenden Leistungen in der Erhaltung der Reichseinheit und in der Errichtung einer verfassungsmäßigen sozialen Demokratie.

3.6 Probleme der Konzipierung der Verfassung

Preuß war Staatsrechtslehrer an der Handelshochschule Berlin.

Mit der Erarbeitung des Verfassungsentwurfs wurde der Staatssekretär im Reichsinnenministerium Hugo Preuß (DDP) beauftragt, weshalb er allgemein als „geistiger Vater" der Verfassung gilt. Die Konzipierung der Verfassung vollzog sich unter großem Zeitdruck, da gleichzeitig die Verhandlungen über den Versailler Vertrag liefen. Sie gestaltete sich auch sehr kompliziert, da Probleme, die zum Teil aus der Bismarck'schen Verfassung von 1871, zum Teil aus den politischen Verhältnissen der Wilhelminischen Ära stammten, durch aktuelle Schwierigkeiten verstärkt wurden, was einen Konsens der beteiligten Politiker und Parteien erschwerte. Folgende **Probleme** mussten berücksichtigt werden:

- Ausfall der monarchischen Spitze.
- Das Volk ist an Demokratie nicht gewöhnt.
- Weite Teile der Bevölkerung sind im Grunde antidemokratisch.
- Aktuelle Probleme, wie Radikalismus, Wahlgesetzgebung, Rolle der Parteien, Verhältnis Länder – Reich.
- Grundlegende Fragen, wie die Neuverteilung der Kompetenzen und der politischen Macht allgemein, erweisen sich als äußerst mühsam und problematisch.

3.7 Die Verfassung

Die am 31. Juli 1919 von der Nationalversammlung angenommene und am 14. August in Kraft getretene Verfassung gliedert sich in zwei Hauptteile, von denen der erste den Aufbau und die Aufgaben des Reichs (Art. 1-108), der zweite die Grundrechte und Grundpflichten der Deutschen (Art. 109-165) regelte.
Folgende Bereiche bzw. Bestimmungen der Verfassung spielten für die Entwicklung der Weimarer Republik eine große Rolle.

Das Volk

Die Souveränität liegt beim Volk, dessen Willen durch den Reichstag verkörpert wird. Da es den Reichspräsidenten direkt wählt und durch Volksentscheide (Plebiszite) an der Legislative mitwirken kann, hat das Volk eine außerordentlich große Bedeutung im politischen Prozess.

Reich und Länder

Aus den Staaten des Kaiserreichs werden Länder, d. h. sie verlieren ihre Souveränität. Sie behalten eigene Regierungen und Landtage, doch zieht das Reich wichtige Bereiche an sich. Reichsrecht bricht Landesrecht (Art. 13). Die Länder sind über den Reichsrat kaum an der Legislative beteiligt. Insgesamt herrscht ein latenter Dualismus zwischen den Ländern und der Zentralgewalt.

Der Reichspräsident

Er ist als Gegengewicht gegen das Parlament gedacht und hat weit reichende Kompetenzen: Er

* ist höchster Repräsentant des Staates;
* an der Gesetzgebung durch Art. 48 beteiligt;
* kann den Reichstag auflösen (Art. 25);
* kontrolliert die Regierung (Art. 53) durch Ernennung und Entlassung von Kanzler und Ministern;
* ist Oberbefehlshaber aller Streitkräfte (Art. 47).
* wird direkt vom Volk für 7 Jahre gewählt und kann beliebig oft wieder gewählt werden.
* Die wichtigsten und umfassendsten Rechte gestand ihm der Art. 48 („Notstandsparagraf") zu: Er gab ihm bei einem außerordentlichen Notstand die judikative und exekutive Gewalt, die Diktaturgewalt, das Recht der Reichsexekution, das ihn befugte, gegen ein unbotmäßiges Land mit Waffengewalt vorzugehen und das Recht, Notverordnungen zu erlassen „zur Wiederherstellung der öffentlichen Sicherheit und Ordnung".

Fazit: Aufgrund seiner überragenden Machtfülle hat der Reichspräsident die Macht und die Position eines „Ersatzkaisers".

Beispiele für die Machtbefugnis des Reichspräsidenten: Brüning, 1.4.1930: „Das neue Reichskabinett ist entsprechend den mir vom Herrn Reichspräsidenten erteilten Auftrag an keine Koalition gebunden."

Hindenburg löste Ende 1932 den Reichstag auf, „weil die Gefahr besteht, dass der Reichstag die Aufhebung meiner Notverordnung vom 4. September des Jahres 1932 verlangt."[8]

Da das in Art. 48.5 vorgesehene Ausführungsgesetz, durch das diese weitreichenden Kompetenzen im Detail geregelt werden sollten, nicht zustande kam, bedeutete der Art. 48 eine kaum beschränkte Handlungsvollmacht, weil die „Wiederherstellung der öffentlichen Sicherheit und Ordnung" Auslegungssache des Präsidenten blieb.

3

Die Parteien werden nur einmal indirekt erwähnt, wenn Art. 130 festlegt, dass die Beamten Diener der Gesamtheit, nicht einer Partei sind. Allerdings ist das in Art. 22 fixierte Verhältniswahlrecht ohne Parteien nicht realisierbar und nicht effizient.

Im Gegensatz zum konstruktiven Misstrauensvotum des Grundgesetzes, mussten sich die das Misstrauensvotum einbringenden Parteien nicht auf einen gemeinsamen Kandidaten als Nachfolger des zu stürzenden Kanzlers einigen.

Art. 54: „Der Reichskanzler und die Reichsminister bedürfen zu ihrer Amtsführung des Vertrauens des Reichstags. Jeder von ihnen muss zurücktreten, wenn ihm der Reichstag durch ausdrücklichen Beschluss sein Vertrauen entzieht."[9]

Vorstaatlich: Unveränderlich, da vorstaatlich existierend.

Parteien und Wahlrecht

Die Parteien sind in der Verfassung nicht ausdrücklich erwähnt, obwohl die Verfassung faktisch von der maßgeblichen Mitwirkung der Parteien am politischen Leben ausgeht. Die ihnen im Wesentlichen zugewiesene Aufgabe besteht in der Organisation der Wahlen.

Das Wahlrecht ist allgemein, gleich, direkt und geheim. Es ist ein reines Verhältniswahlrecht, das keine Sperrklauseln kennt und deshalb kleine und kleinste Parteien begünstigt.

Der Reichstag

Er ist das zentrale Organ der Weimarer Republik. Er hat den überwiegenden Teil der Legislative und in normalen Zeiten die Gesetzesinitiative, er kontrolliert die Regierung über das (einfache) Misstrauensvotum* und entscheidet über Krieg und Frieden.

Der Reichsrat

Er ist zwar an der Legislative beteiligt, besitzt aber nur ein suspensives (= aufschiebendes) Veto. Insgesamt gesehen ist er schwach und keine echte Vertretung der Länderinteressen.

Die Reichsregierung

Sie hat eine schwache Stellung, da sie doppelt abhängig ist: Vom Vertrauen des Reichspräsidenten und vom Reichstag, durch dessen einfaches Misstrauensvotum sie gestürzt werden kann.

Die Grundrechte

Ihre Stellung ist schwächer als im Grundgesetz der Bundesrepublik. In der Weimarer Reichsverfassung (WRV) sind sie nicht vorstaatlich. Während in Weimar die Grundrechte nur nach Maßgabe der Gesetze gewährleistet wurden und durch diese massiv eingeschränkt werden konnten, können in der Bundesrepublik Gesetze nur nach Maßgabe der Grundrechte erlassen werden.

Probleme und Defizite der Verfassung

Die Verfassung hatte eine Reihe von strukturellen Mängeln und Defiziten, die sich in Krisenzeiten negativ auswirkten:

* Spaltung der Legislative (Reichstag, Reichsrat, Reichspräsident, Volk);
* zu starke Stellung des Reichspräsidenten;
* fehlende verfassungsrechtliche Integration der Parteien;
* es existiert kein Verfassungsschutz;
* der Reichstag ist der Regierung gegenüber zu stark (einfaches Misstrauensvotum);
* die Regierung ist aufgrund ihrer doppelten Abhängigkeit (Reichstag, Reichspräsident) zu schwach;
* das reine Verhältniswahlrecht führt zu einer großen Parteienlandschaft und zur Zersplitterung des Reichstags. Es erschwert eine Koalitionsbildung und die Aktionsfähigkeit der Regierung. Die Folge sind häufig Minderheitskabinette.
* Die Überbetonung der plebiszitären Komponente führt dazu, dass das Volkes sehr stark am politischen Prozess beteiligt ist.

Da vor allem die strukturellen Mängel und die Defizite der Weimarer Reichsverfassung eine wesentliche Rolle bei der Konzipierung des Grundgesetzes 1948/49 spielten, wird dieses auch als „Antiverfassung" (zur Weimarer Reichsverfassung) bezeichnet.

Wahl der Landtage, des Reichstags, des Reichspräsidenten, Volksentscheid

Die Bewertung der Weimarer Reichsverfassung

Die von der Nationalversammlung geschaffene Verfassung war ein **Kompromiss mit Widersprüchen und Konstruktionsfehlern**. Sie wurde deshalb in der Retrospektive **häufig** und vereinfachend **als *die* Ursache der nationalsozialistischen Machtergreifung angesehen**. Diese Bewertung muss aus verschiedenen Gründen korrigiert werden:

* Die Weimarer Reichsverfassung galt als die liberalste Verfassung ihrer Zeit, was sich vor allem auf den detaillierten Grundrechtskatalog, arbeitsrechtliche Bestimmungen und solche über Handel und Wirtschaft bezog.
* Der mitunter mühsam ausgehandelte Kompromiss wird verfassungsrechtlich vor allem daran deutlich, dass die WRV in naiver Weise versuchte, mehrere bewährte Elemente der klassischen demokratischen Verfassungen gleichzeitig für die junge deutsche Demokratie zu übernehmen:
  - Das parlamentarische Element: Betonung des Reichstags als die Volksvertretung;
  - das Premier- oder Kanzlersystem nach britischem Vorbild (der Premier bzw. Kanzler bestimmt die Richtlinien der Politik);
  - das präsidentielle System nach amerikanischem Vorbild, in dem die Kompetenzen des Staatsoberhauptes mit denen des Regierungschefs vereint sind;
  - das Kabinettsystem.

Der Historiker Helmut Heiber über die WRV (1982): „Natürlich war sie ein Kompromiss zwischen verschiedenen Institutionen. Aber das war ja kein Fehler. Im Ganzen jedenfalls war sie durchaus brauchbar und hätte bei günstigerer politischer Entwicklung zweifellos ihren Zweck erfüllt. Die Verhältnisse freilich gestalteten sich nicht günstig. Und so hat denn die Kritik mehr Konstruktionsmängel an ihr entdeckt, als es wohl berechtigt ist. Ausgesprochen oder unausgesprochen liegt dieser Kritik der Glaube zugrunde, mit einer besseren oder noch besseren Verfassung…hätte sich das Unheil Hitler verhüten oder doch zumindest eindämmen lassen." [10]

Bei der Bewertung der Verfassung ist wichtig, dass eine derartige Mischverfassung sich nicht notwendig negativ auswirken musste und das Scheitern Weimars nicht automatisch festlegte. Im Ganzen war das Verfassungswerk durchaus brauchbar, allerdings der politischen Realität zu wenig angemessen.

Eine weit größere Rolle als die Verfassung spielten für das Funktionieren bzw. Nichtfunktionieren des Weimarer Staates eine Reihe von zeitbedingten **Faktoren, die die Verfassung** in wachsendem Maße **einschränkten**:

- Es fehlte ein demokratiewilliges Volk.
- Der Übergang vom Untertanenstaat zur Demokratie erfolgte für die meisten Menschen zu rasch.
- Durch verfassungsunabhängige Probleme bzw. Krisen verlagerte sich der politische Schwerpunkt immer mehr auf den Reichspräsidenten, wodurch schließlich der Ausnahmefall zum Normalfall wurde.
- Die junge Demokratie war seit ihrer Geburt mit dem unberechtigten Makel der militärischen Niederlage und den verhängnisvollen Auswirkungen des Versailler Vertrags belastet.

s. S. 120 ff.

Berücksichtigt man diese Aspekte, so ist der Beurteilung des Historikers H. Herzfeld zuzustimmen: „Im Übrigen lässt sich der Mehrheit der Nationalversammlung der beste Wille und eine erhebliche Leistung bei der Umformung zu einer nach den Maßstäben der Zeit modernen Demokratie nicht absprechen. Die Weimarer Verfassung mit ihrer Zielsetzung einer zugleich liberal-freiheitlichen und sozialen Demokratie, ihren vielleicht zu sehr ins Einzelne gehenden, aber im Prinzip mustergültigen Grundrechten kann den Anspruch erheben, eines der bedeutsamsten Verfassungswerke der modernen Geschichte gewesen zu sein." [11]

Die Verfassung der Weimarer Republik

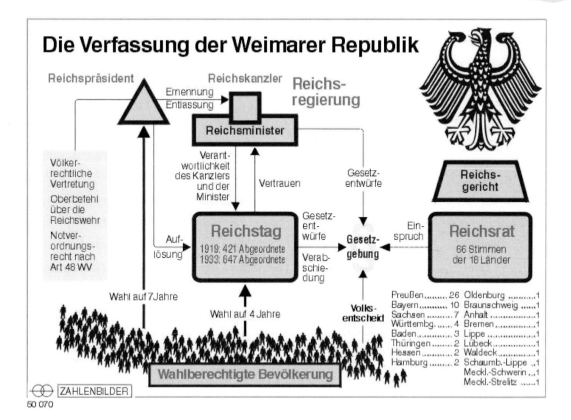

Reichspräsident

Reichskanzler

Reichs-
regierung

Ernennung
Entlassung

Reichsminister

Völker-
rechtliche
Vertretung

Oberbefehl
über die
Reichswehr

Notver-
ordnungs-
recht nach
Art 48 WV

Verant-
wortlichkeit
des Kanzlers
und der
Minister

Vertrauen

Gesetz-
entwürfe

Reichs-
gericht

Gesetz-
ent-
würfe

Ein-
spruch

Auf-
lösung

Reichstag
1919: 421 Abgeordnete
1933: 647 Abgeordnete

Verab-
schie-
dung

Gesetz-
gebung

Reichsrat
66 Stimmen
der 18 Länder

Wahl auf 7 Jahre

Wahl auf 4 Jahre

Volks-
entscheid

Land	Stimmen	Land	Stimmen
Preußen	26	Oldenburg	1
Bayern	10	Braunschweig	1
Sachsen	7	Anhalt	1
Württembg.	4	Bremen	1
Baden	3	Lippe	1
Thüringen	2	Lübeck	1
Hessen	2	Waldeck	1
Hamburg	2	Schaumb.-Lippe	1
		Meckl.-Schwerin	1
		Meckl.-Strelitz	1

Wahlberechtigte Bevölkerung

ZAHLENBILDER

50 070

Zusammenfassung: Die Etablierung der Weimarer Republik

Der Rat der Volksbeauftragten, der aus je drei SPD- und USPD-Mitgliedern bestand, sollte als provisorische Regierung zwischen dem 10. November 1918 (Wahl durch die Berliner Arbeiter- und Soldatenräte) und dem 19. Januar 1919 (Wahl einer verfassungebenden Nationalversammlung) die Geschicke der Weimarer Republik bestimmen. Er zerbrach jedoch schon nach ca. 6 Wochen an den konträren Zielen der beiden Arbeiterparteien (SPD: Ruhe, Ordnung, Demokratie; USPD: Fortsetzung der Revolution, Räterepublik) und an dem Ebert-Groener-Pakt. Die USPD-Mitglieder verließen die provisorische Regierung und wurden durch SPD-Mitglieder ersetzt.

Dieser „Pakt mit den alten Mächten" (Militär, hohe Verwaltung, Justiz) bedeutete ein beiderseitiges „Zweckbündnis auf Zeit". Es ermöglichte der SPD die Durchsetzung ihrer gemäßigten Politik und erlaubte den „alten Mächten", ihre Bedeutung aus dem Kaiserreich in den neuen Staat zu retten. Zu dem Pakt, der nicht nur von der USPD heftig kritisiert wurde, sondern der auch in der SPD umstritten war, gab es angesichts der vielfältigen und komplexen Probleme, denen sich der Rat der Volksbeauftragten gegenüber sah, keine Alternative.

Der Reichskongress der Arbeiter- und Soldatenräte traf Mitte Dezember 1918 grundlegende Entscheidungen. Er bestätigte z.B. den Rat der Volksbeauftragten, dessen Amt mit der Wahl einer verfassunggebenden Nationalversammlung enden sollte. Damit war die Entscheidung für die Demokratie und gegen die Räterepublik gefallen. Der extreme linke Flügel der USPD, der Spartakusbund, wollte sich mit dieser Entwicklung nicht abfinden und initiierte Anfang Januar 1919 in Berlin einen Aufstand, der eine Räterepublik erzwingen sollte. Er wurde von dem im Auftrag der SPD-Regierung rigoros vorgehenden Militär brutal niedergeschlagen, die Führer des Spartakusbundes, Rosa Luxemburg und Karl Liebknecht wurden ermordet. Dies löste Aufstände der Spartakisten in zahlreichen deutschen Großstädten aus, die ausnahmslos im Feuer des Militärs zusammenbrachen.

Die Wahl zur verfassunggebenden Nationalversammlung vom 19. Januar 1919 brachte der Weimarer Koalition (SPD, Zentrum, Deutsche Demokratische Partei) eine Dreiviertelmehrheit, die in erster Linie deshalb zustande kam, weil das mehrheitlich antidemokratische Bürgertum Angst vor „russischen" Verhältnissen hatte und deshalb das kleinere Übel wählte.

Die am 6. Februar 1919 im Weimar eröffnete Nationalversammlung verabschiedete das „Gesetz über die vorläufige Reichsgewalt", wählte Friedrich Ebert (SPD) zum Reichspräsidenten, der das erste Kabinett unter Philipp Scheidemann (SPD) ernannte und schuf die Weimarer Reichsverfassung, die als die liberalste Verfassung ihrer Zeit galt. Sie hatte jedoch gravierende strukturelle Schwächen (z.B. zu große Machtfülle des Reichspräsidenten, zu starke Beteiligung des Volkes), weshalb in Krisenzeiten der Ausnahmefall leicht zum Normalfall werden konnte. Deshalb wurde oft der aufgrund der Gesamtsituation vereinfachende und ungerechte Vorwurf erhoben, die Verfassung habe Hitler die Machtübernahme ermöglicht.

Zeitgenössische Karikatur: Wer will regieren? „Ich würde Ihnen gerne helfen, aber ich kann doch meinen Standpunkt nicht verlassen."
Die ideologisch fixierten Parteien können sich nicht dazu entschließen, der um ihr Leben kämpfenden Germania gemeinsam zu helfen.

4.1 Die Parteien

Im Folgenden werden die für die Entstehung und Entwicklung der Weimarer Republik wichtigen Parteien behandelt.

Weitere, teilweise sehr erfolgreiche Träger der politischen Willensbildung waren Interessengruppen, Wirtschaftsverbände, Gewerkschaften, Bauernverbände, Reichsbanner, Roter Frontkämpferbund, Stahlhelm, SA (s. S. 54) sowie Bünde und „Orden", in denen sich Konservative, Nationale und Rechtsextreme zusammenschlossen.

Weitere Konfliktbereiche: Nationale Einheit (Unitarismus) – Beharren auf Staatlichkeit und Souveränität der Einzelstaaten (Föderalismus); Förderung des industriellen Fortschritts – Bewahrung des überkommenen Status (Stadt-Land-Gegensatz); Betonung des protestantischen, preußisch geführten Hohenzollernreiches – Wahrung der katholischen Minderheitsansprüche; Eintreten für die politische und soziale Emanzipation der Arbeiterklasse – Verteidigung der bürgerlichen Vorherrschaft in Staat, Gesellschaft und Wirtschaft.

Gründung: 1.1.1919

Mit der Wahl zur Nationalversammlung hatte sich das parlamentarische System gegen die Räterepublik durchgesetzt. Dementsprechend legte die Verfassung eine Regierungsmethode fest, in deren Mittelpunkt die aus den Parteien durch Wahlen zustande gekommene Volksvertretung (Parlament) stand. Die Parteien waren zwar die **wichtigsten Träger der politischen Willensbildung**, jedoch nicht die einzigen.

Wie in vielen Bereichen (z. B. Militär, Verwaltung, Justiz) bedeutete der November 1918 auch für die Entwicklung der Parteien keine Zäsur. Obwohl sie teilweise den Namen änderten, ist dennoch die **Kontinuität** zwischen dem Kaiserreich und der Weimarer Republik in diesem Bereich **auffallend**. Allerdings hatte sich auch die Einstellung der Mehrheit der Bevölkerung zu ihnen nicht geändert: Da sie im pseudoparlamentarischen Kaiserreich nur eine Randrolle gespielt hatten, waren sie in den Augen vieler auch jetzt überflüssig und seit 1920 ein nicht einmal notwendiges Übel.

Die **große Parteienlandschaft** entsprach der Gesellschaft, die aufgrund zahlreicher und tief greifender politischer, gesellschaftlicher und politischer Konfliktbereiche sehr inhomogen war. Die Parteien zerfielen von Anfang an und prinzipiell in **zwei Gruppen**, die sich extrem voneinander unterschieden und sich meist heftig bekämpften: Auf der einen Seite standen die **staatsbejahenden Parteien** der Weimarer Koalition, auf der anderen die **staatsablehnenden**, die der Republik und dem parlamentarischen System feindlich gegenüberstanden, an monarchischen Prinzipien sowie feudaler Gesellschaftsordnung festhielten und das verachtete oder verhasste „demokratische System" vehement und mit allen Mitteln bekämpften. Zwischen den staatsbejahenden Parteien und den extremen Parteien auf der rechten und linken Seite gab es keine Kompromissbereitschaft.

Die Kommunistische Partei Deutschlands (KPD)

Zusammensetzung
- Sie entsteht aus intellektuellen Gruppen (Künstler, Literaten), aus Idealisten und Mitgliedern des revolutionären Spartakusbundes.
- In erster Linie reine Klassenpartei;
- trotzdem stark wechselnder Mitgliederstand.

Ziel

Kommunismus nach russischem Vorbild, d. h. zunächst Abschaffung der Demokratie und Etablierung der „Diktatur des Proletariats".

Bedeutung für die Weimarer Republik

- Sie erschwert aufgrund ihrer Agitation und der jahrelangen Obstruktionspolitik das Funktionieren des Parlaments.
- Die Partei erreicht 1920 durch den Übertritt des linken Flügels der USPD den Status einer Massenpartei (360 000 Mitglieder).
- Die von ihr initiierten Aufstände zwischen 1919 und 1923 bestimmen die Innenpolitik dieser Jahre maßgeblich.
- Nach 1923 verzeichnet sie einen erheblichen Rückgang der Mitgliederzahl, erhält aber in der Endphase der Weimarer Republik als Gegengewicht zur NSDAP starken Zulauf.
- Verzicht auf unabhängige Politik, nahezu völlige Abhängigkeit von Moskau.
- Insgesamt keine unmittelbare Gefahr für die Republik, da sie unter der strengen Kontrolle aller anderen Parteien steht.

Wahlplakat der KPD zu den Reichstagswahlen 1924

Die Sozialdemokratische Partei Deutschlands (SPD)

Zusammensetzung

- In erster Linie ist sie eine Arbeiterpartei, jedoch entstammt ca. ein Drittel ihrer Mitglieder dem bürgerlichen Lager.
- Hoher Mitgliederstand unmittelbar nach dem Ersten Weltkrieg.
- Aufgrund der innenpolitischen Belastungen kontinuierliche Verluste 1920 bis 1924 und 1930 bis 1933.

Ziele

- Neuordnung der inneren Verhältnisse durch eine extrem demokratische Republik.
- Reformpolitik statt Revolution.

Plakat der SPD zu den Reichstagswahlen 1928

Bedeutung für die Weimarer Republik

- Staatstragende Partei seit Oktober 1918.
- Sie bestimmt die Anfangsphase der Republik und stellt die Weichen (Verfassung, Reichspräsident, erste Kabinette).
- Schutz der Demokratie gegen monarchistische und militaristische (Putsch-)Bestrebungen.
- Aufgrund ihrer Größe und Organisation ist sie der stärkste Machtfaktor des politischen Lebens in der Weimarer Republik.
- Sie ist für eine Arbeiterpartei verhältnismäßig konservativ.
- Die SPD kämpft (nach dem Verbot der KPD) als einzige Partei bis zum Schluss konsequent gegen Hitler und stimmt als einzige Partei gegen das Ermächtigungsgesetz.

Die Deutsche Demokratische Partei (DDP)

Zusammensetzung

- Liberales Bürgertum;
- staatsbejahende, demokratische Gruppen;
- die DDP ist im Wesentlichen eine Honoratiorenpartei.

Ziele

- Schutz und Anwendung der Verfassung;
- Erziehung des Volkes zu staatsbürgerlicher Gesinnung.

Bedeutung für die Weimarer Republik

- Aus der Zusammensetzung und den Zielen der Partei ergibt sich ihre positive Einstellung zur Republik. Vor allem in der Anfangsphase spielt die DDP innerhalb der Weimarer Koalition eine wichtige Rolle; seit 1920 muss sie konstante Verluste hinnehmen, da ihr Programm angesichts der politischen und wirtschaftlichen Verhältnisse zu wenig attraktiv ist.

Wahlplakat der DDP

- Die 1919 drittgrößte Fraktion verliert ihr Wählerpotenzial auch durch die Verarmung des Mittelstands in den Jahren 1923 und 1929–1933.
- Gegen Ende der Weimarer Republik ist die DDP zur bedeutungslosen Splitterpartei herabgesunken.

Das Zentrum (Z)

Zusammensetzung

- Politische Interessenvertretung des Katholizismus;
- ihre Wähler entstammen allen Schichten;
- in der Führung dominieren die geistigen Berufe;
- nach 1919 verstärkt sich der Arbeitnehmerflügel, das aristokratisch-bürgerliche Element wird aus der Partei gedrängt.

Ziele

- Unterstützung und Schutz der Republik;
- Durchdringung des Staates mit christlichem Geist.

Bedeutung für die Weimarer Republik

Wahlplakat des Zentrums

- Obwohl die Partei ohne republikanische Tradition ist und sich wegen religiöser Gründe an die monarchische Staatsform gebunden fühlt, befürwortet sie die Republik, da sie nach eigenem Programm eine Verfassungspartei ist.
- Ab 1925 wird jedoch ein Trend nach rechts deutlich, dokumentiert durch die Betonung von Autorität und Ordnung gegenüber der Freiheit.
- Insgesamt ist sie die stabilste Partei der Weimarer Republik und weist von 1920 bis 1933 fast konstante Wahlergebnisse auf.

- Sie ist an allen Regierungen von 1919 bis 1932 beteiligt und stellt neun der achtzehn Kanzler in diesem Zeitraum.
- Aufgrund der antikapitalistischen und antisozialistischen Grundeinstellung (vor allem der in der Partei beheimateten christlichen Gewerkschaften) wird das Zentrum zu einem ausgleichenden Faktor.

Die Bayerische Volkspartei (BVP)

Zusammensetzung
- Katholische Landespartei, entspricht in ihrer Zusammensetzung dem Zentrum, der großen Schwesterpartei.

Ziele
- Betonung der Eigenständigkeit Bayerns;
- Schutz der kirchen- und kulturpolitischen Belange des Katholizismus;
- ausgeprägt antigewerkschaftlich und antipreußisch.

Bedeutung für die Weimarer Republik
- Ablehnung der Republik aus vielerlei Gründen, z. B. wegen der Beteiligung der „Sozis" und Gewerkschaften am politischen Leben, der Unterordnung Bayerns, der monarchischen Grundeinstellung etc.
- Obwohl die BVP sich an mehreren Regierungen beteiligt, ist sie in ihrem Kern antirepublikanisch und antidemokratisch.

Wahlplakat der BVP

Die Deutsche Volkspartei (DVP)

Zusammensetzung
- Den Kern der Partei bildet das Besitzbürgertum, das vor 1919 seine politische Heimat in der nationalliberalen Partei hatte.
- Hinzu kommen zahlreiche Unternehmer und Akademiker, die in erster Linie national denken.

Ziele
- Betonung des Machtstaatsgedankens;
- Betonung der Volksgemeinschaft;
- In der Anfangszeit der Weimarer Republik werden politische und soziale Verhältnisse, wie sie vor 1914 herrschten, angestrebt.

Bedeutung für die Weimarer Republik
- Mit zunehmendem Einfluss Stresemanns positive Einstellung des größeren Teils der Partei zum Staat.

Wahlplakat der DVP

- Zu dieser Zeit kann auch der rechte Flügel zur Mitarbeit gewonnen werden; allerdings sind hierfür die wirtschaftlichen Interessen der Großindustrie entscheidend.
- In der Endphase Weimars treten nicht nur antirepublikanische und antisozialistische, sondern auch antidemokratische Tendenzen deutlich hervor.
- Solange Stresemann die divergierenden Kräfte innerhalb der Partei durch seine Persönlichkeit zusammenhalten kann (bis Oktober 1929), spielt die Partei als politischer Faktor eine Rolle. Danach treten in der Endphase Weimars nicht nur antirepublikanische und antisozialistische, sondern auch antidemokratische Tendenzen deutlich hervor. Die Partei zerfällt, die Mehrheit ihrer Mitglieder wechselt in die Rechtsparteien DNVP bzw. NSDAP über und trägt auf diese Weise zum Untergang der Republik bei.

Wahlplakat der DNVP

Die Deutschnationale Volkspartei (DNVP)

Zusammensetzung
- Als ausgesprochene Sammlungspartei der im Kaiserreich rechtsstehenden Kräfte vereinigt die DNVP Vertreter der Deutschkonservativen, Alldeutschen, Christsozialen, Völkischen und Nationalliberalen.
- Die ostdeutschen Großagrarier und die westdeutschen Industriellen spielen die entscheidende Rolle.
- Den Unterbau bilden nationalistisch eingestellte Angehörige der ländlichen und städtischen Mittelschicht.

Ziele
- Rücksichtslose Bekämpfung der Republik, der Demokratie und der sozialistisch-kommunistischen Tendenzen;
- Wiederherstellung der Monarchie;
- Wiedergewinnung der Vorherrschaft Preußens;
- Festhalten an den Ansprüchen der wilhelminischen Großmachtpolitik.

Bedeutung für die Weimarer Republik
- Von Anfang an strikte Ablehnung des demokratischen Systems, dessen Überwindung mit Mitteln des Parlamentarismus erreicht werden soll.
- Die Partei spaltet sich in einen Teil, der die legale Opposition als Kampfmittel vertritt, und in den größeren Teil um Alfred Hugenberg, für den es zur „Bekämpfung des Systems bis aufs Messer" keine Alternative gibt.
- Durch das Zusammengehen mit der NSDAP 1932/33 trägt die DNVP direkt zum Untergang der Republik bei.

Die Nationalsozialistische Deutsche Arbeiterpartei (NSDAP)

Zusammensetzung

* Bewegung des Mittel- und Kleinbürgertums, dem das Wesen der Demokratie fremd ist.
* Neben der eigentlichen Parteiorganisation spielen Spezialzirkel und -verbände für verschiedene Aufgaben, Berufe und Gruppen eine große Rolle.
* Die Parteimitglieder, die aus allen Schichten des Volkes kommen, fühlen sich dem nationalen, völkischen Gedankengut verbunden und sind sich in der radikalen Ablehnung der Demokratie einig.

Ziele

* Nicht nur Übernahme des Staates, sondern dessen totalitäre Umstrukturierung;
* Schaffung des Dritten Reichs;
* Schaffung des „neuen Menschen".

Bedeutung für die Weimarer Republik

* Obwohl Hitler den neuen Staat als völkische Gemeinschaft ohne Parteien und ohne Klassenbindungen entwarf, erkennt er nach dem gescheiterten Putsch von 1923, dass seine Ziele nur auf legalem Weg zu erreichen sind. Er hält sich (rein äußerlich) an den Wortlaut der Verfassung, arbeitet aber gleichzeitig auf „legalem" Weg auf deren Abschaffung hin. Demokratie ist für ihn eine Staatsform der Schwachen, das Parlament eine „Schwatzbude".
* Nach dem Putschversuch versinkt die Partei bis 1929 in Bedeutungslosigkeit.
* In der Zeit der Weltwirtschaftskrise gelingt es ihr, die Masse der Unzufriedenen und bisherigen Nichtwähler zu mobilisieren. Die Partei entwickelt sich trotz einiger Rückschläge zur größten Fraktion des Reichstags und prägt durch ihr Auftreten, ihre Propaganda* und ihre radikalen politischen Methoden die innenpolitische Atmosphäre wesentlich.

Wahlplakat der NSDAP

*Erstes Reich: Heiliges Römisches Reich Deutscher Nation: 919 – 1806;
Zweites Reich: Deutsches Reich: 1871 – 1918
„Drittes Reich": 1933-1945*

Hitler nach seiner Entlassung aus der Festungshaft (1925): „Wenn ich meine Tätigkeit wieder aufnehme, werde ich eine neue Politik befolgen müssen. Statt die Macht mit Waffengewalt zu erobern, werden wir zum Verdruss der katholischen und marxistischen Abgeordneten unsere Nasen in den Reichstag stecken. Zwar mag es länger dauern, sie zu überstimmen als sie zu erschießen, am Ende aber wird uns ihre eigene Verfassung den Erfolg zuschieben. Jeder legale Vorgang ist langsam – doch werden wir früher oder später die Mehrheit haben – und damit Deutschland."[1]

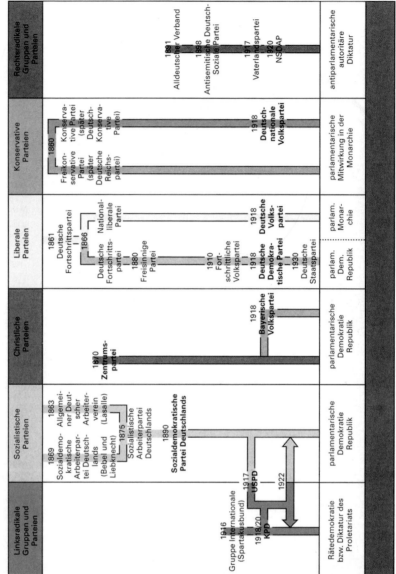

Herkunft und politische Grundeinstellung der wichtigsten Parteien der Weimarer Republik

4.2 Die Reichswehr

Sie blieb von den Revolutionswirren zunächst unberührt. Die OHL unter General Groener sah ihre Hauptaufgabe darin, das Offizierskorps und die Berufssoldaten, das „wertvolle preußische Material", in die Zukunft zu retten. Deshalb ging er das **Bündnis mit der neuen Staatsautorität** ein. Groeners Nachfolger von Seeckt betonte den **„unpolitischen Charakter"** der Reichswehr, unternahm jedoch nichts gegen die offen zu Tage tretende Ablehnung der Republik durch die Angehörigen der Reichswehr und praktizierte eine **geringschätzige Loyalität gegenüber Staat und Regierung**. Er verbannte die Tagespolitik strikt aus den Kasernen, verhinderte so die Verbreitung demokratischer Gesinnung in der Reichswehr und machte diese zu einem Staat im Staate. Gegen rechts ging die Reichswehr nicht vor („Truppe schießt nicht auf Truppe!"), gegen links umso brutaler. Im Krisenjahr 1923 trug sich von Seeckt mit dem Gedanken, die Reichsregierung abzusetzen und sich als Diktator an die Spitze des Staates zu stellen.

In der Endphase Weimars erblickte die Führung der Reichswehr ihre Aufgabe darin, die Neutralität aufzugeben und zur Stabilisierung der Republik beizutragen. Die Truppen verstanden den neuen Kurs jedoch nicht. Sie bewerteten ihn als allzu große „Nachgiebigkeit gegen links" und als Verrat an der „nationalen Sendung" der Reichswehr. So blieb die Reichswehr, vom Jahr 1918/19 abgesehen, für alle Regierungen ein **Unsicherheitsfaktor**, ein in Krisenzeiten **eher destabilisierendes Element**, das sich 1933, von wenigen Ausnahmen abgesehen, widerstandslos von Hitler vereinnahmen ließ.

Aus dem Erlass des Chefs der Heeresleitung General von Seeckt (18.4.1923): „Mit allen Kräften soll die politische Betätigung jeder Art von dem Heere ferngehalten werden. Politische Kämpfe innerhalb der Reichswehr vertragen sich weder mit dem Geist der Kameradschaft noch mit der Disziplin."[2]

Von Seeckt in einem Aufruf an die Truppe vom 3.11.1923: „Eine Reichswehr, die in sich einig und im Gehorsam [gegenüber ihrer Führung] bleibt, ist unüberwindlich und der stärkste Faktor im Staat. Eine Reichswehr, in die der Spaltpilz der Politik gedrungen ist, wird in der Stunde der Gefahr zerbrechen."[3]

4.3 Paramilitärische Organisationen

Neben den Parteien entwickelten sich zahlreiche **national-konservative Bünde, Geheimorganisationen und Verbände**, die ihren Ursprung im Kriegserlebnis und der Einstellung zu den nach 1918 entstandenen politischen Verhältnissen hatten. Sie betrachteten sich bewusst als **Gegenkräfte zu den Parteien**, die weitgehend als ineffektive, seelenlose Maschinerie zur Durchführung einer verantwortungslosen Interessenwirtschaft angesehen wurden. Gemeinsam war diesen Organisationen mit Ausnahme des Reichsbanners auch das **Ziel, den Parteienstaat zu überwinden**, um entweder eine klassenlose Gesellschaft im marxistischen Sinne oder eine militärisch-autoritäre Gesellschaft zu erreichen. Die wichtigsten Organisationen werden im Folgenden charakterisiert:

Mitglieder Mitte 1932 ca. 400 000.

Das Reichsbanner Schwarz-Rot-Gold. Der 1924 gegründete Verband war offiziell überparteilich und verstand sich als Instrument der zur Verteidigung Weimars entschlossenen Parteien und Gruppierungen. Seine militärisch organisierte Sonderformation, die „Schufo" (Schutzformation) bekämpfte die SA und den Roten Frontkämpferbund mit gleichen Mitteln (Saal-, Straßenschlachten, Provokation, Agitation). Im Dezember 1931 vereinigte sich das Reichsbanner mit der SPD, mit Gewerkschaften und anderen Organisationen zur „Eisernen Front*". Nach der Machtübernahme löste er sich unter dem Druck der NSDAP bzw. der SA auf.

s. S. 126 f.

Am 25.12.1918 von Franz Seldte gegründet. Mitglieder Mitte 1932 ca. 1 Mio.

Aus dem Aufruf des Stahlhelm (1928): „Wir hassen mit ganzer Seele den augenblicklichen Staatsaufbau, seine Form und seinen Inhalt, sein Werden und Wesen. Wir hassen diesen Staatsaufbau, weil in ihm nicht die besten Deutschen führen, sondern weil in ihm ein Parlamentarismus herrscht, dessen System jede verantwortungsvolle Führung unmöglich macht."[4]

Der Stahlhelm („Bund der unbesiegt heimgekehrten Frontsoldaten"). Gründung im November 1918. Formell parteipolitisch neutral, jedoch der politischen Einstellung nach der DNVP nahe stehend. Der Stahlhelm entwickelte sich rasch zum Sammelbecken des militanten Nationalismus der bürgerlichen Rechtsparteien. In seinem Kampf gegen Weimar arbeitete er seit 1929 zeitweise eng mit der NSDAP zusammen, z.B. in der Harzburger Front* (Zusammenschluss Oktober 1931 von DNVP, NSDAP, Stahlhelm, vaterländischen Verbänden, prominenten Vertretern aus Adel, Finanz und Wirtschaft). 1933 wurde der Stahlhelm Hitler unterstellt, dann größtenteils in die SA übernommen. Die Reste wurden 1935 aufgelöst.

Mitgliederzahl Mitte 1932 ca. 150 000.

Der Rote Frontkämpferbund (RFB) setzte die Tradition des Roten Soldatenbundes (gegründet 1919), der Roten Ruhrarmee (1922) und der Proletarischen Hundertschaften (1923) fort. Diese linksradikale Organisation wurde 1924 als Reaktion der KPD auf die Auseinandersetzung mit Militär und Polizei gegründet. Die Ziele des KPD-eigenen Verbands, der seit 1925 von Ernst Thälmann geleitet wurde, waren der Kampf gegen Imperialismus, Militarismus, Faschismus und Krieg. Nach seinem Verbot 1929 arbeitete er bis 1933 illegal weiter.

Mitgliederzahl Mitte 1932 ca. 400 000

Die Sturmabteilung (SA). Die von Hitler 1921 gegründete SA bildete zunächst den „Ordnungsdienst" der NSDAP. Bedeutung erhielt sie vor allem nach dem Neuaufbau der Partei 1925/26 unter ihrem Führer E. Röhm. Die SA wurde in der Endphase Weimars zunehmend zur Schlägertruppe der NSDAP, die ihre Ziele in Saalschlachten und Straßenkämpfen mit Terror und nackter Gewalt durchzusetzen versuchte.

Freikorps. Der Versailler Vertrag beschränkte die Zahl der deutschen Soldaten auf 100 000 (Heer) bzw. 15 000 (Marine). Aus ehemaligen Berufssoldaten, die keinen Platz in der Reichswehr bzw. Marine fanden, bildeten sich zahlreiche Freiwilligenverbände (Freikoprs), die durch das gemeinsame Kriegserlebnis, eine antirepublikanische Grundhaltung, strenge Disziplin und Führerpersönlichkeiten zusammengehalten wurden. Trotz der Ablehnung des neuen Staates ließen sie sich von der Reichswehrführung bzw. von der Regierung zur Sicherung der ungeschützten deutschen Gebiete im Baltikum und an der deutsch-polnischen Grenze zur Sicherung der dortigen Bevölkerung und zum Schutze der Regierung bei linksradikalen Putschversuchen (Spartakusaufstand, Bremer und Münchner Räterepubliken) einsetzen, da sie die größte Gefahr in einer Bolschewisierung Deutschlands sahen. Sie beteiligten sich jedoch auch an Putschversuchen rechts gerichteter Kreise (z. B. am Kapp-Putsch). Ende 1919 existierten ca. 150 bis 200 vom Staat geduldete Freikorps mit ca. 400 000 Mann. Sie waren bis zu ihrer endgültigen Auflösung 1920 ein weiterer Unsicherheitsfaktor der Republik in den Anfangsjahren.

Freikorps-Plakat 1919

Tarn- und Geheimorganisationen. Nach der Auflösung der Freikorps verfolgten diese ihre Ziele unter Tarnbezeichnungen (Wehrverbände, Soldatenvereine, Sportklubs etc.). bzw. in Geheimbünden. Die extremsten unter ihnen führten bereits eine Art Krieg gegen die „Judenrepublik". Der berüchtigste Zusammenschluss dieser Art war die **Organisation Consul*** (O.C.). Nach der Auflösung des von ihm geführten Freikorps („Brigade Ehrhardt") gründete der ehemalige Marineoffizier Ehrhardt 1920 die O.C..
Sie hatte bis zu 5 000 Mitglieder und vertrat extrem antidemokratische, antirepublikanische und antisemitische Ziele. Die O.C. verübte 1920 bis 1922 zahlreiche Attentate und politische Morde. Damit wollte sie einen linken Putsch provozieren, nach dessen Niederschlagung sie mit der Reichswehr die Errichtung einer rechts gerichteten Diktatur plante, die Deutschland endgültig von der „linken Pest" befreien sollte.

> # Arbeiter, Bürger!
>
> Das Vaterland ist dem Untergang nahe.
> Rettet es!
> Es wird nicht bedroht von außen, sondern von innen:
>
> ### Von der Spartakusgruppe.
>
> # Schlagt ihre Führer tot!
> # Tötet Liebknecht!
>
> Dann werdet ihr Frieden, Arbeit und Brot haben!
>
> ### Die Frontsoldaten

Plakat, Dezember 1918

Zusammenfassung: Parteien, Reichswehr und paramilitärische Organisationen

Die große Parteienlandschaft der Weimarer Republik entsprach der Zerrissenheit der Gesellschaft. Die größeren Parteien zerfielen im Wesentlichen in zwei Gruppen: in die Befürworter der Republik als Staatsform bzw. der Demokratie als Regierungsform und in deren erklärte Gegner.

Die Parteien der Weimarer Koalition (SPD; DDP, Zentrum) wollten Stabilität, eine demokratische Republik und die Erziehung des Volkes zu staatsbürgerlicher Gesinnung. USPD/KPD, DNVP und – seit 1920 – auch die NSDAP lehnten Republik, Demokratie und Parlamentarismus* aus unterschiedlichen Gründen vehement ab und strebten Kommunismus (USPD/KPD), die Wiederherstellung der Monarchie und Preußens frühere Größe an (DNVP) bzw. die totale Umstrukturierung des Staates zu einem Führerstaat und die Schaffung des „neuen Menschen" (NSDAP). Die anderen größeren Mittelparteien (BVP, DVP) lehnten die „linken Verhältnisse" ab, fanden sich jedoch in bestimmten Phasen zur Zusammenarbeit mit der Weimarer Koalition zusammen, um ihre Ziele aus einer besseren Position heraus verfolgen zu können.

Groeners Nachfolger als Chef der Heeresleitung, General von Seeckt, verbannte die Tagespolitik aus den Kasernen, um einen Demokratisierungsprozess in der Reichswehr zu verhindern. Damit wurde diese zum „Staat im Staate". Sie pflegte trotz des Ebert-Groener-Pakts eine geringschätzige Loyalität gegenüber Staat und Regierung und ließ sich bei Unruhen und Aufständen nur gegen links einsetzen. Deshalb blieb die Reichswehr für die Regierungen ein in Krisenzeiten eher destabilisierendes Element.

Auch paramilitärische Organisationen spiegelten die gesellschaftliche Inhomogenität wider: Das Reichsbanner Schwarz-Rot-Gold war die Kampforganisation der staatstragenden Parteien und Gruppierungen. Alle andere größeren paramilitärischen Organisationen (Roter Frontkämpferbund, Stahlhelm, SA) hatten trotz ihrer kontroversen Vorstellungen ein gemeinsames Ziel, nämlich die Beseitigung des „Systems Demokratie". Aus den rechtsextremen, entwurzelten Front- oder Berufssoldaten bildeten sich zahlreiche Freiwilligenverbände, die Freikorps. Sie gewährleisteten mit Billigung der Regierung den Schutz der deutschen Gebiete im Baltikum und ließen sich trotz ihrer Einstellung zum Staat auch zum Schutz der Regierung vor linksradikalen Aufständen einsetzen, da sie die größte Gefahr in der „Bolschewisierung" Deutschlands sahen. Sie beteiligten sich allerdings auch an rechtsgerichteten Putschversuchen (z.B. am Kapp-Putsch). Nach ihrer Auflösung (1920) gründeten rechtsextremistische ehemalige Freikorpsler geheime Bünde und Organisationen, die – wie z.B. die Organisation Consul – bei der Bekämpfung der verhassten Republik auch nicht vor Morden zurückschreckten.

Der Vertrag von Versailles und seine Folgen

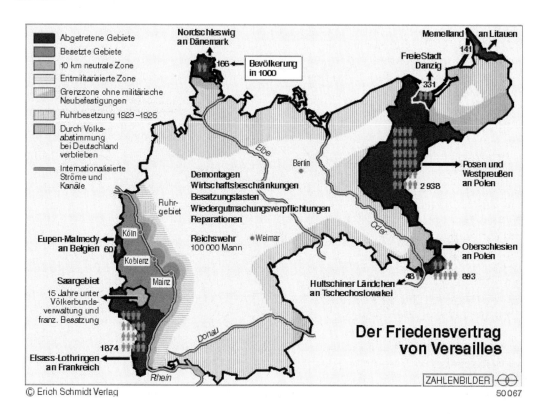

Abgetretene Gebiete
Besetzte Gebiete
10 km neutrale Zone
Entmilitarisierte Zone
Grenzzone ohne militärische Neubefestigungen
Ruhrbesetzung 1923–1925
Durch Volksabstimmung bei Deutschland verblieben
Internationalisierte Ströme und Kanäle

Nordschleswig an Dänemark

166 ← Bevölkerung in 1000

Memelland an Litauen
141
Freie Stadt Danzig
331

Berlin

Posen und Westpreußen an Polen
2 938

Demontagen
Wirtschaftsbeschränkungen
Besatzungslasten
Wiedergutmachungsverpflichtungen
Reparationen

Ruhrgebiet

Köln

Koblenz

Reichswehr 100 000 Mann • Weimar

Oberschlesien an Polen
48 893

Eupen-Malmedy an Belgien 60

Mainz

Hultschiner Ländchen an Tschechoslowakei

Saargebiet
15 Jahre unter Völkerbundsverwaltung und franz. Besatzung

1874

Elsass-Lothringen an Frankreich

Elbe Oder Donau Rhein

Der Friedensvertrag von Versailles

© Erich Schmidt Verlag

ZAHLENBILDER
50 067

Versailles im Spiegel der deutschen Karikatur (1919)

„Der Friedenskuss"
(Th. Th. Heine). Das Ungeheuer symbolisiert die Siegermächte.

„Auch Sie haben noch ein Selbstbestimmungsrecht: Wünschen Sie, dass Ihnen die Taschen vor oder nach dem Tod ausgeleert werden?"
Dargestellt sind (von rechts) Lloyd George, Clemenceau, Wilson und das personifizierte Deutschland

5

5.1 Unterschiedliche Friedens- konzepte

Die Friedenskonferenz begann exakt am 48. Jahrestag der Prokla- mation des Kaiserreichs an gleicher Stelle, also am 18.1.1919 im Spiegelsaal des Schlosses von Versailles. An der Konferenz nahmen zwar Delegierte aus 32 Siegernationen teil, die Entscheidungen wurden aber im Wesentlichen von den drei führenden Staaten bzw. ihren Staatsmännern getroffen: von dem französischen Minister- präsident Clemenceau, dem britischen Premier Lloyd George und dem amerikanischen Präsident Wilson. Die ehemaligen Feindstaa- ten sowie die bolschewistische UdSSR wurden nicht zugelassen. Die Vorstellungen von einem gerechten Frieden gingen weit aus- einander: Der „**Clemenceau-Friede**" war geprägt von Revanche, Sicherheitsdenken und dem Bestreben, Deutschland so sehr wie möglich zu schwächen. Der „**Wilson-Friede**" beruhte auf dem Vier- zehn-Punkte-Programm des Präsidenten (Januar 1918) und hatte den Aufbau einer weltweiten Friedensinstitution, die Festlegung international geltender Regeln und einen ausgleichenden Frieden zum Ziel. **Die britischen Vorstellungen** waren realistisch und lagen zwischen den französischen und amerikanischen Vorstellungen: Deutschland sollte zwar entmachtet, aber nicht so geschwächt werden, dass es dem Bolschewismus anheim fallen würde.

Clemenceau am 27.3.1919: „Die Deutschen sind ein Volk mit einer Sklavenseele, dem gegenüber die Gewalt als Ar- gument dienen muss … Nach den größten Anstrengungen und den gewaltigsten Blut- opfern, die die Geschichte je gesehen hat, dürfen wir das Ergebnis unseres Sieges nicht in Frage stellen."[1]

Lloyd George am 25.3.1919: „Wir wären weise, wenn wir Deutschland einen Frieden anböten, der – indem er ge- recht ist – für alle vernünfti- gen Leute der Alternative des Bolschewismus vorzuziehen wäre."[2]

5.2 Das Problem des Frieden- schließens

Zahlreiche Probleme politischer, territorialer und ideologischer Art erschwerten den Friedensschluss und führten zu einem in vielen Bereichen unbefriedigenden Ergebnis, zu Kompromissen, halbherzigen Entscheidungen und übermäßigen Härten:

Der Krieg

- Der (verglichen mit den bisherigen Auseinandersetzungen) to- tale Krieg hatte ungeheure Verluste an Menschen und Material gefordert.
- Die Mittelmächte Österreich und Deutschland hatten eine to- tale Niederlage erlitten.
- Alle wichtigen europäischen Nationen sowie die USA waren am Krieg beteiligt. Somit fehlte eine neutrale Macht, die als Schiedsinstanz mäßigend hätte wirken können.

Vgl. die Rolle Großbritanniens 1870/71

- Die Propaganda auf allen Seiten, die dem Krieg den Charakter eines Kreuzzugs gegeben und damit starke Emotionen entfacht hatte, erschwerte sachliche Entscheidungen bzw. machte sie unmöglich.
- Alle beteiligten Staatsmänner standen gegenüber ihren Parlamenten und Völkern unter einem ungeheuren Erfolgszwang.

Der Weltfrieden

- Die weltweite Ausdehnung des Kriegs brachte zahllose Probleme.
- Die Wichtigkeit und die Bedeutung einzelner Probleme waren umstritten.
- Interessensphären überschnitten sich und
- das Balkanproblem konnte nicht zufrieden stellend gelöst werden.

Naher und Ferner Osten, Mittelmeer, Kolonien in Afrika und Asien.

Das Friedensprogramm

- Gegensatz zwischen Machtpolitik alter Prägung (d.h. möglichst große Territorialgewinne) einerseits und neuer Ideologie andererseits (Wilsons Vierzehn Punkte und Friedenskundgebungen des Jahres 1918).

Die Siegerkoalition

- Streitigkeiten untereinander;
- Entstehung neuer Rivalitäten;
- geheime Abmachungen erweisen sich als Belastung (z. B. die Abtretung Südtirols, die Italien zum Kriegseintritt bewogen hatte).

Englisch-französische Konkurrenz im Nahen und Fernen Osten; griechisch-türkische Rivalität; ethnische und territoriale Probleme aufgrund der neuen Grenzen auf dem Balkan.

5.3 Die Annahme des Vertrags

Nach der Unterzeichnung des Waffenstillstands wurden die deutschen Illusionen bezüglich eines milden Wilsonfriedens rasch und nachhaltig zerstört. Die Siegermächte, allen voran die USA, lehnten Verhandlungen mit der deutschen Delegation kategorisch ab und gestatteten lediglich schriftliche „Bemerkungen" zu dem 440 Artikel umfassenden Vertragswerk. Obwohl die deutsche Delegation fleißig schrieb, erreichte sie kaum Nennenswertes.

Die **Sieger** überreichten am **7. Mai** den **Friedensvertrag**, gegen dessen Bestimmungen die **deutsche Regierung** heftig protestierte. Die Alliierten wiederum beantworteten diesen Protest am

Außenminister Brockdorff-Rantzau appellierte an die Siegermächte: „Es wird von uns verlangt, dass wir uns als die allein Schuldigen am Kriege bekennen; ein solches Bekenntnis wäre in meinem Mund eine Lüge. Wir sind fern davon, jede Verantwortung dafür, dass es zu diesem Weltkrieg kam, und dass er so geführt wurde, von Deutsch-

*land abzuwälzen…
aber wir bestreiten
nachdrücklich, dass
Deutschland, dessen Volk
überzeugt war, einen Vertei-
digungskrieg zu führen, allein
mit der Schuld belastet ist."* [3]

*Am 12. Mai erklärte Reichs-
kanzler Scheidemann in der
Nationalversammlung: „Heute, wo jeder die erdrosselnde
Hand an der Gurgel fühlt, lassen Sie mich ganz ohne tak-
tische Erwägungen reden:
Was unseren Beratungen zugrunde liegt, ist dies dicke
Buch, in dem 100 Absätze be-
ginnen: Deutschland verzichtet, verzichtet, verzichtet! …
dies Buch darf nicht zum Ge-
setzbuch der Zukunft werden
…Welche Hand müsste nicht
verdorren, die sich und uns in
diese Fessel legt."* [4]

16. Juni mit einem sechstägigen Ultimatum: Annahme des geringfügig revidierten Vertrags oder Fortsetzung des Kriegs und die sofortige Besetzung Deutschlands.

In Deutschland schlugen die Wellen der Erregung hoch, die Partei-
en der Weimarer Koalition konnten sich nicht auf ein einheitliches
Vorgehen einigen, obwohl sich bezüglich der Ablehnung des „Ge-
waltfriedens" alle Parteien mit Ausnahme von KPD und USPD einig waren. Schließlich hatte das deutsche Volk in der Hoffnung auf
Wilsons Vierzehn Punkte, auf einen Frieden der Gerechtigkeit die
Waffen niedergelegt. Was in Versailles tatsächlich den Deutschen
auferlegt wurde, löste das Gefühl aus, auf übelste Weise betrogen
worden zu sein. Die Koalition zerbrach, Kanzler Scheidemann
(SPD) trat am 20. Juni zurück. Schließlich setzte sich doch noch
die Ansicht durch, dass der „Schmachfriede" als unvermeidliche Folge des Kriegs akzeptiert werden müsse, um Schlimmeres
von Deutschland abzuwenden (Besetzung, Gefährdung der territorialen Einheit des Reichs). Unmögliche Forderungen würden
deutlich werden, man müsse sie jedoch in friedlichen, aber zähen
Verhandlungen beseitigen. Auf keinen Fall dürfe die territoriale
Einheit des Reichs der „Schmachartikel" wegen aufs Spiel gesetzt
werden. Nach der Annahme mit 267 zu 138 Stimmen unterzeichneten für das neue Kabinett Bauer (SPD) Außenminister Müller
(SPD) und Verkehrsminister Bell (Z) am 28. Juni den Vertrag, der
am 10. 1. 1920 in Kraft trat.

5.4 Die wesentlichen Bestimmungen

*Die Alliierten schlossen Frie-
densverträge (in Pariser Vor-
orten) mit
– Deutschland (Versailles)
– Deutsch-Österreich (Saint
  Germain)
– Ungarn (Trianon)
– Bulgarien (Neuilly)
– dem Türkischen Reich (Sèv-
  res)*

- Entwaffnung und Abrüstung des Heeres auf 100 000 Mann, der
  Marine auf 15 000 Mann;
- Zerstörung des schweren Kriegsmaterials;
- Entmilitarisierung des Rheinlands und dessen Besetzung;
- Deutschland muss Reparationen zahlen, deren Höhe bis 1921
  festgelegt werden soll.
- Gebietsverluste (s. S. 57):
  – Elsass-Lothringen (an Frankreich)
  – das Saargebiet wurde für 15 Jahre der Verwaltung einer Völ-
    kerbundskommission unterstellt
  – wirtschaftliche Nutzung des Saarlands auf 15 Jahre für
    Frankreich
  – Eupen-Malmedy und Moresnet (an Belgien)
  – das nördliche Schleswig (an Dänemark)

- der größte Teil Westpreußens, fast ganz Posen, ein Teil Hinterpommerns und Ostpreußens sowie Oberschlesien (an Polen)
- Danzig wird als „Freie Stadt" aus dem Reichsverband gelöst und wirtschaftlich eng mit Polen verbunden
- Memelland (an Litauen)
- das Hultschiner Ländchen (an die Tschechoslowakei)
- Verlust aller Kolonien
- Die Art. 227 und 228 bezeichneten den (ehemaligen) deutschen Kaiser als Kriegsverbrecher und forderten seine Auslieferung.
- Art. 231 legte die alleinige Kriegsschuld Deutschlands und seiner Verbündeten fest (s. S. 62).

Art. 227: „Die alliierten und assoziierten Mächte stellen Willhelm II. von Hohenzollern, vormaligen Kaiser von Deutschland, wegen schwerster Verletzung des internationalen Sittengesetzes und der Heiligkeit der Verträge unter öffentliche Klage…"[5]

5.5 Die Problematik der einzelnen Bestimmungen

- Die Entwaffnung und Abrüstung (auf 100 000 Mann) war zwar eine traditionelle Forderung des Siegers, wurde am eigenen Leibe jedoch von den Rechtskreisen als Schmach und unvereinbar mit der Größe des Reichs empfunden.
- Der Verlust von Elsass-Lothringen war allgemein erwartet worden und wurde deshalb von weiten Teilen der Bevölkerung ohne nennenswerte Reaktion hingenommen.
- Als völlig unproblematisch erwiesen sich die Abtretungen von Eupen-Malmedy und des nördlichen Schleswig, da die Bevölkerung hier überwiegend belgisch bzw. dänisch war.
- Die größten aus territorialen Bestimmungen erwachsenden Schwierigkeiten ergaben sich aus der Schaffung Polens. Während die Gebietsverluste im Westen von der Regierung und den führenden Militärs akzeptiert wurden, ging man von vornherein davon aus, dass die Verluste im Osten so gering wie möglich gehalten werden müssten. Dies beinhaltete konkret den Verbleib Westpreußens, Posens und Oberschlesiens beim Reich sowie die Vermeidung eines polnischen Korridors. Über die endgültigen Bestimmungen hinausgehende Pläne Polens und Frankreichs machte Präsident Wilson zunichte, als er in zwei Fällen einen Kompromiss erkämpfte: Danzig wurde nicht polnisch, sondern zur „Freien Stadt" unter Schutz des Völkerbundes erklärt, in Oberschlesien sollte eine Volksabstimmung über die staatliche Zugehörigkeit entscheiden. Trotz einer Mehrheit, die sich für den Verbleib bei Deutschland aussprach, wurde 1921 auf Betreiben Frankreichs und Polens der östliche Teil, das Industriegebiet um Kattowitz, an Polen gegeben. Dieses Vorgehen gab dem Vorwurf, der Frieden sei „ungerecht", ein

Entscheidend war, dass die Teilung Oberschlesiens bereits vor der Volksabstimmung feststand. Den Zweck der Abstimmung sahen die Alliierten lediglich in der Grenzfindung.

„Schmachfrieden", die Alliierten, vor allem Präsident Wilson, hätten Deutschland betrogen, erneut Nahrung. Dabei gilt es festzuhalten, dass es sich bei diesen Bestimmungen nicht um politisches Versagen handelt, sondern vielmehr um irreparable Kriegsergebnisse und hart umkämpfte Kompromisse. Der Vorwurf der einseitigen Entscheidung lässt sich heute nicht mehr halten, da Polen und Frankreich Maximalforderungen nicht verwirklichen konnten. Wohl aber führte diese Fehleinschätzung dazu, dass weder Politiker noch Militärs an Verhandlungen mit Polen dachten. Eine Revision der deutschen Ostgrenzen, die von allen Bestimmungen des Versailler Vertrags die geringste Chance hatte, stand für alle Politiker der Weimarer Republik als vorrangiges Ziel der deutschen Außenpolitik von vorneherein fest.

Im Grunde bildete der gesamte **Vertrag** als Einheit die sicherlich **schwerwiegendste Belastung** für die junge Republik, weil er insgesamt als „Schmachfrieden", als „Karthagofriede" zum Symbol für die Rechtsradikalen und alle diejenigen wurde, die die neue Staatsform ablehnten. Sie identifizierten die Demokratie und die den Vertrag unterzeichnenden „Erfüllungspolitiker" mit dem angeblichen Untergang des Reichs, mit dem Verlust seiner Größe, mit den innen- und außenpolitischen Problemen, kurz: mit allem, was der rechten Mentalität verhasst war. Er war für sie aufgrund einiger, in hohem Maße emotionalisierender Bestimmungen das ideale Agitations- und Propagandamittel zur öffentlichen Abwertung der staatstragenden Parteien.

Thomas Mann wandte sich am 21.5.1919 gegen Bestrebungen, „einer mitten in Europa wohnhaften und immerhin verdienten Kulturnation von 70 Millionen Menschen das Schicksal Karthagos zu bereiten". Er stellte fest: „Hier scheint ein Instinkt am Werke, der nur noch eins will: Das Ende." [6]

Dennoch spielten **drei Bestimmungen**, die als fast noch unerträglicher als die harten territorialen, wirtschaftlichen, finanziellen und militärischen Bedingungen des Vertrags empfunden wurden, eine **herausragende Rolle**:

Der Kriegsschuldartikel: „Die alliierten und assoziierten Regierungen erklären und Deutschland erkennt an, dass Deutschland und seine Verbündeten als Urheber für alle Verluste und Schäden verantwortlich sind, die die Alliierten und assoziierten Regierungen und ihre Staatsangehörigen infolge des Krieges, der ihnen durch den Angriff Deutschlands und seiner Verbündeten aufgezwungen wurde, erlitten haben." [7]

- Der **Kriegsverbrecherparagraf** (Art. 227/228): Entscheidend für seine emotionalisierende Wirkung war die Nennung des Kaisers als Kriegsverbrecher und der Auslieferungsantrag an die Niederlande. Da dieser Antrag jedoch an den niederländischen Königshof gerichtet und die Niederlande zudem neutral waren, konnte dieser Artikel als weitgehend wirkungslos angesehen werden.
- Der **Kriegsschuldparagraf** (Art. 231): Er stellte die Kriegsschuld Deutschlands und seiner Verbündeten fest. Ganz sicher war ihm keine programmatische Bedeutung von Seiten der Alliierten zugedacht worden. Ansonsten wäre er an herausragender Stelle und nicht mitten im Paragrafengestrüpp angeführt worden. Von seiner Funktion her ist er nichts anderes als die juristische Begründung der Reparationen und findet sich auch deshalb zu Beginn des 8. Vertragsabschnitts über die Reparationen.

Die Problematik ergab sich nicht aus der Feststellung der Sieger, dass der Verlierer am Krieg schuld sei und deshalb zu Recht Wiedergutmachungen leisten müsse, sondern daraus, dass man Deutschland in ungeschickter Weise zwang, die Kriegsschuld schwarz auf weiß und für alle Zeiten gültig zu unterschreiben. Dies wurde deshalb als „moralische Ächtung" empfunden, weil das Volk immer noch von der „Einkreisung" durch neidische Mächte und der erzwungenen Reaktion des Deutschen Reichs 1914 überzeugt war.

- **Reparationen**: Bereits bei der Ausarbeitung des Vertrags konnte man sich nicht über die Höhe der von Deutschland zu zahlenden Summe und über die Zahlungsmodalitäten einigen. Deshalb wurde die endgültige Regelung auf das Jahr 1921 festgesetzt. Damit wurde weit über 1921 hinaus die Frage der Reparationen zu einem politischen Dauerbrenner, der zusammen mit den oben genannten Belastungen die innenpolitische Atmosphäre Weimars vergiftete.

Ausführlich: S. 87 ff.

Diese drei Bestimmungen belasteten die Weimarer Republik außerordentlich, da sie zusammen mit der Dolchstoßlegende und den territorialen Verlusten im Osten zu permanenten Schwerpunkten der rechts gerichteten Agitation und Propaganda wurden.

5.6 Die Dolchstoßlegende

Sie ergab sich zwar nicht unmittelbar aus dem Vertrag, bildete jedoch mit dessen belastenden Bestimmungen die **Grundlage der rechtsgerichteten Agitation und Propaganda**. Geistiger Vater der Legende war Hindenburg, der vor einem Untersuchungsausschuss im November 1919 erklärte, ein englischer General habe ihm gegenüber behauptet, dass Deutschland von hinten erdolcht worden sei. Wo die Schuld liege, so Hindenburg, bedürfe keines Beweises. Damit war für jeden die Schuldzuweisung an die linken Parteien, an die Pazifisten und alle diejenigen, welche die Beendigung des Krieges gefordert hatten, deutlich.

Sie hatte von Anfang an eine **ungeheure Wirkung**, erlaubte sie es doch allen „guten Deutschen", die nationale Schande eines verlorenen Krieges auf diejenigen abzuwälzen, die sich in ihren Augen als Sündenböcke anboten. Zudem war die Dolchstoßlegende **für die Masse des Volkes** recht **plausibel**: Bei Kriegsende standen keine fremden Truppen auf deutschem Boden, der Krieg im Osten war siegreich beendet worden. Die bereits von Hindenburg bei Kriegsende getroffene Feststellung, das Heer sei „im Felde unbe-

Der Historiker H. Heiber (1966):

„… wer war Schuld daran, dass man sich hier [in Versailles] derart hatte übertölpeln lassen? Das waren natürlich die deutschen Handlanger der Demokratie. Waren sie es nicht auch gewesen, die schon seit der Mitte des Krieges darauf hingearbeitet hatten? War nicht das deutsche Volk systematisch verhetzt worden? Hatten die Armeen nicht bis zuletzt siegreich –,im Felde unbesiegt'- in Feindesland gestanden? War nicht schließlich sogar Russland niedergerungen und damit die Zange des Zweifrontenkrieges endlich aufgebrochen worden? Wer also hatte die Waffenstreckung dieses in vier Jahren siegreichen Heeres auf dem Gewissen?"[8]

Der englische Historiker A. Bullock zur Dolchstoßlegende: (1977) „Selten ist an einem Volk ein größerer Betrug verübt worden, und doch wurde die Lüge hartnäckig wiederholt und von vielen geglaubt – weil man gern an sie glaubte."[9]

siegt", war nun in eine griffige, werbewirksame Parole verpackt worden.

Plakat der DNVP 1924

5.7 Die Beurteilung des Vertrags

Der Versailler Vertrag wurde in den folgenden Jahrzehnten **bis zum Ende des Dritten Reichs** vor allem vor dem Hintergrund der Friedenskundgebungen Wilsons von 1918 allgemein als **ungerecht**, überaus **hart und fehlerhaft** angesehen. Alle Parteien waren sich in den Zwanzigerjahren einig in der Beurteilung und Verurteilung des Vertrags. Auch in Kreisen der Wissenschaft gehörte es zum guten Ton, den „Diktatfrieden" bzw. die Politiker zu verurteilen, die ihn wohl oder übel hatten annehmen müssen. Hier trifft die staatstragenden Parteien der Vorwurf, dass sie in diesem Punkt mit den Rechtskreisen und Rechtsparteien an einem Strang zogen und deren Versagen und somit deren wesentliche Schuld an den kritisierten Verhältnissen nicht deutlich machten.

Für die **Agitation der Rechten** spielte der Vertrag eine **wichtige Rolle**: Er wurde zu einem entscheidenden propagandistischen Kampfmittel gegen den Staat, gegen das „demokratische System". Auch nach dem Zweiten Weltkrieg tauchte diese Betrachtungsweise noch vereinzelt auf. Ihre Vertreter behaupten, eine rechtzeitige

Wilson am 11.2. bzw. 27.9.1918: „Jede durch den

Revision des Vertrags hätte der Republik den Frieden gerettet und sehen **Auflösung und Untergang Weimars** als **Folgen des Vertrags**, der die Lebenschancen der parlamentarischen Demokratie zum Scheitern verurteilt habe. Insofern seien auch die Alliierten am Aufkommen Hitlers schuld. Damit wird das deutsche Volk indirekt von der Verantwortung am Dritten Reich befreit, Hitler gleichsam als logische Konsequenz des Vertrags gesehen. **Diese Betrachtungsweise ist** aus mehreren Gründen **unhaltbar**:

- Die Demokratie hatte während der Weimarer Republik zu wenige Demokraten. Deshalb ist nicht der Versailler Vertrag, sondern die strukturelle innere Schwäche Weimars schuld am Untergang der ersten deutschen Demokratie.

- Der Abbau verfassungsmäßiger Elemente, der durch vermeidbare Fehlentscheidungen ermöglicht wurde, sowie eine bestimmte politische und gesellschaftliche Mentalität, die -im Kaiserreich entwickelt- in der Republik weiterlebte, waren im Wesentlichen verantwortlich für den Untergang Weimars.

- Die Enttäuschung über den ausbleibenden milden Wilsonfrieden und das Unvermögen, den verlorenen Krieg zu akzeptieren, verstärkten den „tiefen Sturz der Nation". Daraus resultierte eine sehr subjektive Beurteilung, die bestimmt wurde von einem Gemisch aus Selbstmitleid und bösartiger Aggressivität. Ressentiments überwogen eindeutig die reale Einschätzung des Erreichbaren.

Seit 1945 ist die Betrachtung und **Beurteilung** des Vertrags, der von den USA nicht ratifiziert und auch in Großbritannien kritisiert wurde, u. a. wegen des Zweiten Weltkrieges als Vergleichsmöglichkeit **distanzierter und gemäßigter**. Ausgangslage und Sachzwänge der Staatsmänner werden nun ebenso berücksichtigt wie erkämpfte Kompromisse gewürdigt. Die generelle Ablehnung ist der Erkenntnis gewichen, dass der Versailler Friede alles andere als ein „Karthagofriede" gewesen war. Im Vergleich zu 1945 hatte er geringfügige territoriale Verluste gebracht und Deutschland die Chance gelassen, auf lange Sicht Großmacht zu bleiben. Der Historiker Hagen Schulze stellt deshalb (1982) zu Recht fest: „Und niemand sieht [damals], worin das eigentlich Erstaunliche dieses Friedens liegt: Dass nämlich das Deutsche Reich, von einigen Grenzänderungen abgesehen, den Weltkrieg als Ganzes überdauert hat."[13]

Tatsächlich boten sich in der Folgezeit der Weimarer Republik größere politische Optionen als in der Kaiserzeit. Der entscheidende Fehler wird heute darin gesehen, dass die deutschen Parteien von links bis rechts nie den Versuch machten, einen Modus vivendi (verträgliches Miteinander von Personen und Staaten) zu finden bzw. die sich bietenden Chancen zu nutzen.

Krieg aufgeworfene territoriale Regelung [muss] im Interesse und zugunsten der beteiligten Bevölkerungen getroffen werden … und nicht als Teil … eines Kompromisses rivalisierender Staaten.... Es muss eine Gerechtigkeit sein, die keine Begünstigungen und Abstufungen kennt, sondern nur die gleichen Rechte der beteiligten Völker."[10]

Scheidemann 12.6.1919: „Dieser Vertrag ist so unannehmbar, dass ich heute noch nicht zu glauben vermag, die Erde könne solch ein Buch ertragen."[11]

Der französische Historiker Baineville (1939): „Der Friede ist mild für das, was er an Härten enthält…Der Vertrag nimmt Deutschland alles, außer der Hauptsache, dem politischen Dasein als Staat… Die Meinung der [französischen] Heerführer, die eine strategische Grenze forderten, ist nicht berücksichtigt worden."[12]

Karthago wurde nach dem 3. Punischen Krieg 146 v. Chr. von den siegreichen Römern völlig zerstört und das Ackerland um Karthago durch Einarbeiten von Salz unfruchtbar gemacht.

Zusammenfassung: Der Vertrag von Versailles und seine Folgen

Die Pariser Friedenskonferenz von 1919 war eine reine Angelegenheit der Sieger, die besiegten Länder waren nicht beteiligt. Die Verhandlungen und Ergebnisse wurden im Wesentlichen von den drei Großmächten USA, Großbritannien und Frankreich, vertreten durch Woodrow Wilson, David Lloyd George und Georges Clemenceau, bzw. deren sehr unterschiedliche Friedenskonzepte bestimmt. Frankreich verfocht einen harten Frieden mit Deutschland, der den traditionellen Gegner entscheidend und auf Dauer schwächen sollte. Großbritanniens Konzept zielte zwar auf eine Entmachtung Deutschlands ab, der Frieden insgesamt sollte jedoch so maßvoll sein, dass er das deutsche Volk nicht in die Arme des Bolschewismus treiben würde. Die Vorstellungen des amerikanischen Präsidenten waren ebenso idealistisch wie – angesichts der zahlreichen komplizierten nationalen, territorialen und historischen Probleme in Europa – unrealistisch. Vielfältige Probleme, die sich aus dem Weltkrieg und dem Verhältnis der Sieger ergaben, erschwerten den Prozess des Friedenschließens, lösten Kompromisse, erneute Konflikte und Spannungen sowohl unter den Siegern als auch zwischen Siegern und Besiegten aus. Bei fast allen Beteiligten dominierte das Gefühl, entweder überhart behandelt worden zu sein oder zu wenig gewonnen zu haben.

Der Versailler Vertrag, von dem die Deutschen sich einen milden Wilsonfrieden erhofft hatten, wurde praktisch von allen Deutschen und fast allen Parteien (Ausnahme: KPD) als „Schmachfriede", als „Karthagofriede", als „nationaler Betrug" angesehen und heftig bekämpft. Drohungen der Alliierten bewirkten schließlich die Annahme des Vertrags durch die Regierung Bauer (SPD). Dies hatte zur Folge, dass die Politiker, die „feigen Demokraten", „Novemberverbrecher" und „Erfüllungspolitiker", zu Unrecht mit dem als „nationale Schande" empfundenen Vertrag identifiziert wurden.

Als fast noch belastender als die harten wirtschaftlichen, finanziellen, territorialen und militärischen Bestimmungen des Vertrags erwiesen sich in der Folgezeit Art. 227/228 (Auslieferung des deutschen Kaisers als Kriegsverbrecher), Art. 231 (alleinige Kriegsschuld Deutschlands und seiner Verbündeter) und die Reparationsbestimmungen. Im Zusammenhang mit den belastenden Bestimmungen des Vertrags entstand die von Hindenburg ins Leben gerufene Dolchstoßlegende, die zusammen mit anderen problematischen Bestimmungen die innenpolitische Atmosphäre nachhaltig und auf Dauer vergiftete und den Nährboden der rechtsgerichteten Agitation und Propaganda bildete.

Der Versailler Vertrag und seine Bedeutung für das Dritte Reich wurden in der Folgezeit unterschiedlich gesehen und bewertet. Bis 1945 herrschte die Einschätzung als ungerecht, überhart und betrügerisch vor und nach 1945 wurde von manchen Historikern Hitler quasi als logische Konsequenz des Vertrags dargestellt. Tatsächlich spielten für den Untergang der Weimarer Republik andere Faktoren eine Rolle (z.B. zu wenig Demokraten, Fortbestehen der aus dem Kaiserreich stammenden politischen und gesellschaftlichen Mentalität, das Unvermögen der Deutschen, sich mit den Verhältnissen zu arrangieren, einen Modus vivendi zu finden). Vor dem Hintergrund des Zweiten Weltkriegs und der alliierten Besatzung entwickelte sich eine differenziertere Betrachtungsweise, die z.B. die Möglichkeit, dass Deutschland langfristig wieder zu einer europäischen Großmacht werden konnte, in den Vordergrund stellte.

Sein Ideal (E. Thöny, 1920). „Jnädigste wirken auf mich wie ein Putsch von rechts"

6

Das Ziel der linksradikalen Aufständischen war die Errichtung von Räterepubliken mit folgenden Charakteristika:
- *Ausübung aller staatlichen Macht durch Arbeiter- und Soldatenräte;*
- *oberster Träger der Staatsgewalt ist der Zentralrat, der ausschließlich von den Arbeiter- und Soldatenräten gewählt wird;*
- *Vergesellschaftung der Wirtschaft.*

Die Weimarer Republik hatte in ihren Anfangsjahren mit zahlreichen Belastungen zu kämpfen, die den jungen Staat in seiner Existenz gefährdeten. Dazu gehörten neben der Novemberrevolution, dem politischen Neuaufbau, dem in hohem Maße emotionalisierenden Versailler Vertrag und der Dolchstoßlegende vor allem die Entstehung und Niederschlagung von Räterepubliken, der Kapp-Putsch, kommunistische Aufstände und der Mord als Mittel der politischen Auseinandersetzung.

Die brutale Niederschlagung des Spartakusaufstands leitete in zahlreichen Großstädten Deutschlands Kämpfe mit Bürgerkriegscharakter ein, die sich in manchen Gegenden bis 1923 hinzogen. Zuerst wurde am 10.1.1919 in **Bremen** eine Räterepublik ausgerufen. Unter der Leitung des Volksbeauftragten Noske (SPD) wurde sie von Reichswehrtruppen und Freikorps niedergeschlagen und alle norddeutschen Hafenstädte (mit Ausnahme Hamburgs) prophylaktisch von Freikorps besetzt. Mitte April wurde **Braunschweig** besetzt, nachdem das Land zur Räterepublik erklärt worden war.

Die schwerste Bedrohung kam aus **München**. Die dortige Räterepublik verlief in vier Phasen.

7.11.1918–21.2.1919

- Die erste Phase der Münchner Räterepublik begann am Tage der Abdankung Ludwigs III. Es gelang dem USDP-Mitglied Kurt Eisner durch eine zündende Rede auf dem Theresienfeld die Truppen auf seine Seite zu ziehen. Die überraschte und machtlose Regierung musste mit ansehen, wie Eisner Arbeiter- und Soldatenräte bildete und den „Freien Volksstaat Bayern" ausrief. Er selbst wurde bayerischer Ministerpräsident. Da die Arbeiter- und Soldatenräte nur Kontrollfunktion hatten und in die parlamentarische Regierungsform integriert werden sollten, kann von einer Räterepublik im eigentlichen Sinn nicht gesprochen werden. Auf dem Weg zum Landtag, wo er nach einer verheerenden Wahlniederlage seinen Rücktritt bekannt geben wollte, wurde Eisner am 21.2.1919 von dem rechtsradikalen Leutnant Graf Arco-Valley ermordet.

Eisner: „Das russische Beispiel lockt uns nicht, auch nicht die Methode."[1]

Die USPD hatte nur 2,5 % der Stimmen erhalten

22.2.1919–6.4.1919

- Die zweite Phase: Dieses Attentat, dem noch am selben Tag ein weiteres im Landtag folgte, löste eine neue Revolutionswelle in Bayern aus und sozialistische Parteigruppierungen und Arbeiter- und Soldatenräte übertrugen die Regierungsgewalt einem „Zentralrat der Bayerischen Republik". In dieser Situation sprach der am 17. März neu gewählte, eingeschüchterte Landtag der Minderheitsregierung Hoffmann (SPD) das Vertrauen aus und legte die Arbeit nieder.

7.4.–13.4.1919

- Die dritte Phase: Die USPD-Mitglieder des Münchner Arbeiter- und Soldatenrates riefen unter Führung der Anarchisten Mühsam und Landauer am 7. April die Münchner Räterepublik aus. Obwohl sie sich auf eine Rote Armee und die USPD stützen konnte, reichte ihre Macht nicht weit über die Stadtgrenzen Münchens hinaus. Die demokratische Regierung Hoffmann floh ins ruhige Bamberg.

- Die vierte Phase: Die völlig machtlose 1. Räterepublik wurde bereits nach einer Woche von der kommunistischen Räterepublik abgelöst. Sie wurde von der KPD getragen und bekundete ihre Solidarität mit dem bolschewistischen Russland. Nach wenigen Tagen erfolgte ein Machtwechsel zugunsten des gemäßigten Führers der USPD, Ernst Toller, der zusammen mit Hoffmann die katastrophale Ernährungslage verbessern wollte. Hoffman lehnte ab und in den ersten Maitagen lieferten sich die Rote Armee und Freikorps erbitterte und blutige Kämpfe, die das endgültige Ende der Münchner Räterepublik bedeuteten.

13.4.–3.5.1919

Dass Eisner, Mühsam und Toller jüdischer Herkunft waren, verschärfte den Antisemitismus in ganz Deutschland.

Dabei kamen mehr als 600 Menschen um.

Die letzte, bedeutsame Räterepublik gründete Max Hölz (auch: Hoelz, KPD) unmittelbar nach dem Kapp-Putsch im Vogtland. Er vereinte revolutionäre Arbeiter zur „Roten Garde", bildete einen „Roten Vollzugsrat" und ging mit brutalen Mitteln (Brandstiftung, Plünderung, Bankraub, Sprengstoffanschläge) gegen staatliche Institutionen sowie Fabrikanten und Kaufleute vor. Von den ärmeren Bevölkerungsschichten wurde er als „Roter Robin Hood" verehrt. Ende März 1920 wurde die Räterepublik von Regierungstruppen blutig beendet. Bewaffnete Kämpfe zwischen der von Hölz geführten revolutionären Truppe und Regierungstruppen zogen sich bis in den April 1921 hin.

6.2 Der Kapp-Putsch

13.–17.3.1920

Vorgeschichte: Im November 1919 erzwangen die Alliierten die Auflösung der Freikorps, was zusammen mit der Reduzierung des Heeres auf 100 000 Mann zu wütenden Protesten der Militärs, der betroffenen Berufssoldaten und aller Rechtskreise führte. Hohe Reichswehroffiziere widersetzten sich offiziellen Anordnungen und stellten unannehmbare Forderungen an die Regierung (z.B. Auflösung der Nationalversammlung, kein weiterer Truppenabbau, keine Auflösung des Freikorps „Marinebrigade Ehrhardt"). Eine weitere Folge war, dass die ehemaligen Offiziere und Berufssoldaten, in ihrer geistigen Haltung ohnehin weit rechtsstehend, den antidemokratischen Kräften neuen Auftrieb gaben.
Parallel dazu verlief der Prozess gegen den Finanzminister und Vizekanzler der Regierung Bauer, Matthias Erzberger (Z). Er hatte

6

(auf Anordnung Hindenburgs) den Waffenstillstand unterzeichnet und wurde als negative Symbolfigur der „Novemberverbrecher" und „Erfüllungspolitiker" von den Rechten mit Hass, Schmähungen und Korruptionsvorwürfen überhäuft. Er strengte einen Prozess gegen den Nationalökonomen Karl Helfferich (Antirepublikaner, DNVP-Mitglied) wegen Beleidigung an. Zur Begeisterung der antidemokratischen Kreise ermöglichte ein voreingenommenes Gericht den politischen Rufmord an Erzberger. Helfferich wurde zwar wegen Beleidigung zu einer geringen Geldstrafe verurteilt, das Gericht erklärte jedoch, dass ihm der Wahrheitsbeweis „im Wesentlichen" gelungen sei. Wichtiger noch als die sich deutlich abzeichnende Einstellung der Justiz zum Staat ist in diesem Zusammenhang, dass der Prozess allgemein als Kampf zwischen Republik und dem alten (monarchischen) System angesehen wurde. Nun hielten die Rechtskreise den Zeitpunkt gekommen, zum Sturm auf die Republik zu blasen.

Aus einer Schmähschrift Helfferichs (1919): „Das ist Herr Erzberger, der das deutsche Volk … zur gänzlichen Vernichtung führen wird, wenn ihm nicht endlich das Handwerk gelegt wird!
Deshalb gibt es für das deutsche Volk nur eine Rettung. Überall im Land muss mit unwiderstehlicher Gewalt der Ruf ertönen: Fort mit Erzberger!" [2]

Verlauf. Am Tage nach der Urteilsverkündung marschierte die Marinebrigade Ehrhardt unter Leitung von General Lüttwitz nach Berlin ein und besetzte das Regierungsviertel. Der reaktionäre Politiker **Kapp** (DNVP) erklärte die Regierung für abgesetzt und übernahm als **neuer Kanzler** von eigenen Gnaden die Regierung, die östlich der Elbe Anerkennung fand. Die Regierung Bauer floh nach Stuttgart. Der **Putsch scheiterte** bereits nach vier Tagen aus folgenden Gründen:

* Er war schlecht vorbereitet und wurde dilettantisch durchgeführt.
* Der Generalstreik der deutschen Arbeiter im Reich, zu dem die SPD und die Gewerkschaften aufgerufen hatten und der auch von der USPD sowie von großen Teilen des Bürgertums und der Berliner Beamtenschaft unterstützt wurde, entzog Kapp sowohl die finanziellen Mittel als auch die ausführenden Organe (Beamte, Angestellte, Arbeiter).
* Die Armee unterstützte zwar nicht die Forderung der Regierung, gegen die Aufständischen vorzugehen, doch sie griff auch nicht auf deren Seite ins Geschehen ein, obwohl die Sache Kapps auch ihre Sache war.

General von Seeckt verweigerte den Einsatz der Reichswehr mit der Begründung: „Truppe schießt nicht auf Truppe."

Auswirkungen. Der **Kapp-Putsch** ist in vielerlei Hinsicht **symptomatisch** für die Situation der Weimarer Republik:

* Er machte die Unzufriedenheit weiter Kreise, vor allem der militärischen, mit dem neuen Staat deutlich,
* dokumentierte die von nun an permanente „Bedrohung von rechts" und
* manifestierte die Rolle der Reichswehr im Staat und ihre Unzuverlässigkeit beim Vorgehen gegen Rechtsradikale.
* Der Kapp-Putsch verstärkte das Selbstbewusstsein der Rechtsparteien, die sich nun sicher waren, dass eine radikale Verän-

derung oder eine Beseitigung der ungeliebten Staatsform im Bereich ihrer Möglichkeiten lag.

- Die milde Ahndung der im Zusammenhang mit dem Kapp-Putsch begangenen Vergehen und Verbrechen machte erneut das Problem des „Pakts mit den alten Mächten" deutlich.

Aufrufe vom 13. März 1920

6.3 Kommunistische Aufstände

Der Kapp-Putsch rief unter der revolutionären Arbeiterschaft eine ungeheure Erregung hervor. Im **Ruhrgebiet** brach ein Arbeiteraufstand aus und eine über 100 000 Mann starke kommunistische **Rote Armee** entstand. Sie besetzte einige Städte und terrorisierte die Bevölkerung. Der als Reichskommissar eingesetzte Carl Severing (SPD) erreichte die freiwillige Selbstauflösung der Roten Armee gegen ein Amnestieversprechen. Die Haltung der dortigen Reichswehr und das aggressive Auftreten einiger (ehemaliger) Freikorpsführer ließ es den Kommunisten geraten erscheinen, ihren Kampf fortzusetzen, was **bürgerkriegsähnliche Zustände** zur Folge hatte. Reichswehreinheiten schlugen, verstärkt durch eben erst wieder eingegliederte und „auf den Boden der Verfassung zurückgekehrte" Kapp-Verbände, die Rote Armee zurück. Die Auseinandersetzung war den politischen Gegensätzen entsprechend äußerst brutal und riss die tiefen Gräben noch weiter auf.

Auch in Hamburg und im sächsisch thüringischen Grenzgebiet kam es zu erbitterten Auseinandersetzungen zwischen roten

Severing stellte hierzu fest, dass das Vorgehen der Reichswehr „hinter den Schreckenstaten der Rotgardisten leider nicht zurück [blieb]." [3]

Kampfverbänden und der von Freikorps unterstützten Reichswehr, die die Aufstände im Mai in schweren und teilweise sehr grausamen Kämpfen blutig niederschlug, ohne dass dadurch Friede und Ordnung hätten etabliert werden können.

6.4 Die innenpolitischen Auswirkungen

Die Reichstagswahlen (in %)

	1919 und	1920
KPD	–	2,1
USPD	7,6	17,9
SPD	37,9	21,7
DDP	18,5	8,3
Z	19,7	13,6
BVB	–	4,4
DVP	4,4	13,9
DNVP	10,3	15,1
Sonstige	1,6	3,0

Die Niederschlagung der Räterepubliken sowie die Ereignisse im Ruhrgebiet und im mitteldeutschen Industriegebiet vertieften die ohnehin schon bestehende Kluft zwischen der Staatsführung und der Reichswehr einerseits und der Arbeiterschaft und der akademischen Jugend andererseits. Der Einsatz der Reichswehr und ehemaliger Freikorpstruppen beschädigte das Ansehen der Reichsregierung und vor allem der SPD schwer. Die Parteibasis kritisierte das Vorgehen der SPD-geführten Regierungen Bauer und Müller (Juni 1919–Juni 1920) heftig und erzwang Ende März 1920 den Rücktritt des als „Bluthund" verhassten Reichswehrministers Noske (SPD). Die „Quittung" bekam die Weimarer Koalition in der Reichstagswahl vom 6. Juni 1920. Sie verlor ca. 33 % ihrer Wählerstimmen von 1919 und erreichte nie mehr eine parlamentarische Mehrheit. Die Gewinner dieser Wahl waren die radikalen Flügelparteien (KPD, USPD; DNVP), die zusammen mehr als 35% aller Stimmen erhielten.

6.5 Der Mord als politisches Mittel

„Der politische Mord war in Deutschland unter den sozial wie politisch verwahrlosten jungen Leuten der Rechten, der ‚Frontgeneration' heimisch geworden. Liebknecht, Luxemburg und Eisner hatten nur als erste Opfer gedient, denn solche Heldentaten waren auch nach den Wirren der Revolutionswochen en vogue geblieben in den einschlägigen Kreisen, die für die politischen Realitäten blind waren und meinten, Deutschland könne vom Joch der Feinde befreit werden, wären nur erst einmal deren angebliche Handlanger beseitigt."[4] Diese Gesinnung ließ die **Ermordung des politischen Gegners als** durchaus **legitimes und ehrenwertes Mittel** der politischen Auseinandersetzung erscheinen.
Hierbei taten sich in erster Linie ehemalige Freikorpsleute hervor, die nicht in die Reichswehr übernommen worden waren und die

damit auch nicht die schwachen Bindungen an den Staat entwickelten, die ihre ehemaligen Kameraden von ähnlichem Verhalten zurückzuhalten vermochten. Sie organisierten sich in illegalen paramilitärischen Verbänden, die sich vor Verrat und Verrätern mit dem Mittel des Fememordes schützten. Sie wurden von Vertretern des Großgrundbesitzes und des Großkapitals finanziell unterstützt und von der Reichswehr zwar nicht gerade übermäßig geschätzt, jedoch als Reserve und mögliche Einsatztruppe gedeckt.

Fememorde: Politische Morde, verübt von Untergrundorganisationen oder Geheimgesellschaften, die sich richterliche Befugnisse anmaßen.

In der Reihe der ermordeten Politiker waren Rosa **Luxemburg** und Karl **Liebknecht** die ersten. Weitere folgten: Kurt **Eisner** (USPD, 21. 2. 1919), Gustav **Landauer** (2. 5. 1919, im Gefängnis von Freikorpsmitgliedern erschossen) und Karl **Gareis** (USPD, 9. 6. 1921, rechtsradikale Mörder). Wenige Monate später ermordeten zwei Offiziere der Ehrhardt-Brigade Matthias **Erzberger** (Z, 26. 8. 1921). In bürgerlichen Kreisen wurde diese Tat begeistert als „Rache für Compiègne" gefeiert, der Münchner Polizeipräsident verhalf den beiden Tätern persönlich zur Flucht.

s. S. 35

Im Frühsommer 1922 (4. 6.) entkam Philipp **Scheidemann** einem Blausäureattentat. Knapp drei Wochen später ermordeten zwei ehemalige Marineoffiziere und Mitglieder der Organisation Consul Außenminister Walter **Rathenau** (DDP) auf der Fahrt ins Auswärtige Amt (24. 6. 1922). Auf ihn hatte sich seit langer Zeit der Hass der „nationalen" Kreise konzentriert. Er war für sie die Verkörperung dessen, was sie landesverräterische „Erfüllungspolitik" (gegenüber den Alliierten bzw. dem Versailler Vertrag) nannten. Er wolle Deutschland dem Bolschewismus ausliefern, sei zudem ein „Rassefremder", ein „Vertreter des Weltjudentums", einer der „Weisen von Zion", wie die Attentäter in „erschütternder politischer Einfältigkeit faselten".[6] Mit seiner Ermordung, die von der weit verbreiteten Parole „Schlagt tot den Walter Rathenau, die gottverdammte Judensau!" vorbereitet wurde, erreichte die antisemitische Welle einen ersten Höhepunkt. Dieser Welle von politischen Morden, zu der zahlreiche gescheiterte Attentate hinzuzurechnen sind, standen Ebert und die staatstragenden Parteien hilflos gegenüber. Eine von Ebert über den Art. 48 erlassene „Verordnung zum Schutze der Republik" und ein von der Mehrheit des Reichstags getragenes **Republikschutzgesetz** zeigten keine Wirkung, da eine exekutive Organisation bzw. Institution fehlte, die diesen Gesetzen zur Geltung hätte verhelfen können. Weder die Reichswehr noch die Justiz konnten herangezogen werden, da es in der überwiegenden Zahl der Fälle gegen Rechtsradikale ging.

Die NSDAP feierte die Ermordung Rathenaus mit der Plakataufforderung: „Rathenau ist tot, Ebert und Scheidemann leben noch."[5]

Am 3. 7. 1922 überfielen in Berlin Mitglieder einer rechtsradikalen und antisemitischen Organisation den jüdischen Publizisten Maximilian Harden und misshandelten ihn schwer.

Aus dem Republikschutzgesetz vom 21. 7. 1922: „Wer an einer Vereinigung oder Verabredung teilnimmt, zu deren Bestrebungen es gehört, Mitglieder einer republikanischen Regierung des Reiches oder eines Landes durch Tod zu beseitigen, wird mit Zuchthaus nicht unter fünf Jahren oder mit lebenslangem Zuchthaus bestraft."[7]

Zusammenfassung: Innenpolitische Belastungen der Anfangsjahre

Die Weimarer Republik wurde in ihren ersten Jahren mit zahlreichen Problemen konfrontiert. Dazu gehörten neben dem Versailler Vertrag und der Dolchstoßlegende, die die innenpolitische Atmosphäre bis 1933 belasteten, auch solche, die die junge Republik besonders in ihren Anfangsjahren erschütterten:

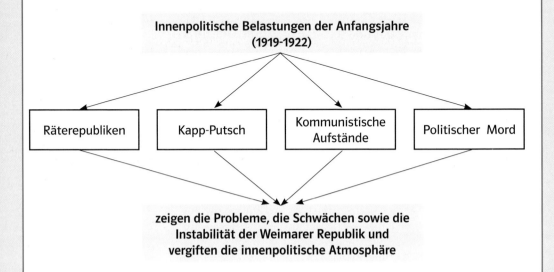

Innenpolitische Belastungen der Anfangsjahre (1919-1922)

| Räterepubliken | Kapp-Putsch | Kommunistische Aufstände | Politischer Mord |

zeigen die Probleme, die Schwächen sowie die Instabilität der Weimarer Republik und vergiften die innenpolitische Atmosphäre

Sozialistische Räterepubliken entstanden in zahlreichen Städten, die gefährlichsten in Bremen, Braunschweig, München und dem Vogtland. Sie wurden ausnahmslos im Auftrag der Regierung von Reichswehr und Freikorps auf brutale Weise niedergeschlagen. Der Kapp-Putsch (vom März 1920) machte die Schwäche, die Unzuverlässigkeit der Reichswehr, die Unzufriedenheit weiter Kreise mit dem neuen Staat, die Rechtslastigkeit der Justiz und das Selbstbewusstsein der rechtsradikalen Parteien und Gruppierungen deutlich. Er löste als Gegenreaktion kommunistische Aufstände in zahlreichen Städten, vor allem im Ruhrgebiet und im sächsisch-thüringischen Grenzgebiet aus. Sie wurden – wiederum im Auftrag der Regierung – in erbitterten und grausamen Kämpfen von Reichswehr und Freikorps niedergeschlagen. Der Einsatz von Militärs und Reichswehr schwächte die Weimarer Koalition, vor allem die SPD, und bewirkte starke Stimmenverluste der staatstragenden Parteien und starke Stimmengewinne der radikalen Flügelparteien. Der politische Mord, meist von rechtsradikalen ehemaligen Soldaten an Linkspolitikern, an „Novemberverbrechern" und „Rassefremden" verübt, wurde zu einem (in den Augen der Täter) „legitimen" und sogar „ehrenwerten" Mittel der politischen Auseinandersetzung.

Das Krisenjahr 1923

Ein französischer Soldat bewacht Waggons mit Kohle, die als Reparationsleistung aus dem Ruhrgebiet nach Frankreich gebracht werden soll (1923).

Gutschein des Reichspostministeriums über 50 Billionen Mark vom 29. Oktober 1923.

Ausrufung der Rheinischen Republik (Aachen, 21.10.1923).

Straßensperre der NSDAP-Putschisten in München (9.11.1923). Dritter von links: Ernst Röhm, vierter von links: Heinrich Himmler

Am letzten Tag des Jahres 1923 charakterisierte der britische Botschafter in Berlin, Viscount d'Abernon, das vergangene Jahre durch eine Tagebucheintragung: „Nun geht das Krisenjahr zu Ende. Die inneren und äußeren Gefahren waren so groß, dass sie Deutschlands ganze Zukunft bedrohten."[1]

Mit dieser treffenden Aussage bezog er sich auf wirtschaftliche und politische Krisen, die die Weimarer Republik erschütterten und die ihren Bestand ernsthaft gefährdeten.

7.1 Der Ruhrkampf

s. S. 89 f.

Vorgeschichte: Die innenpolitische Situation in Deutschland verschlechterte sich rapide durch die Festsetzung der Reparationen auf 132 Mrd. Goldmark während der Londoner Konferenz und durch die ultimative Erzwingung dieser Summe durch die Alliierten. Die ohnehin schon vergiftete Atmosphäre verschlimmerte sich mit dem Amtsantritt der Regierung Cuno (22.11.1922) noch weiter. **Cuno** leitete, unterstützt von der DNVP, eine **Abkehr von** der „**Erfüllungspolitik**" ein. Sein Ziel war es, einen Zahlungsaufschub zu erreichen. Der französische Ministerpräsident **Poincaré** beantwortete diese Politik mit der Drohung, „**produktive Pfänder**" (z. B. Bergwerke, Industrieanlagen etc.) zu nehmen. Die englische Haltung war abwartend, die USA engagierten sich zu diesem Zeitpunkt in Europa so gut wie nicht.

Frankreich drängte, da sein Sicherheitsbedürfnis gegenüber Deutschland durch den Versailler Vertrag nicht befriedigt worden war, auf die Besetzung des Ruhrgebiets, was Großbritannien als ungerechtfertigt ablehnte. Einen minimalen Rückstand bei der Lieferung von Telegrafenmasten nahm Frankreich zum Anlass, die alliierte Reparationskommission einzuschalten. Diese verurteilte auf Betreiben Frankreichs und gegen das Votum Großbritanniens den Rückstand als vorsätzlichen Verstoß gegen den Versailler Vertrag. Als auch noch geringfügige Fehlbeträge an Kohlelieferungen entdeckt wurden, konnte Frankreich mit einer gewissen formalistischen Berechtigung die **Besetzung des Ruhrgebiets** fordern.

Im Laufe des Jahres wurden die Besatzungstruppen auf über 100 000 ausgedehnt.

Verlauf: Am **11. Januar 1923** marschierten französische und belgische Truppen mit insgesamt 60 000 Mann ins Ruhrgebiet ein. Die Regierung **Cuno** protestierte feierlich vor der ganzen Welt und stellte alle Geld- und Sachlieferungen an die besetzenden Länder ein. Außerdem **propagierte** sie unter dem Beifall aller Deutschen den **passiven Widerstand**, der von allen Kreisen und Schichten der Bevölkerung befolgt wurde. Wirtschaftlich war diese Maßnahme unsinnig und ruinös: Kohle musste aus dem Ausland gegen

Devisen eingekauft werden, die Unterstützung der aufgrund des Widerstands Arbeitslosen kostete den Staat Riesensummen, die Reichsausgaben stiegen sprunghaft an, während die Steuereinnahmen drastisch zurückgingen. Die Reichsbank deckte die Defizite, indem sie mehr Papiergeld druckte. Dies führte rasch dazu, dass das Papiergeld seine Bedeutung als Zahlungsmittel fast völlig verlor. Das harte Vorgehen der französischen Besatzungstruppen bestärkte die Deutschen in ihrem Kampf gegen die verhasste Besatzungsmacht, die wiederum mit harten **Maßnahmen** reagierte:

- Der französische Ministerpräsident Poincaré verhängte den Belagerungszustand und ließ ca. 180 000 Beamte und Politiker ausweisen, die den passiven Widerstand praktizierten.
- Reichsbankfilialen und andere öffentliche Kassen wurden beschlagnahmt, ebenso manche privaten Konten.
- Einführung des Passzwangs;
- Errichtung einer Zollgrenze zum restlichen Deutschland;
- Übernahme der Reichsbahn im Ruhrgebiet durch Frankreich;
- Einreiseverbot für deutsche Minister.

Plakataufruf zum passiven Widerstand gegen die Ruhrbesetzung

Karl Arnold, Frankreich im Rheinland (1923): „Es müssen noch viele verhungern, ehe ich satt werde."

Der Politiker und Publizist Helmut von Gerlach (3.3.1923): „Fast die gesamte bürgerliche und bäuerliche Klasse in Deutschland ist nahe daran, von echtem Hass auf Frankreich ergriffen zu werden. Sie halten es für unbillig, dass in so genannten Friedenszeiten eine große Armee den Versuch macht, aus einem abgerüsteten Volk Reparationen in unmöglicher Höhe herauszupressen…Bis jetzt sind die Arbeitermassen noch frei von nationalistischem Hass: Aber wird das so bleiben, wenn die Besatzung fortdauert?... Kommunisten und Reaktionäre versuchen, die Besetzung für die Zwecke ihrer Parteien zu nutzen…" [2]

Diese Maßnahmen, die prompt mit Gegenmaßnahmen beantwortet wurden, eskalierten in **Aggressivität** und **Gewalt**, die sich bei zahlreichen Zusammenstößen zwischen Einheimischen und Besatzern entluden. „Nationale" Kreise begannen nun, ohne Billigung der Regierung, einen **Sabotagekrieg**. Seinen Höhepunkt fand der Ruhrkampf Ende Mai 1923 in der Hinrichtung des ehemaligen Freikorpssoldaten und Nationalsozialisten Albert Leo Schlageter. Damit war ein Märtyrer geschaffen für alle am Ruhrkampf direkt oder indirekt Beteiligten, von der KPD bis zur NSDAP.

Als im Sommer 1923 die Aussichtslosigkeit des Kampfes und seine verheerende Wirkung auf die wirtschaftliche und monetäre Situation deutlich wurden, stürzte die Regierung Cuno. Gustav **Stresemann** (DVP) als neuer Reichskanzler, der sich auf eine große Koalition aus SPD, DDP, Z und DVP stützen konnte, **beendete** aus wirtschaftlichen und finanziellen Gründen **den Ruhrkampf**.

7.2 Die Inflation

Geldumlauf in Deutschland:
1914: 12,3 Mrd.
1918: 63,5 Mrd.
Ende 1923: 500 Trillionen Mark (der Reichsbank) und 200 Trillionen Notgeld.
Staatsverschuldung 1919: 156 Mrd. Mark (= dreifacher Staatshaushalt von 1913)

Ursachen. Die Inflation begann während des Ersten Weltkrieges. Da die enorm hohen Kriegskosten auch durch Anleihen nicht getragen werden konnten, erhöhte die Regierung den Geldumlauf durch verstärkten Notendruck. Dies bedeutete jedoch, dass die vorhandene Geldmenge nicht mehr gedeckt war (z. B. durch Gold). Zahlreiche Ursachen lösten die Inflation aus:

- Der Staat verschuldete sich gegenüber Kreditinstituten und Privatbürgern.
- Territoriale Verluste durch den Versailler Vertrag bedingten wirtschaftliche Verluste: Durch den Ausfall von Lothringen, Oberschlesien und dem Saarland fehlten Deutschland (gegenüber 1914) 74,5 % seiner Eisenerzvorräte, 26 % seiner Kohlevorkommen und 68 % der Zinkerze.
- Die Umstellung von Kriegs- auf Friedenswirtschaft brauchte viel Zeit und Geld.
- Energische wirtschaftliche Maßnahmen der Regierungen unterblieben.
- Der Ruhrkampf bzw. der passive Widerstand brachte die Inflation zum Galoppieren, da einerseits die Bevölkerung vom Staat unterstützt werden musste, andererseits die Einnahmen (Reichsbahn, Steuern etc.) verloren gingen. Dadurch entstand ein großes Missverhältnis zwischen Staatseinnahmen und Staatsausgaben.
- Reparationen trugen geringfügig zur Inflation bei.

Ein Tag Ruhrkampf kostete den Staat im Sommer 1923 ca. 40 Mio. Goldmark.
Verhältnis von Staatsausgaben zu Staatseinnahmen 1923/24: 10 : 1

Aus einem Augenzeugenbericht:
„Die Mark rutschte, fiel, überstürzte sich, verlor sich im Bodenlosen. Städte, Fabriken, Handelsunternehmungen druckten Assignaten [Papiergeld] nach eigenem Belieben…Keiner wollte die bun-

Verlauf. Die Inflation hatte bereits lange vor ihrem Höhepunkt finanzielles Vermögen vernichtet. Im Sommer 1922 war die Mark nur noch ein Hundertstel von 1914 wert. Im Jahre 1923 wurde aus der schleichenden Inflation eine galoppierende:

- Die wirtschaftliche Lage spitzte sich im Sommer 1923 zu. Die Kaufkraft der Reichsmark war praktisch gleich Null. Als Folge setzte die Flucht in die Sachwerte ein. Die Versorgung der Bevölkerung mit Lebensmitteln wurde immer problematischer.

ten Zettel wirklich haben. Wer wusste denn, ob sie gedeckt waren? Die Inflation machte aus dem Geld einen Unsinn. [3]

Dokument aus der Bauzeit des Walchensee-Kraftwerkes: [4]

Urkunde

Dieser Turm wurde gedeckt im Jahre 1923 während der Zeit vom Oktober bis November. Der Lohn zu dieser Zeit war, als das Dokument ausgefertigt wurde, für einen Spengler
      120 Milliarden in der Stunde
Es kostete: Bier 1 Ltr. 80 Milliarden, Brot 1 Pfund 37 Milliarden, Fleisch 1 Pfund 200 Milliarden, Fett 1 Pfund 400 Milliarden, 1 Ei 15 Milliarden, Schuhe 1 Paar 3½ Billionen, 1 Anzug nach Maß 70 Billionen.
Unsere derzeitige Regierung bürgerlich. Putsche (Aufstände) alltäglich. Das arbeitende Volk verarmt. Trotz der hohen Löhne die Kleidung kaufen für den Arbeiter illusorisch.
      Münchner Spengler der Firma Bustin in Kochel am See, am 15. November im Hungerjahr 1923, Altgeselle Georg Lenk aus München; Lorenz Leidl, Gehilfe; Hans Huber, Gehilfe.

Dollarnotierungen [5]
(im Monatsdurchschnitt)

	Mark
Juli 1914	4,2
Januar 1919	8,9
Juli 1919	14,0
Januar 1920	64,8
Juli 1920	39,5
Januar 1921	64,9
Juli 1921	76,7
Januar 1922	191,8
Juli 1922	493,2
Januar 1923	17 972,0
Juli 1923	353 412,0
August 1923	4 620 455,0
September 1923	98 860 000,0
Oktober 1923	25 260 208 000,0
15. November 1923	4 200 000 000 000,0

Brotpreise: [6]

Dez. 1920:	2,37 Mark
Dez. 1921:	3,9o Mark
Dez. 1922:	163,15 Mark
Jan. 1923:	250,-- Mark
März 1923:	463,-- Mark
Juni 1923:	1428,-- Mark
Aug. 1923:	69 000,-- Mark
Sept. 1923:	1 512 000,-- Mark
Okt. 1923:	1 743 000 000,-- Mark
Nov. 1923:	201 000 000 000,-- Mark

- Als der totale wirtschaftliche Zusammenbruch nur noch eine Frage der Zeit schien, brachte **Stresemann** den Mut zu unpopulären Maßnahmen auf, **beendete** den **passiven Widerstand** am 26. September und **bekämpfte die Inflation** mit folgenden **Maßnahmen**:
  - Verhängung des Ausnahmezustands;
  - Einsetzung eines Reichswährungskommissars (Hjalmar Schacht);
  - Schaffung einer neuen Währungseinheit (Rentenmark, gültig seit 16. November);
  - Propagierung einer Deckung (Grundschuld auf Grundbesitz, Handel, Industrie und Banken), die zwar weitgehend

Aus dem Aufruf der Regierung vom 26.9.1923: „Seit dieser Zeit [11.1.1923] hatten Ruhrgebiet und Rheinland schwerste Bedrückungen zu erleiden…Mit furchtbarem Ernst droht die Gefahr, dass … die Schaffung einer geordneten Währung, die Aufrechterhaltung des Wirtschaftslebens und damit die Sicherung der nackten Existenz für unser Volk unmöglich wird." [7] 50 000 Mark (von 1914) hat-

ten im Nov. 1923 einen Kaufwert von 0,0005 Pfennigen.

fiktiv war, aber im Zusammenhang mit dem gesamten Anti-Inflationsprogramm so viel Vertrauen einflößte, dass die Bevölkerung die Rentenmark annahm.

Die gesamten staatlichen Kriegsschulden von 156 Mrd. Mark besaßen am 15.11.1923 einen Wert (bezogen auf 1914) von 15,4 Pfennigen.

Auswirkungen. Die Inflation hatte nicht nur erhebliche wirtschaftliche Auswirkungen, sondern auch gesellschaftliche und politische.

- Soziale Folgen:
  - Steigende Arbeitslosigkeit;
  - Verlust von Besitz und Geld, vor allem beim Bürgertum;
  - riesige Gewinne von Schuldnern und Spekulanten;
  - Proletarisierung eines Teils des Mittelstands.

- Politische Folgen:
  - Verschlechterung der inneren Situation Weimars;

vgl. die Reichstagswahl 1924
  - Radikalisierung des öffentlichen und politischen Lebens;
  - Verkleinerung der demokratischen Basis, da vor allem bürgerliche Kreise ins andere Lager überwechseln;
  - Angst vor Wiederholung und der Ruf nach dem „starken Mann" bringen Zulauf für die Rechtsparteien.

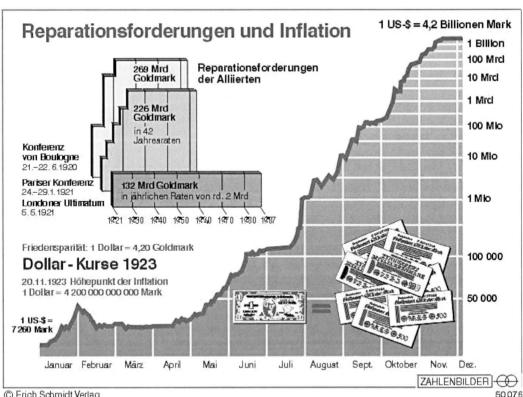

Reparationsforderungen und Inflation

1 US-$ = 4,2 Billionen Mark

269 Mrd Goldmark

Reparationsforderungen der Alliierten

226 Mrd Goldmark
in 42 Jahresraten

Konferenz von Boulogne 21.–22. 6.1920

Pariser Konferenz 24.–29.1.1921

Londoner Ultimatum 5.5.1921

132 Mrd Goldmark
in jährlichen Raten von rd. 2 Mrd

1921 1930 1940 1950 1960 1970 1980 1987

Friedensparität: 1 Dollar = 4,20 Goldmark

Dollar-Kurse 1923

20.11.1923 Höhepunkt der Inflation
1 Dollar = 4 200 000 000 000 Mark

1 US-$ = 7 260 Mark

Januar Februar März April Mai Juni Juli August Sept. Oktober Nov. Dez.

ZAHLENBILDER

© Erich Schmidt Verlag

50076

7.3 Der Separatismus

Die Entstehung. Seit 1919 bestanden separatistische Bestrebungen, wenn auch in bescheidenem Umfang, im **Rheinland** und in der **Pfalz**. Sie wurden von Frankreich unterstützt, das seinem in Versailles nicht erreichten Maximalziel, dem Rhein als Landesgrenze, nachtrauerte und nun wenigstens eine an Frankreich angelehnte Pufferzone zwischen beiden Ländern erreichen wollte. 1923 wurde der Separatismus durch den Ruhrkampf, vor allem aber durch die Inflation verstärkt und erhielt, wiederum kräftig unterstützt von Frankreich, neuen Auftrieb. Unter dem Schutz der Besatzungsmacht entstanden **separatistische Bünde und Parteien**, die sich bewaffneten, demonstrierten und gelegentlich auch Rathäuser besetzten. Angesichts der Begleitumstände war die Einheit des Reichs gefährdet.

Proklamation der Autonomen Pfalz (12.11.1923)

Die Träger des Separatismus. Das **Spektrum** der Separatisten war sehr **breit gefächert**. Es reichte von sozial Benachteiligten bis zu angesehenen Bürgern, von Sozialdemokraten bis zu Zentrumsangehörigen. Mit galoppierender Inflation und in der Hochphase des Ruhrkampfs bestand zudem die Gefahr, dass Industrielle den wirtschaftlichen und finanziellen Verlockungen einer von Frankreich geförderten unabhängigen Republik erliegen könnten.

Die Ziele. Dem breiten Spektrum entsprechend waren die Ziele der Separatisten da, wo sie über die Loslösung von Preußen (Rheinland bzw. der bayerischen Pfalz hinausgingen, sehr unterschiedlich und meist verschwommen. Vom Reich selbst wollte man sich nirgends lösen, doch war unklar, wie die rechtliche Stellung zum Reich und seinen politischen Institutionen aussehen sollte.

Die Entwicklung. Im Oktober 1923, auf dem Höhepunkt der Inflation, wurden schließlich, von der Besatzungsmacht protegiert, die „**Rheinische Republik**" und die „**Autonome Pfalz**" installiert. In beiden Fällen war der separatistischen Bewegung kein Erfolg beschieden, was bei der vergleichsweise geringen Zahl von Anhängern, dem breiten Spektrum der Beteiligten und den unterschiedlichen Interessen auch nicht anders zu erwarten war. Als es Stresemann gelang, die Währung zu stabilisieren, wurde dem Separatismus der Motor seiner Bewegung entzogen. Während die „Rheinische Republik" bereits am 28. November erlosch, hielt sich die „Autonome Pfalz" noch bis Februar 1924, ohne jedoch zu einer ernsthaften Bedrohung für die Reichseinheit werden zu können.

7.4 Der Hitlerputsch

Oswald Spengler über die Republik (1924): „Diese Genossenschaft, die 1919 nicht gewählt wurde, sondern sich wählen ließ, war in nichts verschieden von den Bolschewisten in Moskau…Aus der Angst um den Beuteanteil entstand auf den großherzoglichen Samtsesseln und in den Kneipen von Weimar die deutsche Republik, keine Staatsform, sondern eine Firma… Angesichts dieser fünfjährigen Orgie von Unfähigkeit, Feigheit und Gemeinheit kann man nur in bitterer Sorge auf die nationale Rechte sehen, die sich heute als Vergelterin und Treuhänderin der Zukunft zur Übernahme der Geschäfte rüstet." [8]

Der gesamtpolitische Hintergrund. Seit den Tagen der Münchner Räterepublik hatte sich **Bayern** immer mehr zu einer Sammelstelle rechtsgerichteter Kreise, Verbände und Parteien entwickelt, zur „Ordnungszelle des Reiches", wie es in diesen Kreisen hieß. Bayern wurde zur **Hochburg der Rechtsradikalen**, in der nicht zufällig die NSDAP entstand. Den konkreten Anstoß für den Hitlerputsch gab der Eintritt der SPD in die Regierung Stresemann. Für diesen Fall hatte man dem neuen Regierungschef bereits „schwerste innenpolitische Folgen" angedroht. Nun beantwortete man in Bayern die Aufgabe des Ruhrkampfs, der „nationalen Ehrenpflicht", die „feige Kapitulation" durch die „Erfüllungspolitiker", mit dem Aufruf zum Kampf gegen die „Ruhrverräter". Der Zeitpunkt für eine Revolution von rechts schien günstig, der Ruf nach dem „starken Mann", nach dem „Sturm auf die Republik" war überall in Deutschland zu hören. Der geplante Putsch sollte den „marxistischen Saustall" in Berlin bereinigen. Wie dies am besten zu geschehen habe, machten die **Parolen „Durch Bayern zum Reich!"** und **„Das christliche, nationale Bayern gegen das verjudete, marxistische Berlin"** deutlich.

Die bayerischen Voraussetzungen des Putsches. Als die bayerische Regierung Ende September 1923 den Ausnahmezustand über Bayern verhängte und den von den Rechten und vaterländischen Verbänden unterstützten Gustav Ritter von **Kahr** zum **Generalstaatskommissar** ernannte und ihm die gesamte Exekutive übertrug, antwortete die Reichsregierung mit der **Erklärung des Ausnahmezustands** für ganz Deutschland und übertrug die vollziehende Gewalt an den Reichswehrminister Gessler. Dieser delegierte sie entsprechend den Bestimmungen an die jeweiligen Wehrkreisbefehlshaber der Reichswehr. Damit wurde die Reichswehr einmal mehr zum entscheidenden Faktor der politischen Auseinandersetzung.

Kahr verfocht als bayerischer Ministerpräsident (1920/21) die Restauration der Wittelsbacher und eine starke bayerische Souveränität gegenüber dem Reich. Er wurde am 30.6.1934 im Zuge des „Röhm-Putsches" von Nationalsozialisten ermordet.

Die Frage war, auf wessen Seite sich die Reichswehr schlagen würde. Die Position des Chefs der Heeresleitung, von Seeckt, wurde rasch deutlich. Als Ebert die **Reichexekution gegen Bayern** verhängte, das den von ihm verordneten Ausnahmezustand für Bayern nicht anerkannte, lehnte von Seeckt sie mit der allerdings zutreffenden Begründung ab, dass sie gegen das einheitliche und starke Bayern nicht durchführbar sei. Am 3. November verlangte er von Ebert die Übertragung der Diktaturgewalt (nach Art. 48), was eine Ausschaltung Gesslers bedeutet hätte. Als Ebert sein Ansinnen ablehnte, trug sich von Seeckt mit dem Gedanken eines Staatsstreichs, konspirierte mit Kahr und sicherte diesem die Nichteinsetzung der außerbayerischen Reichswehr gegen die dort

Aus einem Schreiben Seeckts an Kahr (5.11.1923): „Die Weimarer Verfassung ist für mich kein noli me tangere [wörtlich: Rühr' mich nicht an], ich habe sie nicht mitgemacht und sie widerspricht in den grundlegenden Prinzipien meinem politischen Denken.

stationierte zu. Die Ereignisse des 8./9. November (s. S. 84 f.) beendeten seine Putschpläne.

Die Probleme spitzten sich zu, als persönliche Angriffe auf den Reichspräsidenten und den Chef der Heeresleitung in Hitlers Parteizeitung „Der Völkische Beobachter" erschienen. Der Kommandeur der 7. Reichswehrdivision in Bayern, General von Lossow, erhielt den Befehl, das Blatt zu verbieten. Das Problem bestand nun darin, dass Lossow auch gleichzeitig Landeskommandant der (nicht der Reichswehr unterstehenden) bayerischen Wehrverbände war. Lossow führte den Befehl nicht aus, sondern delegierte ihn an Kahr, der die „nationale Bewegung" nicht durch ein Vorgehen gegen Hitler gefährden wollte. Da Lossow auch das militärische Vorgehen ablehnte, entließ ihn Ebert aus seinem Amt. Prompt setzte ihn Kahr wieder ein und nahm die 7. Reichswehrdivision „in Pflicht". Dies alles wurde begründet mit der „hehren Aufgabe, unserem deutschen Vaterland die innere Freiheit wiederzugeben".[10]

Die Situation in Sachsen und Thüringen. In beiden Ländern hatten sich unter dem Eindruck von Inflation, Hunger und Arbeitslosigkeit SPD-Regierungen gebildet, die sehr weit links standen. Sie sahen die Zeit für eine sozialistische Revolution in Deutschland gekommen. Als sie Mitte Oktober Kommunisten in ihre Regierungen aufnahmen, bestand die Gefahr der Forcierung von Revolutionen durch Moskau. Als es am 22./23. Oktober in Hamburg zu einem nicht sehr sorgfältig geplanten Aufstand Linksradikaler kam, setzte Ebert Reichswehr gegen beide Länder ein. In Sachsen wurden die proletarischen Hundertschaften zwangsweise aufgelöst, die KPD verboten. Als die sächsische Regierung Zeigner nach einem Reichsultimatum nicht zurücktrat, wurde sie von der Reichswehr verhaftet und abgesetzt. Gleiches spielte sich in Thüringen eine Woche später ab, womit Anfang November die „bolschewistische Gefahr" beseitigt war. Die Auseinandersetzung konnte sich wieder auf Bayern konzentrieren.

Auffallend war zu diesem Zeitpunkt das sehr unterschiedliche Vorgehen des Reichspräsidenten gegenüber Bayern auf der einen und Sachsen und Thüringen auf der anderen Seite. Während die bayerische Regierung durchaus höflich um die Wiederherstellung der verfassungsmäßigen Ordnung gebeten worden war, erging es den Regierungen von Sachsen und Thüringen anders. Dieses recht unterschiedliche Verhalten veranlasste die SPD zu einem Misstrauensantrag gegen die Regierung Stresemann, die darüber stürzte. Für des Reichspräsidenten und des Reichskanzlers Maßnahmen gegenüber den beiden Ländern spielten folgende Überlegungen eine Rolle:

* Im Gegensatz zu Bayern war in Sachsen und Thüringen kein nennenswerter Widerstand zu erwarten, da es dort nur schwach bewaffnete Hundertschaften gab.

Ich verstehe daher vollkommen, dass sie ihr den Kampf angesagt haben, wie Sie mir Ihre Stellungnahme schon bei unserer letzten Unterredung dargelegt hatten. Ich glaubte [in dieser Unterredung], die Entwicklung zu einer Änderung der Verfassung herannahen zu sehen, und glaubte, sie auf dem Weg, der nicht unbedingt durch den Bürgerkrieg führen müsste, mit herbeiführen zu helfen."[9]

Aufruf der KPD in Sachsen vom 26.10.1923: „Wir werden die Massen mobilisieren, mag der General [Seeckt] noch so gut tanzen wie die Schwerindustrie, die Junker, die Spekulanten und Faschisten pfeifen."[11]

23.11.1923

- Beide Länder lagen Preußen und der Reichshauptstadt näher. Die Gefahr einer nach Berlin übergreifenden Revolution war größer.
- Da es gegen links ging, konnte man sich der tatkräftigen Unterstützung der Reichswehr sicher sein.
- Der Gefahr des „Aufräumens" in beiden Ländern durch Lossows und Ehrhardts Truppen, die bereits auf Wunsch der bayerischen Regierung in Nordbayern aufmarschiert waren, musste zuvorgekommen werden. Ein derartiges bayerisches Unternehmen hätte wie das lang erwartete Signal für alle Rechtsradikalen in Deutschland gewirkt.
- Mit dem rigorosen Vorgehen gegen Sachsen und Thüringen verloren die „Nationalen" ihre wirksamste Propagandawaffe, die Behauptung nämlich, dass nur sie in der Lage seien, für Ruhe und Ordnung in Deutschland zu sorgen.

Der Marsch auf die Feldherrnhalle. Als Folge des einseitigen Vorgehens gegen Sachsen und Thüringen verließ die SPD die Regierung Stresemann, die damit zum Scheitern verurteilt war. Nun hätte sich nach der Beseitigung der „bolschewistischen Gefahr" und des Austritts der SPD aus der Regierung eigentlich alles in Wohlgefallen auflösen können. Dagegen stand der feste Entschluss zweier Gruppen, die Republik trotz allem zu stürzen: Das bayerische Triumvirat Kahr-Lossow-Seisser (Chef der bayerischen Landespolizei) zögerte, weil es sich seines Erfolgs nicht völlig sicher war und wartete deshalb ab, was Seeckt in Berlin tun würde. Ein Zusammengehen mit der zweiten, von Hitler geführten Gruppe scheiterte an der Einschätzung Hitlers und seiner Methoden durch das Triumvirat. Bestenfalls wollte man ihn als Trommler, keinesfalls als Lenker.

Hitler dagegen drängte auf ein möglichst rasches Losschlagen, um die günstige Situation nicht verstreichen zu lassen. Diese Entwicklung erreichte ihren Höhepunkt mit den berühmt-berüchtigten Ereignissen im Münchner **Bürgerbräukeller** am Abend des **8. November.** Hitler erzwang sich mit Waffengewalt Zugang zu einer dort stattfindenden Demonstration gegen den Marxismus. Nachdem er sich durch einen Pistolenschuss in die Decke Gehör verschafft hatte, setzte er im Nebenzimmer durch unverhüllte Drohungen das Triumvirat Kahr-Lossow-Seisser so unter Druck, dass sie sich bereit erklärten, auf seiner Seite zusammen mit Ludendorff mitzumachen. In einer ad hoc erarbeiteten „Proklamation an das deutsche Volk" setzte man die „Regierung der Novemberverbrecher in Berlin" und gleichzeitig auch die bayerische ab und rief die **„provisorische deutsche Nationalregierung"** aus. Sie bestand aus Ludendorff, Hitler, Lossow und Seisser. Kahr sollte als bayerischer Statthalter des Hauses Wittelsbach fungieren. Nun, im Gefühl des sicheren Sieges, machte Hitler den entscheidenden

9. November 1923: 5. Jahrestag der Abschaffung der Monarchie bzw. der Ausrufung der Republik.

Fehler: Er entließ seine Mitkämpfer, die sich prompt von ihm lossagten und Gegenmaßnahmen vorbereiteten. Am folgenden Tag organisierte Ludendorff einen **Demonstrationszug zur Feldherrnhalle**, der die sympathisierende Münchner Bevölkerung endgültig zur nationalen Revolution aufstacheln sollte. Die von Seisser befehligte Landespolizei riegelte das Regierungsviertel sofort ab, stoppte den Zug mit Waffengewalt, löste ihn auf und verhaftete Hitler. Ludendorff gelang die Flucht, Hitler wurde vor dem Münchner Volksgerichtshof des Hochverrats angeklagt, was eigentlich Sache des Leipziger Staatsgerichtshofs gewesen wäre. Milde und verständige Richter verurteilten ihn zur Mindeststrafe von 5 Jahren, von denen er nur 9 Monate in der Festung Landsberg am Lech absitzen musste. In „angenehmer Atmosphäre" entstand dort sein Buch „Mein Kampf".

Proklamation
an das deutsche Volk!

Die Regierung der Novemberverbrecher in Berlin ist heute für **abgesetzt erklärt worden.** Eine **provisorische deutsche Nationalregierung** ist gebildet worden, diese besteht aus

**Gen. Ludendorff
Ad. Hitler, Gen. v. Lossow
Obst. v. Seisser**

Hitler über seine Haftbedingungen

Zusammenfassung: Das Krisenjahr 1923

Das Krisenjahr 1923

1. Ruhrkampf

- Regierung Cuno will Zahlungsaufschub für die Reparationen, Poincaré droht mit Politik der „produktiven Pfänder"
- Jan. 1923: Besetzung des Ruhrgebiets durch französische und belgische Truppen
- Ausrufung des passiven Widerstands durch die Regierung Cuno
- harte repressive Maßnahmen Frankreichs
- Eskalation von Aggressivität und Gewalt
- Sommer 1923: Aufgabe des wirtschaftlich ruinösen Ruhrkampfes durch die Regierung Stresemann

3. Separatismus

- separatistische Bestrebungen von Frankreich unterstützt
- breit gefächertes Spektrum der Träger separatistischer Bestrebungen
- dementsprechend uneinheitliche Ziele
- Oktober 1923: Entstehung der „Rheinischen Republik" (bis Ende November 1923) und der „Autonomen Pfalz" (November 1923 bis Februar 1924)
- die Stabilisierung der neuen Währung beendet die separatistischen Bestrebungen

2. Inflation

- zahlreiche Ursachen (Finanzierung des Krieges, Umstellung der Wirtschaft, territoriale Verluste, Reparationen, Ruhrkampf)
- Höhepunkt Sommer 1923
- wirksame Bekämpfung durch Stresemann und Hjalmar Schacht durch eine neue Währung (Rentenmark) mit fiktiver Deckung
- gravierende soziale und politische Auswirkungen (Arbeitslosigkeit, Verarmung, starke Gewinne der radikalen Parteien, Ruf nach dem „starken Mann")

4. Hitlerputsch

- Bayern sieht sich als „Ordnungszelle des Reichs" („Durch Bayern zum Reich!")
- Übertragung der Exekutive durch die bayerische Regierung an von Kahr
- Ausnahmezustand für ganz Deutschland lässt sich in Bayern nicht durchsetzen
- 8./9. November: Bürgerbräukeller München, Absetzung der Regierung Stresemann, Proklamation der „provisorischen deutschen Nationalregierung"
- der Marsch zur Feldherrnhalle scheitert

Plakat zum Volksbegehren (22. – 29.10.1929) bzw. zum Volksentscheid (22.12.1929) der NSDAP und der DNVP gegen den Young-Plan.

8.1 Der Kampf um die Reparationsbedingungen

Das deutsche Angebot von Versailles, 100 Mrd. Goldmark in 50 bis 60 unverzinslichen Jahresraten zu zahlen, lehnten die Alliierten rundweg ab.

Von Anfang an maßen die Alliierten den Reparationen **größte Bedeutung** bei, ging es dabei doch um kompakte nationale Interessen. Dies hatte zur Folge, dass es bei keiner anderen Bestimmung des Versailler Vertrags zu einer derartigen Verzögerung und zu so massivem Streit zwischen Sieger und Besiegten, aber auch unter den Siegern selbst kam.

Großbritannien hätte in diesem Fall überhaupt keine Reparationen erhalten.

Die Konzeption des amerikanischen Präsidenten, Reparationen für Schäden aus internationalem Rechtsbruch und für Schäden an der Zivilbevölkerung zu verlangen, erwies sich als undurchsetzbar. Schließlich opferte er sie wohl oder übel seiner Lieblingsidee, dem Völkerbund, der ohne Großbritannien und Frankreich nicht denkbar gewesen wäre. Aus diesem Grunde setzte sich **Frankreich** mit seinen **Maximalforderungen** durch und erreichte, dass auch Trennungszulagen und die Pensionen der Soldaten in die Reparationszahlungen aufgenommen wurden. Damit war es Frankreich gelungen, die Reparationen in unerfüllbare Höhen zu schrauben. Entscheidend daran war weniger die exakte Höhe der Zahlungen, sondern vielmehr die Tatsache, dass sich Frankreich nun eine rechtliche Grundlage geschaffen hatte, die es ihm ermöglichte, nahezu jederzeit gegen Deutschland vorzugehen. Da über das ganze Paket der Reparationen keine Einigung erzielt werden konnte, wurde eine **alliierte Reparationskommission** unter französischem Vorsitz eingerichtet, deren Aufgabe es war, bis zum 1. Mai 1921 die Höhe der von Deutschland zu zahlenden Reparationen festzulegen. Bis dahin sollte Deutschland 20 Mrd. Goldmark zahlen.

Das Eingehen des französischen Ministerpräsidenten Briand auf die britischen Vorstellungen führte 1922 zu dessen Sturz. Nachfolger wurde Raymond Poincaré, der eine harte und unnachgiebige Reparationspolitik vertrat.

Entscheidend für die britische Haltung war der Natio-

Die **USA**, die sich nach dem Versailler Vertrag für einige Jahre weitgehend aus der europäischen Politik zurückgezogen hatten, setzten seit 1924 die Akzente der Reparationspolitik. Sie **wollten** eine **Wiederherstellung der deutschen Wirtschaft** als Voraussetzung für Reparationszahlungen und ihren Beitrag zu einem stabileren Nachkriegseuropa. Die französischen und britischen Vorstellungen in der Reparationsfrage waren sehr gegensätzlich. **Frankreich** wollte mit den Reparationen neben der wirtschaftlichen Sanierung die weitgehende **Schwächung Deutschlands** erreichen und nach Möglichkeit mit Hilfe der „Politik der produktiven Pfänder" (Besetzung deutscher Gebiete als Sanktion für nicht erfüllte Reparationszahlungen) seine Ostgrenze an den Rhein vorschieben. Die **britische Reparationspolitik** wurde von der wachsenden Erkenntnis bestimmt, dass sich der sehr harte Versailler Vertrag nicht werde durchführen lassen, dass man Deutschland **Zuge-**

ständnisse werde machen müssen. Deshalb wurde die britische Reparationspolitik neben finanziellen Erwägungen (Begleichung der Kriegsschulden durch deutsche Zahlungen) von zwei Zielen bestimmt: Erstens: Vermeidung einer durch die rigorose Umsetzung des Vertrags drohenden Bolschewisierung Deutschlands. Zweitens: Ein wirtschaftlich stabiles Deutschland sollte die Westmächte bei dem Wiederaufbau Sowjetrusslands unterstützen, der eine stärkere politische Einflussnahme auf den bolschewistischen Staat ermöglichen sollte.

nalökonom John Maynard Keynes, der 1920 in einem Buch über die wirtschaftlichen Folgen des „karthagischen" Vertrags den Versailler Vertrag allgemein und die Reparationsbestimmungen im Besonderen scharf verurteilte.

8.2 Die Reparationskonferenzen

Spa: Der Verteilerschlüssel wurde festgelegt. Danach sollte Frankreich 52 %, Großbritannien 22 %, Italien 10 %, Belgien 8 % und ebenso viel die restlichen Sieger erhalten.

1920

Boulogne: Die beiden Beteiligten, Großbritannien und Frankreich, einigten sich auf die völlig unrealistische Summe von 269 Milliarden Goldmark (GM), die Deutschland zahlen soll.

Juni 1920

Paris: Hier wurden erste konkrete, wenn auch nicht verbindliche Beschlüsse gefasst. Die von Deutschland zu zahlende Gesamtsumme wurde auf 226 Milliarden Goldmark festgesetzt, zahlbar in 42 Jahresraten von 2–6 Mrd./Jahr zuzüglich 12 % des Werts der deutschen Ausfuhr. Die treibende Kraft hinter diesen Forderungen war der französische Ministerpräsident Poincaré, der mit Hilfe der harten Reparationen folgende Ziele erreichen wollte:

Januar 1921

- Überwindung der französischen Nachkriegskrise;
- Begleichung der Kriegsschulden bei amerikanischen Banken;
- starke Schwächung Deutschlands, das auf Dauer kriegsunfähig gemacht werden sollte;
- Missbrauch der Reparationsansprüche im politisch-territorialen Sinne. Sollte Deutschland seine Verpflichtungen nicht erfüllen können, so würde Frankreich, wie im Versailler Vertrag festgelegt, Teile der Industriegebiete an Rhein und Ruhr besetzen. Damit hätte es sein Ziel doch noch erreicht, Frankreichs Ostgrenze an den Rhein vorzuschieben.

Der britische Botschafter in Berlin Viscount d'Abernon (29.4.1921): „Die Besetzung der Ruhr wird von gewissen Kreisen in Frankreich gefordert: von der Poincaré-Gruppe, und zwar teils aus politischen Gründen, teils zur Sicherstellung der Zahlungen, und von der Partei des Marschall Foch in der Annahme, dass sie zu einem Zusammenbruch Deutschlands und zu einer dauernden Festsetzung der französischen Grenze am Rhein führen wird."[1]

London: Die Pariser Forderungen schockten sowohl die deutsche Bevölkerung als auch die Regierung, die den Alliierten 50 Mrd. Goldmark Entschädigung anbot. Dieses Angebot war ebenso unrealistisch wie die Forderungen der Alliierten. Folgerichtig entwickelte sich der weitere Verlauf der Konferenz. Auf ein Ultimatum der Alliierten vom 7. März folgte die prompte Ablehnung durch die deutsche Delegation. Die alliierten Truppen besetzten Düs-

1.–7. März 1921

Es hatte folgenden Inhalt: Annahme der Pariser Forderungen oder Gegenvorschläge innerhalb von vier Tagen.

seldorf, Duisburg und Ruhrort und beschlagnahmten die dortigen Reichseinnahmen. Die deutsche Delegation verließ die Konferenz und wurde wegen ihrer tapferen Haltung daheim mit Begeisterung empfangen.

Noch im selben Monat setzte die alliierte Reparationskommission, nun ohne die Deutschen, die **Höhe der deutschen Zahlungen** verbindlich auf **132 Milliarden Goldmark**, zahlbar in 57 Jahren, fest. Ein erneutes, auf sechs Tage befristetes Ultimatum vom 5. Mai, gekoppelt mit der Drohung, bei Nichtannahme das Ruhrgebiet zu besetzen, verschlechterte die Lage von neuem, zumal die Abstimmung in Oberschlesien und der als ungerecht betrachtete Verlust des östlichen Teils die Enttäuschung und Verbitterung in allen Parteien Deutschlands und im ganzen Volk auf die Spitze getrieben hatte. Die Regierung Fehrenbach (Z), die aus Z, DDP und DVP bestand, trat am 4. Mai zurück, da die DVP die Reparationsverpflichtungen nicht mittragen wollte und wiederum musste die Weimarer Koalition (SPD, DDP, Z) unter dem neuen Kanzler Wirth (Z) die Kastanien aus dem Feuer holen.

Unbeirrt von der nationalen Erbitterung, der Wut und dem Hass, mit dem sie überschüttet wurden, gingen die führenden Politiker, neben Wirth vor allem dessen Außenminister Walter Rathenau, davon aus, dass man das Ultimatum akzeptieren müsse, um eine Besetzung zu vermeiden und die Einheit und Freiheit des Reichs zu erhalten. Den Siegern müsse man deutlich machen, dass ihre Forderungen unerfüllbar seien.

Rapallo: Nachdem der alliierte Wirtschaftsplan am deutsch-sowjetischen Vertrag gescheitert war, deutete Poincaré ein eigenmächtiges Vorgehen gegen Deutschland auf der Grundlage der „Politik der produktiven Pfänder" an. Die direkte Folge dieses Vorgehens war die Besetzung des Ruhrgebiets.

Der Dawes-Plan*: Erstmalig verhandelte auf amerikanischen Druck eine **Sachverständigenkommission** unter Leitung des US-Wirtschaftsexperten Charles Dawes in London über die Reparationen, was die Einstellung Großbritanniens und der USA gegenüber den französischen Forderungen deutlich macht. Das **Hauptziel der Kommission** bestand darin, die Verpflichtungen Deutschlands von dessen wirtschaftlicher Leistungskraft abhängig zu machen. Folgende **Reparationsbestimmungen** wurden Mitte August 1924 getroffen:

- Als Voraussetzung für die Reparationszahlungen muss die deutsche Wirtschaft wiederhergestellt werden, sie darf nicht durch Sanktionen behindert werden.
- Sanktionen können nicht mehr von einer Nation allein verhängt werden.

Aus dem Ultimatum vom 5. Mai:
Die alliierten Regierungen beschlossen „am 12. Mai zur Besetzung des Ruhrtales zu schreiten und alle anderen militärischen Maßregeln zu Wasser und zu Lande zu ergreifen bei Nichterfüllung der obigen Bedingungen durch die deutsche Regierung. Die Besetzung wird solange dauern, bis Deutschland die unter C aufgezählten Bedingungen erfüllt haben wird."[2]

In diesem Zusammenhang entstanden die völlig unsachlichen und hasserfüllten Begriffe „Erfüllungspolitik" bzw. „Erfüllungspolitiker".

s. S. 96 ff.

s. S. 76 ff.

16.8.1924
Außenminister G. Stresemann verteidigt den Dawes-Plan:
„Wir diskutieren in Deutschland heute erregt darüber, ob dieser Plan auf die Dauer erfüllbar sein wird. Meine Herren, das ist erstens dogmatisch und zweitens unendlich unpolitisch … Man muss nur genug Schulden haben, man muss soviel Schulden haben, dass der eigene Gläubiger seine Existenz mitgefährdet sieht, wenn der Schuldner zusammenbricht."[3]

- Deutschland erhält zum wirtschaftlichen Aufbau und zur Stabilisierung seiner Finanzen einen amerikanischen Kredit in Höhe von 800 Mio. Goldmark.
- Deutschland bezahlt die Reparationen aus dem Reichshaushalt, durch Zölle, indirekte Steuern sowie Hypotheken der Industrie und der zu privatisierenden Reichsbahn.
- Die jährlichen Reparationszahlungen steigen von 1 Mrd. Reichsmark (RM) im Jahre 1924 auf die „Normalrate" von 2,5 Mrd. RM (1928).
- Die Reichsbank soll in eine regierungsunabhängige Institution umgewandelt und vom Ausland kontrolliert werden.
- Die endgültige Höhe und die Dauer der zu zahlenden Reparationen werden nicht festgelegt.
- Das Amt eines Reparationsagenten mit Sitz in Berlin wird geschaffen, der die Zahlungen organisiert und überwacht.

Dieses Amt übte der amerikanische Finanzexperte Gilbert Parker aus.

Diese Bedingungen waren deutlich günstiger als die des Londoner Ultimatums von 1921, weshalb der Reichstag den Dawes-Plan am 30. August mit großer Mehrheit annahm. Daraufhin räumten die französischen und belgischen Besatzungstruppen innerhalb eines Jahres das Ruhrgebiet und die rheinischen „Sanktionsstädte". Der **Dawes-Plan bewirkte** eine deutliche **politische und emotionale Entspannung** in Europa, vor allem zwischen Deutschland und Frankreich, und eine zunehmende Verflechtung der deutschen Wirtschaft mit amerikanischem Kapital.

Der Young-Plan*: Da sich die Erhöhung der jährlichen Reparationszahlungen auf die „Normalrate" als unrealistisch herausstellte, drängte die Regierung der Großen Koalition Ende 1928 auf eine endgültige Regelung mit erträglichen Bedingungen. Nach zähen und langwierigen Verhandlungen, an denen die Deutschen (unter Leitung des Finanzexperten Hjalmar Schacht) erstmalig gleichberechtigt beteiligt waren, einigten sich die Beteiligten unter der Federführung des amerikanischen Wirtschaftsexperten Owen D. Young Anfang Juni 1929 auf folgende Regelungen:
- Deutschland zahlt bis 1988 insgesamt 112 Mrd. RM.
- Die jährlichen Reparationsraten sind geringfügig niedriger als die des Dawes-Plans.
- Die alliierte Reparationskommission und der Reparationsagent beenden ihre Tätigkeit.
- Das Rheinland wird bis 1930 vorzeitig geräumt (statt 1935).

7.6.1929

NSDAP-Plakat von 1929

Die **innenpolitischen Auswirkungen** des Young-Plans: Der Young-Plan brachte, abgesehen von den deutlichen finanziellen auch politische Verbesserungen mit sich, die Außenminister Stresemann erreichte: keine fremden Kontrollen mehr im Reich und Abzug aller fremden Truppen. Trotzdem forderte der Young-Plan die

8

Der Reichsaußenminister Curtius zum Volksbegehren (29.11.1929): „…Das ganze Volksbegehren ist auf einer offenkundigen Unehrlichkeit aufgebaut…Niemals hat Deutschland den einseitigen Schuldspruch des Versailler Vertrages anerkannt. Jede deutsche Regierung hat dieses Unrecht in feierlichen Erklärungen zurückgewiesen… Wir aber wollen uns nicht der Täuschung schuldig machen, als ob durch deutsches Gesetz und Volksentscheid allein internationale Verträge außer Kraft gesetzt und Reparationen abgeschüttelt werden können." [4]

Reaktion der Rechtskreise in einem Umfang und in einer Schärfe heraus, wie dies nur bei der Annahme des Versailler Vertrags der Fall gewesen war. Die auflagenstarken Zeitungen Hugenbergs, des Vorsitzenden der DNVP, die erstmalig mit der NSDAP zusammenarbeitete, geißelte in Hetzartikeln die „Abhängigkeit der Kinder und Kindeskinder durch das Joch der Young-Sklaverei". Alle nationalen Kreise waren sich, ungeachtet ihrer sonstigen Gegensätze, in der wütenden Ablehnung und der einhelligen Verdammung des Plans einig. Dieser Konsens ergab sich aus der Tatsache, dass der Young-Plan für sie ein Synonym für den „Versailler Schmachfrieden", das „System der Novemberverbrecher" und der „feigen Erfüllungspolitiker" war. Insofern bot ihnen der Young-Plan nach Jahren relativer innerer Ruhe die Chance, ein alle Republikfeinde integrierendes Feindbild aufzubauen. Es fand seine Auswirkungen in einem von **Hugenberg** (DNVP) und **Hitler** (NSDAP) initiierten **Volksbegehren** gegen den Plan, das von beiden Parteien und dem „Stahlhelm" getragen wurde. Der Entwurf für ein „Gesetz gegen die Versklavung Deutschlands" enthielt völlig unrealistische und demagogische **Forderungen**:

§ 1: Die Reichsregierung soll die Kriegsschuldlüge widerrufen.

§ 2: Die Regierung soll auf die Streichung des Artikel 231 des Versailler Vertrags hinwirken und auf die unverzügliche und bedingungslose Räumung der besetzten Gebiete.

§ 3: Es dürfen keine neuen Lasten und Verpflichtungen übernommen werden, insbesondere nicht die des Young-Plans.

§ 4: Reichskanzler, Reichsminister und Bevollmächtigte des Reiches, die gegen § 3 verstoßen, sollen wegen Landesverrats verurteilt werden.

§ 4 war so formuliert, dass er Hindenburg, der Ehrenvorsitzender des „Stahlhelms" war, von dieser Regelung ausnahm.

Das Volksbegehren schaffte Ende September 1929 gerade noch die 10 %-Hürde, wurde dann aber im Reichstag mit großer Mehrheit abgelehnt. Der endgültige Volksentscheid ging für die Träger kläglich aus: Statt der notwendigen 21 Mio. Stimmen erhielt er nur 5,8 Mio. Das deutliche Scheitern des Volksbegehrens bedeutete den letzten Sieg der Demokratie. Allerdings zog die NSDAP großen Nutzen aus der Kampagne gegen den Young-Plan, denn das gemeinsame Vorgehen mit dem in Rechtskreisen sehr angesehenen Hugenberg machte die bisherige bayerische „Bierkeller-Größe" Hitler in den rechten und nationalen Kreisen salonfähig.

Hoover stellte fest, die USA hätten „ein starkes Interesse daran, liberal eingestellte Kreise in Deutschland, Österreich und Osteuropa zu unterstützen, die sich bemühten, ihre demokratischen Staatsordnungen gegen die sie bedrohenden politischen Kräfte zu schützen." [5]

Das Hoover-Moratorium: Auf dem Höhepunkt der Weltwirtschaftskrise setzte der amerikanische Präsident Hoover im **Juni 1931** einen **einjährigen Zahlungsaufschub** (Moratorium) für alle internationalen Kriegsschulden- und Reparationszahlungen durch. Dabei ging er nicht nur von wirtschaftlichen Erwägungen aus, sondern erhoffte sich von dieser Maßnahme eine Stabilisierung der Regierung Brüning und eine Schwächung der den Staat bedrohenden radikalen Kräfte.

Lausanne und das Ende der Reparationen: Die noch zu zahlenden Reparationen wurden auf **3 Mrd. Rentenmark** festgesetzt. Damit war das Ende der Reparationszahlungen praktisch erreicht und eine der problematischten Bestimmungen des Versailler Vertrags revidiert.

Juni/Juli 1932

1934 wurden die **Zahlungen endgültig eingestellt**. Damit beliefen sich die gesamten Reparationszahlungen, die Deutschland geleistet hatte, auf 12,7 Mrd. Mark. Hinzuzurechnen sind jedoch noch unterschiedlich bewertete Sachleistungen, so dass die gesamten Reparationsleistungen von Deutschland mit 53 Mrd., von den Alliierten mit 20 Mrd. Mark errechnet wurden.

Ebenso wie die anderen von ihm vorbereiteten außenpolitischen Erfolge (z. B. militärische Gleichberechtigung, Räumung des Rheinlands) fiel auch dieser Erfolg nicht Reichskanzler Brüning, sondern seinen Nachfolgern Papen und Hitler in den Schoß.

2.11.1934
Angaben über Reparationszahlungen weichen z. T. erheblich von einander ab, da die Sachlieferungen, die den größten Teil der Reparationszahlungen ausmachten von den Alliierten bzw. Deutschland sehr unterschiedlich bewertet wurden.

Zusammenfassung: Das Problem der Reparationen

Mit der im Art. 231 des Versailler Vertrags festgelegten Alleinschuld Deutschlands (und seiner Verbündeten) begründeten die Alliierten ihre Reparationsforderungen. Ihre Ziele und Motive waren sehr unterschiedlich, was dazu führte, dass die deutschen Reparationsleistungen bis 1932 zu einer Kardinalfrage wurden. Die USA strebten die Wiederherstellung der deutschen Wirtschaft als Voraussetzung für Reparationszahlungen und den Beitrag einer gesunden deutschen Wirtschaft zur Stabilität Europas an. Großbritannien hatte im Wesentlichen drei Ziele: Begleichung der Kriegsschulden mit Hilfe der Reparationen, Vermeidung der Bolschewisierung Deutschlands, Beitrag eines wirtschaftlich gesunden Deutschlands zum Wiederaufbau Sowjetrusslands, woraus eine politische Einflussnahme der westlichen Staaten resultieren sollte. Frankreichs Ziele bestanden neben der wirtschaftlichen Sanierung durch Reparationen in der Politisierung der Reparationen: Sie sollten zu einer dauerhaften Schwächung Deutschlands führen, die „Politik der produktiven Pfänder" und das Vorschieben der französischen Ostgrenze an den Rhein ermöglichen. Das Reparationsproblem entwickelte sich durch die folgenden (wesentlichen) Konferenzen bzw. Pläne:

SPA 1920
Festlegung des Verteilerschlüssels
(in %): F 52, GB 22, I 10, B 8, restliche
Staaten 8

↓

BOULOGNE 1920
Großbritannien und Frankreich einigen
sich auf 269 Mrd. Goldmark (GM)

↓

PARIS 1921
Gesamtsumme: 226 Mrd. GM,
zahlbar in 42 Jahren sowie (42 Jahre
lang) jährlich 12 % des Werts der
deutschen Ausfuhr

↓

LONDON 1921
Die Reparationssumme von 132 Mrd. GM
wird per Ultimatum von den Alliierten
erzwungen

↓

RAPALLO 1922
Nach Scheitern der Konferenz von Genua
durch den deutsch-russischen Vertrag
(„Rapallovertrag") kündigt Poincaré die
„Politik der produktiven Pfänder" an   →

LAUSANNE 1932
Festlegung einer restlichen Reparationsleistung von 3 Mrd. RM. Endgültige Einstellung 1934

↑

HOOVER-MORATORIUM 1931
Vom amerikanischen Präsidenten
initiierter Zahlungsaufschub für alle internationalen Kriegsschulden und Reparationen

↑

YOUNG-PLAN 1929
112 Mrd. Reichsmark (RM) zahlbar in 59
Jahren. Beendigung der alliierten Reparationstätigkeit. Vorzeitige Räumung des
Rheinlands

↑

DAWES-PLAN 1924
Erstmals rein wirtschaftlich orientierter
Reparationsplan mit deutlichen Verbesserungen. US-Kredit (800 Mio. GM). Verbesserung der europäischen politischen
Situation

„Frohe Fahrt am Locarner See" (H. Wilke, 1925). Die europäischen Spitzenpolitiker (zweiter von rechts: Stresemann, dritter von rechts: Briand) bringen das europäische Schiff in Fahrt.

Plakat der DNVP zur Reichstagswahl vom 20.5.1928. Aufgrund des Verzichts auf Elsass-Lothringen durch den Westpakt steht das bedrohliche Frankreich, symbolisiert durch seine Kolonialtruppen, am Rhein.

9.1 Bedingungsfaktoren der deutschen Außenpolitik

Die Außenpolitik der Weimarer Republik ist durch eine **auffallende Kontinuität** gekennzeichnet, auch wenn dies aufgrund des Pendelns zwischen Ost- und Westorientierung (Rapallo, Locarno, Berliner Vertrag) auf den ersten Blick nicht deutlich wird. Ausschlaggebend für diese Kontinuität sind einige **Bedingungsfaktoren**, die die Außenpolitik dieser Zeit bestimmen:

- Die übergeordneten und langfristigen Ziele aller Regierungen zwischen 1919 und 1933 bestanden in der Rückgewinnung der politischen Stärke Deutschlands, in der Revision des Versailler Vertrags, vor allem in der Rückgewinnung der „urdeutschen" Gebiete und der damit verbundenen Korrektur des „unerträglichen" polnischen Korridors.

Westpreußen, Posen, östliches Oberschlesien, s. S. 57

- Bei der Erreichung dieser Ziele mussten bestimmte europäische Faktoren berücksichtigt werden:
    - Die Isolierung Deutschlands durch den Krieg bzw. den Versailler Vertrag.
    - Die Feindschaft Frankreichs, dessen starke Befürchtung einer deutschen Revanche und das daraus resultierende extreme Sicherheitsbedürfnis gegenüber Deutschland.
    - Das Festhalten Großbritanniens an seiner traditionellen balance-of-power-Politik. Daraus ergaben sich als wesentliche Ziele die Vermeidung eines Machtvakuums in Mitteleuropa und die Verhinderung der Ausbreitung des Bolschewismus.
    - Die Entstehung des politisch-gesellschaftlichen Gegensatzes zwischen der Sowjetunion und den Westmächten.

Der Historiker K. Dederke (1969): „Europa war wegen des amerikanischen Rückzugs in die Isolation wieder sich selbst überlassen, und die europäischen Großmächte hielten sich weiter an die Mittel, mit denen sie vor dem Kriege ihre Machtstellung aufrecht erhalten hatten. England versuchte es noch einmal mit der ‚balance of power' und Frankreich mit einem Allianzsystem [gegen Deutschland]." [1]

- Es boten sich zwei Wege zur Erreichung der Ziele an:
    - Die Gewinnung eines oder mehrerer Bündnispartner zur Durchbrechung der außenpolitischen Isolation;
    - die Aussöhnung mit Großbritannien und besonders mit Frankreich, dem dafür ausreichende Sicherheitsgarantien gegeben werden mussten.

9.2 Der Vertrag von Rapallo

Das Verhältnis Deutschlands zur Sowjetunion

Mit dem zweiten Kabinett Wirth (Oktober 1921-November 1922) trat der bis dahin latent vorhandene revisionistische Zug der deutschen Außenpolitik verstärkt zu Tage. Als man daran ging, die außenpolitische Isolation zu durchbrechen, bot sich aus verschiedenen Gründen als **einziger Bündnispartner Sowjetrussland** an. Das Verhältnis der beiden Staaten zueinander war zwiespältig und entwickelte sich auch in der Folgezeit zweigleisig (offizielle Vertragspolitik einerseits, inoffizielle Unterstützung der kommunistischen Umsturzversuche in Deutschland andererseits). Trotz der großen gesellschaftlichen, politischen, ideologischen Gegensätze versprachen sich beide Partner außenpolitischen, wirtschaftlichen und militärischen Nutzen. In der konkreten Situation der beginnenden Zwanzigerjahre überwogen die **Gemeinsamkeiten**: Isolation, Opposition gegenüber den westlichen Siegermächten und die (traditionelle) Beute Polen. Zudem sah man in der Sowjetunion die wirtschaftlich-technologischen Gewinne, in Deutschland die Chance, wesentliche Bestimmungen des Versailler Vertrags zu umgehen. So war es neben der Schwerindustrie paradoxerweise gerade die antikommunistische Reichswehrführung, die schon seit 1920 mit der Roten Armee zusammenarbeitete und die ein deutsch-sowjetisches Zusammengehen forcierte.

Ereignisse des Jahres 1921 (Sanktionen an Rhein und Ruhr, Verlust des östlichen Oberschlesiens, überzogene Reparationsforderungen) bewirkten, dass sowohl Kanzler Wirth als auch sein Außenminister Rathenau auf die neue außenpolitische Linie der deutsch-sowjetischen Verständigung einschwenkten. Damit waren die Voraussetzungen für den Vertrag von Rapallo geschaffen.

Offiziell: Russische Sozialistische Föderative Sowjetrepublik (RS-FSR). Die „Union der Sozialistischen Sowjetrepubliken" (UdSSR) entstand erst am 30.12.1922 durch den Zusammenschluss der sozialistischen Sowjetrepubliken Russland, Ukraine, Weißrussland und Transkaukasien.

In den Zwanzigerjahren errichtete die Reichswehr in Russland eine Panzerwaffenschule, eine Flugzeugführerschule, eine Gas- und eine Munitionsfabrik.
Formen der Zusammenarbeit: Austausch von Offizieren zur kriegstechnischen Fortbildung, Entsendung deutscher Reichswehrangehöriger zu Lehrgängen auf sowjetischen Panzer- und Fliegerschulen etc.

Der Rapallo-Vertrag

Den Anstoß gab ein vom britischen Premier Lloyd George im Winter 1921 unterbreiteter Vorschlag. Er sah die Gründung eines internationalen Finanz- und Wirtschaftskonsortiums vor, das den wirtschaftlichen Aufbau Ost- und Mitteleuropas vorantreiben sollte. Hinter diesem Plan stand jedoch die Absicht Großbritanniens und Frankreichs, die Wirtschaftshilfe für Sowjetrussland von wachsenden politischen Zugeständnissen abhängig zu machen, um auf diese Weise Einfluss auf den kommunistischen Staat nehmen zu können. Auf dem Weg zur Konferenz, die Mitte April 1922 in Genua stattfand, machte der sowjetische Außenminister Tschitscherin in Berlin Station und fixierte mit seinem Amtskollegen Rathenau die später als Rapallo-Vertrag bezeichneten Abmachungen.

Konsortium: Vorübergehender Zusammenschluss von Geschäftsleuten bzw. Banken zur Durchführung von Geschäften, die mit dem Einsatz großer Kapitalmengen und mit erheblichem Risiko verbunden sind.

Während der Konferenz, zu der zum ersten Male Deutschland und auch das bolschewistische Russland eingeladen worden waren, traten die beiden Außenminister am 16.4.1922 überraschend zu Rapallo, einem Vorort von Genua, mit dem so genannten Rapallo-Vertrag an die Öffentlichkeit. Er enthält folgende **Bestimmungen**:

* Beide Mächte stellen keine Forderungen aneinander, die sich aus dem Krieg ergeben.

9

„Meistbegünstigung" bedeutet, dass sich Handelspartner die vorteilhaftesten Handelsbeziehungen einräumen, die sie auch anderen Staaten gewähren.

- Sie intensivieren ihre Handelsbeziehungen nach dem Grundsatz der „Meistbegünstigung",
- nehmen diplomatische und konsularische Beziehungen auf und
- werden bei einer grundsätzlichen Regelung wirtschaftlicher Fragen auf internationaler Ebene zuvor ihre Gedanken austauschen, d. h. ihr gemeinsames Vorgehen absprechen.

Die Bedeutung des Rapallo-Vertrags

Die Verkündigung des Vertrags schlug wie eine Bombe ein, da er die westlichen Alliierten in der Weltöffentlichkeit brüskierte und zudem ihr Projekt zum Scheitern brachte. Bei den Westmächten bekamen diejenigen politischen Kräfte Auftrieb, die die Deutschen als unberechenbar und hinterhältig ansahen. Vor allem die französischen Ängste und Befürchtungen erhielten durch diesen Schock wieder Nahrung, was einen aggressiven außenpolitischen Kurs der Regierung Poincaré zur Folge hatte.

Poincaré zum Rapallo-Vertrag (2.5.1922): „Es liegt auf der Hand, dass ganz Deutschland… darin den ersten Schritt zu einer engen Annäherung an Russland sieht, die ihm helfen soll, die Westmächte in Schach zu halten und seine Revanche vorzubereiten."[2]

Der Vertrag brachte beiden Vertragspartnern **Vorteile**:
- Sie hatten ihre außenpolitische Isolation überwunden und – ungeachtet der ideologischen Gegensätze – einen Bündnispartner gefunden.
- Beide profitierten vom Ausbau der wirtschaftlichen Beziehungen. Besonders die UdSSR versprach sich Gewinne von der hoch entwickelten deutschen Industrie bzw. Technologie.
- Sogar militärisch kam es zu einer Zusammenarbeit im Bereich der Rüstungsindustrie auf russischem Boden (Entwicklung von Panzern, Flugzeugen, Artillerie), die wegen des Versailler Vertrags allerdings geheim gehalten wurde.

Der **Vertrag** war **in Deutschland** recht **umstritten**. Der westlich orientierte Reichspräsident Ebert war entsetzt, revisionistische Außenpolitiker (wie z. B. auch Stresemann) und die Reichswehrführung erfreut. Letztere sahen in dem Vertrag, wie General von Seeckt freudig feststellte, die Voraussetzungen, um Polen von der Landkarte zu streichen und die Grenzen von 1914 wieder herzustellen.

Von Seeckt in einer Denkschrift vom 11.9.1922: „Mit Polen kommen wir zum Kern des Ostproblems. Polens Existenz ist unerträglich, unvereinbar mit den Lebensbedingungen Deutschlands. Es muss verschwinden und wird verschwinden durch eigene, innere Schwäche und durch Russland – mit unserer Hilfe…Mit Polen fällt eine der stärksten Säulen des Versailler Friedens, die Vormachtstellung Frankreichs."[3]

Die **Sowjetunion** maß dem Vertrag eine so große Bedeutung zu, dass sie ihn als **Modellvertrag** für künftige Beziehungen zu den kapitalistischen Staaten bezeichnete. **Frankreich** sah in dem Vertrag eine künftige Revanchepolitik Deutschlands und betrieb in der Folgezeit eine **aggressive Deutschlandpolitik**.

Aus **heutiger Sicht** wird der Vertrag **objektiver beurteilt**, seine Bedeutung und seine Auswirkungen relativiert. In der Fachliteratur wird darauf hingewiesen, dass er nicht etwa ein günstiges Klima zerstört habe. Ein Entgegenkommen der Alliierten gegenüber Deutschland oder Sowjetrussland war nicht zu sehen. Auch die Überinterpretation des Vertrags als „Sieg der Revisionspolitik" ist der Feststellung gewichen, dass der Vertrag eher als ein Normal- oder Liquidationsvertrag (Auflassung möglicher Ansprüche aus dem Krieg) denn als Ausgangspunkt einer endgültigen Ostorientierung zu sehen ist. Der **Vertrag entschied** in Wirklichkeit, wie Locarno zeigt, **nichts**; er kann deshalb nicht als entscheidender Wendepunkt im Sinne einer Ostorientierung gesehen werden. Dass dies so war, lag in erster Linie an der sechsjährigen Tätigkeit Stresemanns als Außenminister, der es verstand, die Ostorientierung mit der Westorientierung zu verbinden.

9.3 Die Locarno-Verträge

Die Grundlagen und Prinzipien der Außenpolitik Gustav Stresemanns

Bei **Stresemann** dominierten immer nationale bzw. nationalistische Absichten. Er war **kein Demokrat aus Überzeugung**. Nationalistische Außenpolitik zu betreiben war für ihn natürlich. Deshalb muss auch Stresemann in die Reihe der **Revisionspolitiker** eingereiht werden. Was ihn jedoch von den meisten der deutschen Politiker dieser Zeit unterscheidet, ist die Einsicht, dass eine aggressive, offen zur Schau getragene nationalistische Revisionspolitik nicht zum Ziele führen kann. **Ihn unterscheiden** also **nicht die** langfristigen **Ziele, sondern die Mittel und Methoden seiner Politik** von seinen nationalistischen Gegnern in der DNVP und der NSDAP. Auch er will die Revision des Versailler Vertrags; dies kann jedoch für ihn nur ein langfristiger Prozess sein, für den klare Prioritäten gesetzt werden müssen. Ausschlaggebend für das Erreichen der Ziele im Osten ist die Aussöhnung mit dem Westen, vor allem die Befriedung Frankreichs durch ausreichende Sicherheitsgarantien.

Die Voraussetzungen der Locarno-Verträge

Den Höhepunkt seiner Außenpolitik, die auf schrittweise Rückgewinnung der außenpolitischen Manövrierfähigkeit ausgerichtet war, bilden die Verträge von Locarno, die auf seine Initiative zurückgehen. Der Zeitpunkt hierfür ist erstaunlich und macht die Zielstrebigkeit seines Vorgehens deutlich. Die außenpolitische Lage zu Beginn des Jahres 1925 war alles andere als günstig:
*   Obwohl die „Kölner Zone" des besetzten Rheinlands den Bestimmungen des Versailler Vertrags entsprechend hätte ge-

Der Historiker Hagen Schulze (1982): „Der Umschwung [der deutschen Außenpolitik] bereitete sich schon 1923, unter der Reichskanzlerschaft Gustav Stresemanns, vor, und er bestimmte die deutsche Außenpolitik bis zu dessen Tod im Jahre 1929: Vermeidung von allzu engen Bindungen und Allianzen mit Ost und West; wirtschaftliche und gesellschaftliche Bindung an den Westen mit politischen Ausgleichsabkommen mit Sowjetrussland, um in der Balance zwischen Ost und West Bewegungsspielraum für eine friedliche Beseitigung des Versailler Vertrags zu bekommen."[4]

Stresemann

Frankreichs Sicherheitsbe-dürfnis war nach Rapallo noch stärker geworden, da Großbritannien, das die Re-visionsbedürftigkeit des Ver-sailler Vertrags erkannt hat-te, nicht bereit war für einen Pakt, der den Versailler Ver-trag garantieren sollte. Des-halb torpedierte Frankreich derartige Bemühungen im Völkerbund.

räumt werden müssen, zog Frankreich wegen (angeblicher) deutscher Verletzungen des Vertrags seine Truppen nicht ab.
- Der Rapallo-Vertrag hatte zu einer Verschärfung des Verhält-nisses zu den Alliierten geführt, was auch jetzt noch vor allem Frankreichs Deutschlandpolitik negativ beeinflusste.
- Die USA hatten die im Dawes-Plan zugesagte Anleihe von ei-nem Sicherheitsvertrag abhängig gemacht und dadurch die deutsche Außenpolitik unter Druck gesetzt.

In dieser Situation machte Stresemann im Februar 1925 den Vor-schlag, Deutschland könne sich mit einem Sicherheitsvertrag einverstanden erklären, in dem sich die am Rhein interessierten Mächte Frankreich, Belgien und Deutschland, aber auch Großbri-tannien und Italien gegenüber den USA feierlich verpflichten, kei-nen Krieg gegeneinander zu führen. Weiterhin sei für Deutschland ein Pakt annehmbar, der ausdrücklich den gegenwärtigen Besitz-stand am Rhein garantiere.

Im Ausland erschien dieses Angebot als die Quadratur des Krei-ses, da es Frankreich Sicherheitsgarantien bezüglich Elsass-Lo-thringens gab und es zudem Großbritannien ermöglichte, einem Pakt beizutreten, ohne sich engagieren zu müssen. Trotzdem zö-gerte Frankreich, da es durch britische Schutzgarantien für Polen gerne der deutschen Revision Grenzen gesetzt hätte. Da Groß-britannien sich weigerte, sich in einen osteuropäischen Konflikt hineinziehen zu lassen, überzeugte schließlich der französische Außenminister Aristide Briand den Ministerpräsidenten Herriot, das Angebot anzunehmen, da sonst Deutschland unweigerlich in die Arme der Sowjetunion getrieben werde.

Die Locarno-Verträge

Die Atmosphäre der am 5. Oktober 1925 beginnenden Gespräche war nach Jahren großer Feindseligkeit und barscher Ablehnung geprägt von Herzlichkeit und auffallender Kompromissbereit-schaft, was nicht zuletzt auf das gute persönliche Verhältnis der Außenminister Briand und Stresemann zurückzuführen war.

Am 16. Oktober wurden folgende Verträge bzw. Abkommen unter-zeichnet:
- Der West-, Rhein- oder Sicherheitspakt. Frankreich, Belgien, Großbritannien, Italien und Deutschland vereinbaren die Auf-rechterhaltung des territorialen Status quo der deutsch-fran-zösischen und der deutsch-belgischen Grenze, wie sie durch den Versailler Vertrag festgelegt wurden. Diese drei Staaten verpflichten sich ferner, ihre Streitigkeiten in Zukunft durch Schiedsgerichte zu regeln (Art. 2).

Inhalt: Friedliche Regelung von Streitfragen mit Hilfe des
- Schiedsvertrag zwischen Deutschland und Polen.
- Schiedsvertrag zwischen Deutschland und der CSR.

Hierbei fungierten **Großbritannien und Italien als Garantiemächte** der Vereinbarungen, wodurch der Pakt für Frankreich eine größere Bedeutung erhielt.

Die beiden Schiedsverträge mit den östlichen Nachbarn beinhalteten die friedliche Regelung aller Streitfragen, keine gewaltsamen Grenzveränderungen im Osten. Sie implizierten jedoch **keine vertragliche Fixierung der Ostgrenzen**. Entscheidend war, dass die Schiedsverträge keine Anwendung finden sollten „auf Streitfragen, die aus Tatsachen entsprungen sind, die zeitlich vor diesem Abkommen liegen und der Vergangenheit angehören".[5] Damit entstanden im Osten und Westen Deutschlands Grenzen unterschiedlicher Qualität.

Dies bedeutete in der Praxis, dass sich Deutschland eine Revision der Ostgrenzen offen gehalten hatte. Dokumentiert wurde dieser Anspruch durch den unterschiedlichen rechtlichen Gehalt der Verträge mit den westlichen und östlichen Vertragspartnern und durch den zeitlichen Vorbehalt, der die Schiedsverträge nicht auf die durch den Versailler Vertrag verlorenen Ostgebiete bezog.

Die Aufnahme der Verträge im Ausland

Generell wurden die Locarno-Verträge **im Ausland mit großer Zustimmung aufgenommen**, da sie ein europäisches Kernproblem entschärften und den Frieden stabilisierten.

Die französischen Bedenken gegenüber dem deutschen Vertragspartner waren auch durch die Locarno-Verträge nicht beseitigt. Dies macht die bange Feststellung Briands deutlich, dass mit Locarno eine neue Epoche anfangen müsse, sonst sei alles nur eine leere Geste gewesen. Immerhin sah sich Frankreich nun veranlasst, 1926 die Kölner Zone zu räumen.

In Großbritannien standen dagegen die deutschen Gewinne im Vordergrund. So notierte der britische Botschafter in Berlin, Lord d'Abernon, am Tage der Unterzeichnung: „Der Locarno-Vertrag [gemeint ist der Westpakt] bringt Deutschland gewaltige Vorteile:… die Gleichstellung mit den anderen Großmächten,… das Verschwinden der Kriegskonstellation und der Kriegspsychose,…den Schutz gegen eine französische Invasion."[6] Der Vertrag sei, so stellte er abschließend fest, die Dokumentierung eines grundlegenden Umschwungs. Ähnlich sah dies auch der „Duce" Mussolini, der in typisch emphatischer Weise vom „Anbruch eines neuen Zeitalters" sprach.

Die Aufnahme in Deutschland

Hier wurde Stresemanns Politik nur **von wenigen verstanden**. Der Vertrag wurde vielmehr von den rechten Kreisen als **zweites Versailles** angesehen, als **Verrat deutscher Interessen**, als Landesverrat und als hemmungsloses Erfüllen gegnerischer Forderungen

Ständigen Internationalen Gerichtshofs als vermittelnder Instanz.

1926 erhielt Stresemann zusammen mit Briand den Friedensnobelpreis.

Meinungen zu den Locarno-Verträgen (24.11.1925):
Von Westarp (DNVP): „Jeder Verzicht auf deutsches Land,

jede erneute und freiwillige Aner-kenntnis des Versailler Diktats sollte durch… Verträge ausgeschlossen sein…Wir müssen uns die Handlungsfreiheit nach Osten freihalten, auch im Hinblick auf die östliche Grenze Deutschlands."

Stresemann (DVP): „So zeigt sich die Bedeutung des Geistes von Locarno vor allem in dem Gedanken der Notwendigkeit eines gemeinschaftlichen Zusammenwirkens… Dieser Geist wird am besten fundiert sein, wenn Idealismus und reale Interessen sich dazu verbinden, den Weg aus dem europäischen Zusammenbruch gemeinschaftlich zu suchen."[7]

Hindenburg (1925): „Die Suppe von Locarno ist mir vor meinem Amtsantritt durch Herrn Stresemann eingebrockt worden… Was mich betrifft, so bin ich von Locarno wenig erbaut und bemüht, dem Übel innerhalb der verfassungsmäßigen Grenzen vorzubeugen."[8]

gegeißelt. Die nationalen Kreise sahen im Vertrag den direkten Verzicht auf die Gebiete im Westen und den indirekten auf die im Osten und insgesamt die schriftlich fixierte Ohnmacht Deutschlands. Als nach erbitterten Debatten die Verträge schließlich im Reichstag mit 292 zu 174 Stimmen angenommen wurden, trat die DNVP am 25. Oktober aus der Regierung aus und auch Stresemanns eigene Partei, die DVP, spaltete sich.

Die Bedeutung der Locarno-Verträge

Der von den Vertragspartnern immer wieder beschworene „Geist von Locarno" verbesserte zwar die europäische politische Situation in den folgenden Jahren und brachte vor allem **für Deutschland kurzfristig politische Gewinne**, bewirkte jedoch **keine wirkliche, dauerhafte Veränderung**. Mit der Verschlechterung der wirtschaftlichen und der Radikalisierung der politischen Situation durch die Weltwirtschaftskrise nahm auch die Bereitschaft ab, die europäischen und nationalen Probleme gemeinsam zu lösen. Mit der Kanzlerschaft Hitlers verlor er praktisch seine Bedeutung. Der Austritt Deutschlands aus dem Völkerbund (14. 10. 1933) und die Kündigung der Locarno-Verträge durch Hitler am 7. 3. 1936 bedeuteten sein Ende. Locarno blieb deshalb, wie es der Historiker H. Heiber formuliert, „ein Anlauf ohne Sprung."[9]

9.4 Die Aufnahme Deutschlands in den Völkerbund

Auch die im Westpakt vereinbarte Aufnahme Deutschlands in den Völkerbund stieß **im deutschen Volk auf wenig Verständnis**. Zum einen war der Völkerbund unbeliebt, weil man sich von Wilson, als dessen Instrument er angesehen wurde, betrogen fühlte. Zum anderen, weil die im Völkerbund beschlossene Abtretung des östlichen Oberschlesien auch nach fünf Jahren noch nicht vergessen war. Aus diesen Gründen befürworteten den Eintritt in den Völkerbund neben pazifistischen Kreisen nur die SPD und die DDP. Auch die Regierung Luther zeigte sich reserviert, weil mit den USA und der Sowjetunion zwei wichtige Staaten nicht vertreten waren. England und Frankreich dagegen sahen in der Mitgliedschaft Deutschlands eine zusätzliche Garantie für die Locarno-Verträge. Deshalb stellte Stresemann schließlich im Februar 1926 den Aufnahmeantrag. Er verknüpfte ihn mit der Bedingung, dass Deutschland einen ständigen Sitz erhalten müsse und damit den anderen führenden Staaten gleichgestellt werde. Am **10. September 1926** erfolgte die offizielle **Aufnahme Deutschlands**.

Reichskanzler Wirth an den britischen Botschafter d'Abernon (1922): „Es bedarf keiner näheren Darlegung, dass der Genfer Völkerbund in Deutschland nicht nur unpopulär ist, sondern von dem weitaus größten Teil der Bevölkerung als eine Institution angesehen wird, von der Deutschland nichts Gutes zu erwarten hat."[10]

9.5 Der Berliner Vertrag

Zustandekommen und Inhalt

Die Friedensoffensive Stresemanns, die Locarno-Verträge und den Eintritt in den von der Sowjetunion als kapitalistische Verschwörung gegen den Kommunismus angesehenen Völkerbund betrachtete die Sowjetunion als Beendigung der Rapallopolitik. *s.S.96 ff.* In der Tat hatten sich die Beziehungen zwischen beiden Staaten seit 1922 merklich abgekühlt, so dass die Sowjetunion nun eine erneute Isolation fürchtete. Da ihr Außenminister Tschitscherin Stresemann nicht von seiner Locarnopolitik abbringen konnte, strebte er wenigstens einen militärischen Neutralitätsvertrag mit Deutschland an. Weil Stresemanns langfristiges Hauptziel nach wie vor die Revision der Ostgrenzen war, führten die sowjetischen Bemühungen schließlich zu dem so genannten Berliner Vertrag, der eine Laufzeit von fünf Jahren hatte. Er setzte die zu Rapallo *24.4.1926* eingeschlagene Linie fort: **Verständigung über politische und wirtschaftliche Fragen, Neutralität des Vertragspartners**, wenn der andere von einem Dritten angegriffen wird.

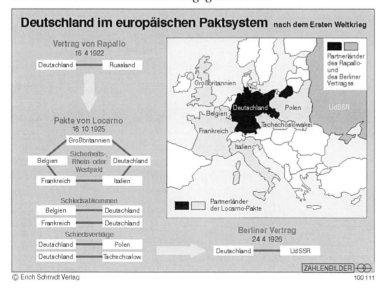

Die Bedeutung des Berliner Vertrags

Er fand in Deutschland auch bei den Rechtsparteien großen Anklang, da er trotz der allgemeinen antikommunistischen Grundhaltung als ein **gegen Polen gerichtetes Zweckbündnis** angesehen wurde, das eine britisch-französisch-sowjetische Allianz unmöglich machte. Er muss jedoch auch als **Teil der Stresemann-** *Auch wirtschaftlich brachte der Vertrag Gewinne: Zwischen 1926 und 1931 verdreifachte sich der deutsche Export in die Sowjetunion.*

schen **Gleichgewichtspolitik** betrachtet werden. Der deutsche Außenminister wollte sich weder für Ost noch für West definitiv entscheiden, um nicht in eine bestimmte Mächtekonstellation hineingezogen zu werden. Dies hätte den gerade erst gewonnenen außenpolitischen Spielraum verringert. Entscheidend war unter dem Aspekt der Revision der Ostgrenzen die Tatsache, dass nun nach dem Abschluss der Locarno-Verträge und des Berliner Vertrags eine französisch-englische und eine russisch-französische Allianz gegen Deutschland nicht mehr möglich waren. Zusätzlich hatte sich durch den Berliner Vertrag der Wert der französischen Garantien für Polen stark verringert.

9.6 Erfolge und Misserfolge der Stresemann'schen Außenpolitik

Stresemann 1926: „Eine friedliche Lösung der polnischen Grenzfrage, die unseren Forderungen wirklich gerecht wird, wird nicht zu erreichen sein, ohne dass die wirtschaftliche und finanzielle Not Polens den äußersten Grad erreicht und den gesamten polnischen Staatskörper in einen Zustand der Ohnmacht gebracht hat."[11]

In der Folgezeit ging Stresemann daran, die Früchte der Locarno-Verträge und des Berliner Vertrags zu ernten. Zu diesem Zweck verstärkte er die polnischen Probleme durch einen langjährigen **Wirtschaftskrieg gegen** den östlichen Nachbarn. Zwar geriet **Polen** dadurch zwischen 1925 und 1927 in eine heftige wirtschaftliche und politische Krise, doch rettete Frankreich seinen Bündnispartner durch wirtschaftliche und finanzielle Unterstützung. Zudem gelang es Polen, seine außenpolitische Lage durch einen Nichtangriffspakt mit der Sowjetunion 1932 zu verbessern.

Auch auf der Ebene des Völkerbunds trieb Stresemann seine Polenpolitik voran, indem er sich zum Vorkämpfer und Vertreter der Minderheiten in Europa, ganz besonders natürlich der Deutschen in Polen machte und die Weltöffentlichkeit immer wieder an die Unterdrückung der Deutschen dort erinnerte und eine Revision des Versailler Vertrags forderte. Auch hier konnte sich Stresemann nicht durchsetzen, da Frankreich und auch Großbritannien sich dieser Forderung kategorisch widersetzten. Auch seine vorrangigen Ziele im Westen (Räumung des Rheinlands, volle Souveränität Deutschlands) erreichte Stresemann nicht. Lediglich die Verbesserung der Reparationsbedingungen durch den Young-Plan stellten einen kleinen, allerdings in keiner Weise vergleichbaren Erfolg dar. In den Jahren bis 1928 stagnierte die Entwicklung. Weder wurde eine spürbare Verbesserung des deutsch-französischen Verhältnisses erreicht, noch waren revisionspolitische Ziele, die Stresemann innenpolitisch hatte verwerten können, auch nur in greifbare Nähe gerückt. Dies führte bei den Nationalen zu der Erkenntnis, dass man mit den ehemaligen Kriegsgegnern auf diese Weise keine Gewinn bringende Politik betreiben konnte. Mehr und mehr setzte sich die Ansicht durch, dass man die Ketten des Versailler Vertrags gewaltsam sprengen müsse.

Während Stresemann **bei seinen revisionistischen Zielen keinen Erfolg** hatte, erreichte er auf einem anderen Gebiet **Erfolge**. Im **Völkerbund** übernahm er in Anlehnung an Bismarcks Politik immer mehr die **Rolle des ehrlichen Maklers**. Dies bewirkte, dass **Deutschland** im Ausland das Image der Aggressivität und der rücksichtslosen Machtpolitik verlor und allmählich als **gleichberechtigtes** und wertvolles **Mitglied des Völkerbundes** angesehen wurde. Diese Politik Stresemanns fand ihren Höhepunkt im Abschluss des kriegächtenden Kellogg-Pakts, an dem er maßgeblich mitgearbeitet hatte und in der Verleihung des Friedensnobelpreises (1926).

17.8.1928 Unterzeichner: USA, Frankreich, Großbritannien, Deutschland, Belgien, Tschechoslowakei, Polen, Italien, Japan.

9.7 Die Beurteilung Stresemanns

Seit Bismarck gab es keine so gegensätzliche Publizistik über einen Politiker wie über Stresemann. Der Pazifist (und Gegner Stresemanns) Graf **Keßler** notierte bei Stresemanns Tod: „Keiner von den großen Staatsmännern des neunzehnten Jahrhunderts hat eine so einstimmige Weltgeltung und Apotheose [Vergöttlichung] erreicht. Er ist der erste, der als wirklich europäischer Staatsmann in Walhalla eingeht." Und die „**Times**" schrieb in ihrem Leitartikel: „Stresemann did inestimable service to the German Republic; his work for Europe as a whole was almost as great."[12] In der SPD und selbst in seiner eigenen Partei, der **DVP**, schieden sich die Geister, wenn es um seine Person oder seine Politik ging. **Die Rechten** schließlich verfolgten ihn mit leidenschaftlichem Hass („Stresemann – verwese man").

Diese Kontroverse zieht sich bis in die Gegenwart hin und beschert Stresemann **auch heute noch unterschiedliche Beurteilungen**: Im Allgemeinen überwiegt die Einschätzung und Beurteilung Stresemanns als „Vertreter des europäischen Gedankens", als „Vorkämpfer einer überstaatlichen Ordnung", als „deutscher Staatsmann europäischen Formats". Dieses Bild, so sehr es auch in die Wunschvorstellungen der Europapolitiker nach dem Zweiten Weltkrieg passte, muss heute relativiert werden: **Stresemann war weder Demokrat noch Europapolitiker aus Überzeugung.** Im Grunde seines Herzens **war und blieb** er bis zu seinem Tode (3.10.1929) ein **nationaler Revisionspolitiker**. Was ihn von seinen Gegnern unterschied, waren die Mittel und Methoden zur Erreichung seiner revisionistischen Ziele und der klare Blick fürs Machbare. Die Tragik der Stresemann'schen Politik bestand darin, dass sie von den Nationalen nicht akzeptiert, von der Masse der Bevölkerung nicht richtig erkannt und zu früh als erfolglos bewertet wurde. Dies führte bereits in den Jahren seiner Erfolge dazu, dass er unzutreffenderweise immer mehr in den Geruch eines erfolglosen Illusionspolitikers kam.

vgl. Stresemanns Scheiben an den ehemaligen Kronprinzen vom 7.9.1925, S.153f.

Zusammenfassung: Die Außenpolitik der Weimarer Republik

Ausgangs- und Bezugspunkt der Außenpolitik aller Weimarer Regierungen war der Versailler Vertrag, der in Deutschland als äußerst ungerecht angesehen wurde. Daraus resultierte, unabhängig von der jeweiligen parteipolitischen Zusammensetzung der Regierungen, eine ausgeprägte Kontinuität der deutschen Außenpolitik, die zwischen 1919 und 1933 revisionistisch war.

Mit dem bilateralen Vertrag von Rapallo (1922) mit Sowjetrussland durchbrach das Deutsche Reich erstmalig nach dem Ersten Weltkrieg die außenpolitische Isolation. Beide Vertragspartner nahmen diplomatische und wirtschaftliche Beziehungen zueinander auf und verzichteten auf Kosten, die durch den Krieg entstanden waren.

Mit Gustav Stresemann als Außenminister (1924-1929) änderten sich zwar die Mittel und Methoden, nicht jedoch die Ziele der deutschen Außenpolitik. Er hatte erkannt, dass nur ein Ausgleich mit den Westmächten, in erster Linie mit Frankreich, zu einer Verbesserung der außenpolitischen Situation Deutschlands führen würde. Diesen Ausgleich sah er als Grundvoraussetzung für seine Revisionspolitik im Osten an. Deshalb initiierte er die Locarno-Verträge, die aus dem Rhein-, West- oder Sicherheitspakt (Garantie der französischen und belgischen Ostgrenze, Garantiemächte sind Großbritannien und Italien), aus Schiedsankommen mit Frankreich und Belgien sowie Schiedsverträgen mit Polen und der Tschechoslowakei bestanden. Letztere bezogen sich ausdrücklich nicht auf Streitfälle, die ihren Ursprung vor der Unterzeichnung der Verträge gehabt hatten, ließen deshalb die Revision der Ostgrenzen offen und schufen im Osten und Westen Deutschlands Grenzen unterschiedlicher Qualität. Die Locarno-Verträge führten zu einer deutlichen Verbesserung des deutsch-französischen Verhältnisses und brachten Deutschland als Mitglied des Völkerbundes (1926) wieder in das europäische Konzert der Großmächte zurück. Die Locarno-Verträge wurden im Ausland als die „Quadratur des Kreises" gesehen und dementsprechend begrüßt. In Deutschland waren die Meinungen geteilt. Während die Regierungsparteien den „Geist von Locarno" lobten, geißelten die Rechtskreise den Rheinpakt, der den Verlust von Elsass-Lothringen bedeutete, als feige „Erfüllungspolitik" und verfolgten vor allem Stresemann mit glühendem Hass.

Der Berliner Vertrag (1926), der auf Initiative der Sowjetunion zustande kam, setzte die zu Rapallo eingeschlagene deutsch-sowjetische Linie fort. Er beinhaltete die Verständigung über politische und wirtschaftliche Fragen sowie die militärische Neutralität.

Die Beurteilung Stresemanns ist bis in die heutige Zeit umstritten. Unbestreitbar ist, dass er das deutsch-französische Verhältnis deutlich verbesserte und Deutschland, vor allem im Völkerbund, zu einem angesehenen und gleichberechtigten Mitglied machte. Deshalb wird er auch heute noch als „Friedenspolitiker" und als „deutscher Staatsmann europäischen Formats" bezeichnet. Unbestreitbar ist jedoch auch, dass Stresemann immer ein Revisionspolitiker war. Was ihn von seinen Vorgängern unterschied, waren die politischen Mittel und Methoden seiner revisionistischen Politik und der klare Blick für das Machbare.

Luftschiff „Graf Zeppelin"

Großverkehrsflugzeug DO X 12

Fahrgastschiff „Bremen"

„Kabarett-Café" (1928) von Adolf Uzarski

Mittelteil des „Triptychon Großstadt" von Otto Dix (1927/28), das einen Ausschnitt des großstädtischen Lebens (Berlin) wiedergibt.

10.1 Die „goldenen Zwanzigerjahre"

Bestand an Personenkraftwagen

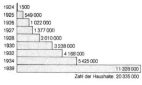

Fertiggestellte Wohnungen

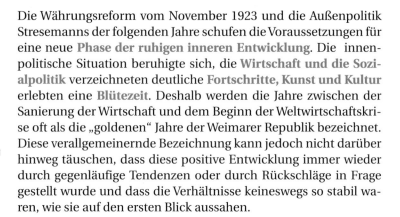

Rundfunkteilnehmer in Deutschland

Die Währungsreform vom November 1923 und die Außenpolitik Stresemanns der folgenden Jahre schufen die Voraussetzungen für eine neue **Phase der ruhigen inneren Entwicklung**. Die innenpolitische Situation beruhigte sich, die **Wirtschaft und die Sozialpolitik** verzeichneten deutliche **Fortschritte, Kunst und Kultur** erlebten eine **Blütezeit**. Deshalb werden die Jahre zwischen der Sanierung der Wirtschaft und dem Beginn der Weltwirtschaftskrise oft als die „goldenen" Jahre der Weimarer Republik bezeichnet. Diese verallgemeinernde Bezeichnung kann jedoch nicht darüber hinweg täuschen, dass diese positive Entwicklung immer wieder durch gegenläufige Tendenzen oder durch Rückschläge in Frage gestellt wurde und dass die Verhältnisse keineswegs so stabil waren, wie sie auf den ersten Blick aussahen.

10.2 Die wirtschaftliche Entwicklung

Die Währungsreform, der Dawes-Plan und besonders **amerikanische Kredite** gaben der deutschen Industrie starke Impulse und ermöglichten ein rasches **Wirtschaftswachstum**. Produktion, Konsum und Volkseinkommen wuchsen zwischen 1924 und 1929 kontinuierlich. Die rationalisierte und modernisierte Industrieproduktion sowie die Löhne erreichten am Ende dieses Jahrfünfts wieder das Vorkriegsniveau, der Export war höher als 1913. Die Folge dieses kontinuierlichen Wirtschaftswachstums war, dass Deutschland den Anschluss an die Weltwirtschaft wieder fand. Eine wichtige Rolle spielten dabei die kurzfristigen Kredite aus den USA, die von den deutschen Banken in langfristige umgewandelt und vor allem in **neuartige**, Erfolg versprechende **Industriezweige** investiert wurden. Zwei große Risiken überschatteten jedoch diese Entwicklung: Die Umwandlung kurzfristiger ausländischer Kredite in langfristige inländische war sehr problematisch und der Absatz hochwertiger Produkte ließ sich nicht genau vorausberechnen. Hinzu kamen weitere Probleme: Ungleiches Wachstum wichtiger Industriebereiche, relativ hohe Löhne, die Rationalisierung nach amerikanischem Vorbild (Fließband) führte zu einer permanent hohen Arbeitslosenzahl, unrentable Landwirtschaft in Mittel- und in Süddeutschland, zunehmende Konzentration von Großunternehmen.

Deshalb wird der Aufschwung und die relative Stabilität der Wirtschaft oft als „Scheinkonjunktur" oder „Konjunktur auf Pump" bezeichnet.

Flugzeug-, Auto-, Rundfunk-, Filmindustrie, elektrotechnische, chemische und optische Industrie

Bereits die von den Zeitgenossen verwendeten Bezeichnungen „Dollarscheinblüte" oder „Konjunktur auf Borg" sowie die politische Hektik (6 Regierungen in den Jahren 1924 bis 1930) machen deutlich, dass es sich nicht um wirklich „goldene" Jahre handelte.

10.3 Die Sozialpolitik

Mit dem wirtschaftlichen Aufschwung verbesserte sich auch der Lebensstandard der unteren Schichten. Hierzu trugen folgende soziale Errungenschaften wesentlich bei, die seit November 1918 erreicht worden waren:

1918:
- Die Einführung des Achtstunden-Arbeitstages.
- Die Einführung des Frauenwahlrechts.
- Das Stinnes-Legien-Abkommen zwischen den industriellen Arbeitgeberverbänden (vertreten durch Hugo Stinnes) und den Freien Gewerkschaften (vertreten durch Carl Legien) ermöglichte es den Gewerkschaften als legitimen Arbeitnehmervertretern mit den Arbeitgeberverbänden Tarifverträge, d.h. Kollektivverträge abzuschließen, was zu einer Verbesserung der rechtlichen Position der Arbeitnehmer führte.
- Einrichtung ständiger Schlichtungsausschüsse, deren Aufgabe in der gütlichen Regelung von Streitfragen bestand, die sich aus dem Arbeitsverhältnis ergaben.

1919:
- Tarifautonomie der Gewerkschaften und der Arbeitgeberverbände.
- Die Koalitionsfreiheit aller am Wirtschaftsprozess Beteiligten, also das Recht für Arbeitnehmer und Arbeitgeber, Vereinigungen zur Verfolgung ihrer Interessen zu bilden.
- Grundrechte der Jugend auf Erziehung, Bildung, Schutz, Fürsorge und Pflege.
- Die verfassungsmäßige Verankerung des Bismarck'schen Systems der Sozialversicherung (Kranken-, Unfall-, Invaliditäts- und Altersversicherung) sowie die Verbesserung seiner Leistungen.

1920:
- Das Betriebsrätegesetz führte Arbeiterausschüsse in allen Betrieben und Verwaltungen mit mehr als 20 Beschäftigten ein.

1922:
- Jugendwohlfahrtsgesetz und Mietpreisbindung (Reichsmietengesetz).

1923:
- Einrichtung von Jugendgerichten.
- Reichsmieterschutzgesetz (Schutz der Mieter vor willkürlichen Kündigungen.
- Gesetz über die Beschäftigung von Schwerbehinderten.

1924:
- Ablösung der kommunalen Armenpflege durch staatliche Fürsorge. Einrichtung der Angestelltenversicherung.

1926:
- Einrichtung von Arbeitsgerichten.

Aus dem „Aufruf an das Deutsche Volk" des Rats der Volksbeauftragten (12.11.1918): „Alle Wahlen zu öffentlichen Körperschaften sind fortan nach dem gleichen, geheimen, direkten, allgemeinen Wahlrecht…für alle mindestens 20 Jahre alten männlichen und weiblichen Personen zu vollziehen."[1]

1927:

- Das „Gesetz über Arbeitsvermittlung und Arbeitslosenversicherung" garantierte den **Unterstützungsanspruch bei unverschuldeter Arbeitslosigkeit.**
- **Arbeits- und Kündigungsschutz für** werdende und stillende **Mütter.**
- Einrichtung von **Arbeitsämtern.**
- Einführung der **Arbeitslosenversicherung** (3 % des Grundlohns, je zur Hälfte von Arbeitgeber und Arbeitnehmer zu zahlen).
- Einführung von **Mehrarbeitszuschlägen** für Überstunden.

Gegen Ende der Zwanzigerjahre verlangsamte sich die sozialpolitische Entwicklung. Sie begann zu stagnieren und wurde in einzelnen Bereichen sogar rückläufig. Dies hatte seine Ursachen in den leeren Gewerkschaftskassen und in der starken Machtposition der Unternehmer im wirtschaftlichen wie im politischen Bereich. So setzten die Arbeitgeber unter Hinweis auf den Ruhrkampf die Verlängerung des Acht-Stunden-Arbeitstags durch. Auch die Betriebsräte mussten eine Beschneidung ihrer Kompetenzen hinnehmen. Obwohl die Arbeitnehmer und ihre Interessenvertretungen 1927 die Einführung der Arbeitslosenversicherung erreichten, blieb das Arbeitsrecht insgesamt unvollständig, vor allem aufgrund der politischen und wirtschaftlichen Entwicklung nach 1930.

10.4 Wissenschaft und Technik

„Graf Zeppelin": 300 Passagiere, von 1929–1939 34 Atlantikflüge; Do X: 7200 PS, 169 Passagiere, 1929 ein Atlantikflug, 1931 erster Weltrundflug; „Bremen": 52000 Bruttoregistertonnen, 2235 Passagiere.

Deutsche Nobelpreisträger: Einstein, Planck, Heisenberg, Franck, Hertz (Physik); Bergius, Bosch, Fischer, Haber, Wieland, Windaus, Zsigmondy (Chemie); Mayerhof, Warburg

Aufgrund des Untergangs der Weimarer Republik und ihrer Herabsetzung durch die Propaganda des Dritten Reichs könnte der Eindruck entstehen, als seien alle Bereiche des öffentlichen Lebens grau, trist und wenig kreativ gewesen. Dieser Schein trügt, denn Technik und Wissenschaft entwickelten sich rasch. Vor allem in den Bereichen Technik, Naturwissenschaften und Medizin erreichte Deutschland Weltniveau oder bestimmte gar die Maßstäbe. Dies dokumentieren **technische Großprojekte** wie das Luftschiff „Graf Zeppelin", das Großverkehrsflugzeug Dornier Do X, das auf dem Wasser landen konnte, und das Passagierschiff Bremen. Den außerordentlich hohen Standard im Bereich der Wissenschaft und der Technik und in anderen Bereichen, belegt die Verleihung höchster internationaler Auszeichnungen, z.B. des Nobelpreises, an zahlreiche Deutsche. Zwischen 1919 und 1932 wurden insgesamt 74 Nobelpreise vergeben. Siebzehn davon gingen an deutsche Wissenschaftler, Gelehrte, Literaten. Sieben der in diesem Zeitraum vergebenen vierzehn Nobelpreise für Chemie erhielten deutsche Chemiker, fünf (von fünfzehn) deutsche Physiker.

(Medizin); Thomas Mann (Literatur); Stresemann, Quidde (Friedensnobelpreis)

10.5 Kulturelle Blütezeit

Während die junge Republik ständig um ihre Existenz kämpfen musste, entfaltete sich in vielen Großstädten, vor allem in Berlin, das in kultureller Hinsicht mit Paris und London konkurrierte, eine **einzigartige Vielfalt des geistigen Lebens**. Niveauvolle, überregionale Tageszeitungen und literarisch-politische Zeitschriften („Die Weltbühne", „Neue Rundschau") wurden gegründet. Neue Massenmedien (Presse, insbesondere Zeitungen und Illustrierten, Rundfunk, Schallplatte) traten einen Siegeszug an, Theater, Kabarett und Varieté bestimmten das großstädtische Leben, der deutsche Film gewann Weltgeltung. **Vielfältige Stilrichtungen** und Künstlergruppen suchten und fanden **neue Techniken und Ausdrucksformen** in der Malerei und der Architektur. Das „Bauhaus" (zunächst in Weimar, dann in Dessau) widmete sich der Zusammenarbeit von Architektur, Malerei und handwerklicher Kunst und setzte in diesem Bereich aufgrund der hauptsächlich verwendeten Materialien Beton, Stahl, Glas, Holz und des klaren, sachlichen und funktionalen Stils neue Maßstäbe.

Große Komponisten und Dirigenten entwickelten neue Richtungen und schufen die „moderne" Musik (Varietémusik, Revue, Schlager, Zwölftonmusik, Oper). Am größten war die **Vielfalt** und die künstlerische Dichte neben der Malerei und der Bildenden Kunst in **der Literatur**. Dies belegen Namen wie Thomas Mann, Bert Brecht, Gerhart Hauptmann, Franz Kafka, Hermann Hesse, Rainer Maria Rilke und viele andere mehr.

Wie aufgrund des politischen und gesellschaftlichen Hintergrunds nicht anders zu erwarten, gab es **zahlreiche politisch engagierte, links- bzw. rechtsorientierte Künstler**, die die bestehenden sozialen und politischen Verhältnisse heftig kritisierten. Zur ersten Gruppe gehören neben Kurt Tucholsky, Erich Kästner, Werner Finck und Carl von Ossietzky vor allem **proletarisch-revolutionär motivierte Künstler** wie Bert Brecht, Johannes Becher, Anna Seghers und George Grosz. Die zweite Gruppe bildeten Literaten und Intellektuelle, die **national denkende Anhänger eines konservativen Antimodernismus** waren. Die bekanntesten Vertreter dieser Gruppe waren Ernst Jünger, Oswald Spengler, Arthur Moeller van den Bruck, der 1923 die programmatische Zeitschrift „Das Dritte Reich" herausgab. Sie bekämpften die neuen politischen Verhältnisse und verdammten die moderne Kunst als „Amerikanismus".

z.B. „Frankfurter Allgemeine Zeitung", „Vossische Zeitung".

Expressionismus, Kubismus, Futurismus, Dadaismus, der Blaue Reiter.
Bekannteste Künstler: Lovis Corinth, Otto Dix, Wassily Kandinsky, Paul Klee, Oskar Kokoschka, Käthe Kollwitz, Franz Marc, Emil Nolde, Max Pechstein, Max Liebermann, Mies van der Rohe, Walter Gropius

z.B. Arnold Schönberg, Alban Berg, Werner Egk, Carl Orff, Wilhelm Furtwängler.

Bekannte Namen aus Literatur und Kunst der Zwanziger Jahre

Hugo von Hofmannsthal · Thomas Mann · Heinrich Mann · Franz Werfel · Fritz von Unruh · Richard Strauss

Georg Kaiser · Ricarda Huch · Leonhard Frank · Bert Brecht · Gerhart Hauptmann · Hans Pfitzner · Arnold Schönberg

Franz Kafka · Hermann Hesse · Rainer Maria Rilke · Erich Maria Remarque · Alban Berg · Franz Schreker

Joachim Ringelnatz · **Literatur und Geisteswissenschaft** · Alfred Döblin · Erich Kleiber · Kurt Weill · Paul Hindemith

Kurt Tucholsky · Martin Heidegger · Stefan George · Wilhelm Furtwängler · **Musik** · Paul Lincke

Alfred Kerr · Moeller van den Bruck · Karl Jaspers · Jean Gilbert · Werner Egk · Leo Fall

Friedrich Kayssler · Oswald Spengler · Béla Bartók · Frieda Hempel · Carl Orff · Leo Blech

Werner Krauss · Heinrich George · Max Reinhardt · Heinrich Schlusnus · Frieda Leider · Boris Blacher

Paul Wegener · Emil Jannings · Erich Carow · Leo Slezak · Claire Dux

Albert Bassermann · Otto Reutter · Wilhelm Bendow · Leo Schützendorff · Joseph Schmid

Guido Thielscher · Else Heims · Fritzi Massary · **Berlin** · Michael Bohnen · Michael Raucheisen

Alexander Moissi · Lucie Höflich · Käthe Dorsch · Paul Klee

Eric Charell · **Theater und Film** · Agnes Straub · Otto Dix · Lovis Corinth

Max Pallenberg · Gertrud Eysoldt · Rosa Valetti · Franz Marc · Emil Nolde · George Grosz

Karl Meinhard · Claire Waldoff · Erwin Piscator · Wassily Kandinsky · K. Schmidt-Rottluff

Adele Sandrock · Hermine Körner · Oskar Kokoschka · Alfred Kubin · Max Liebermann

Helene Thimig · Ida Wüst · Paul Hartmann · Käthe Kollwitz · Karl Hofer · Renée Sintenis

Lil Dagover · Rochus Gliese · F. W. Murnau · Max Pechstein · **Bildende Kunst**

Carl Fröhlich · Fritz Lang · Ralph Arthur Roberts · Georg Kolbe · Ernst Barlach · Fritz Klimsch · Rudolf Belling

Willy Fritsch · Felix Bressart · Harry Liedtke · Richard Scheibe · Walter Gropius · Hans Poelzig

Henny Porten · Marlene Dietrich · Conrad Veidt · Mies van der Rohe · Otto Bartning

ZAHLENBILDER

© Erich Schmidt Verlag · 50 078

10.6 Die Abschwächung des Radikalismus

Reichstagswahlen (die wichtigsten Parteien in %):

	1924	1924*	1928
KPD	12,6	8,9	10,6
SPD	23,9	26,0	28,7
DDP	5,3	6,3	4,9
Z	13,3	13,5	11,9
BVP	3,2	3,7	3,9
DVP	9,2	10,6	8,7
DNVP	19,5	20,4	14,2
NSDAP	6,5	2,9	2,6

*1924 fanden zwei Reichstagswahlen statt, im Mai und im Dezember

Die **Reichstagswahl** vom Mai **1924** machte die Nachwirkungen der Inflation deutlich: Mit Ausnahme des Zentrums erlitten alle Parteien, die bisher Regierungsverantwortung mitgetragen hatten, deutliche Verluste, die **KPD** wurde zur **Massenpartei** und die **äußersten Rechtsparteien** waren die eindeutigen **Wahlsieger**. Die NSDAP kam von Null auf 6,5 %, die DNVP steigerte ihren Stimmenanteil um fast ein Drittel. Zusammen mit den 10 Abgeordneten des Landbundes war die DNVP nun die größte Fraktion im Reichstag und stellte den Reichstagspräsidenten.

Hand in Hand mit der Konsolidierung der Wirtschaft und der Verbesserung des Lebensstandards ging innerhalb von sieben Monaten die Stabilisierung der innenpolitischen Verhältnisse. Sie fand ihren Ausdruck im schwachen Abschneiden der links- und rechtsextremen Parteien in den beiden nächsten **Reichstagswahlen (Dezember 1924 und Mai 1928)**. Die DNVP gewann im Dezember 1924 zwar ein weiteres Prozent (auf Kosten der NSDAP) hinzu; dies änderte jedoch nichts an dem **Kräfteverlust der rechtsextremen Parteien insgesamt**. Diese Entwicklung setzte sich 1928 fort: Die beiden Rechtsparteien verloren (verglichen mit der Wahl vom Mai 1924) zusammen mehr als 9 % an Wählerstimmen. Die **gemäßig-**

ten bürgerlichen **Mittelparteien und die SPD konnten** z. T. kräftig **zulegen**.

Ein weiteres deutliches Zeichen der innenpolitischen Stabilisierung war – auf den ersten Blick – die **Beteiligung der DNVP** an der ersten **Regierung** Luther (1925), die sich bezeichnenderweise nicht als Regierungskoalition bezeichnete, sondern als „überparteiliches Kabinett". Sie trat aus Protest gegen Locarno und den Eintritt in den Völkerbund im Januar 1926 wieder aus, beteiligte sich 1927/28 wieder an der (vierten) Regierung Marx und war mit Ausnahme des zweiten Kabinetts Brüning in allen Präsidialkabinetten vertreten. Damit gab es keinen starken regierungsfeindlichen Block mehr, da die NSDAP in dieser Zeit allein zu schwach war.

Die DNVP beteiligte sich zwischen 1925 und 1929 an der Regierungskoalition unter Reichskanzler Luther (parteilos, 1925) und an dem vierten Kabinett Marx (Z, 1927/28).

10.7 Die Schwäche des Parlamentarismus

Trotz der relativen Stabilität im Parlament wurden die **Nachteile der Verfassung**, vor allem das reine Verhältniswahlrecht, **offensichtlich**. Bei 493 Abgeordneten des dritten Reichstags, der insgesamt am längsten tagte (7. Dezember 1924 – 31. März 1928), war für eine Regierungsbildung eine Mehrheit von 247 Stimmen nötig. Die beiden Flügelparteien KPD und NSDAP spielten unter diesem Gesichtspunkt von vornherein keine Rolle. Die Weimarer Koalition erreichte zusammen nur 232 Stimmen und war nicht mehr realisierbar. Da die Kluft zwischen der SPD, der DDP und den Parteien BVP, DVP und DNVP zu groß war, konnte nur eine **bürgerliche Rechtskoalition** unter Ausschluss von SPD und DDP zustande kommen, die dann aber alle Parteien von Z bis DNVP umfassen musste. Das Paradoxe daran war, dass ausgerechnet *die* Partei zur Erhaltung der Demokratie gebraucht wurde, die den Parlamentarismus von Anfang an abgelehnt hatte, nämlich die DNVP. Diese gab allerdings auch als Regierungspartei (1925 und zum zweiten Mal 1927/28) ihre Abneigung gegenüber der Weimarer Republik nicht auf. Damit war der Bestand einer derartigen Koalition sehr unsicher und ihre Effektivität von vornherein auf ein Minimum beschränkt. Bezeichnend ist, dass **alle Regierungen dieser Zeit** trotz mehrfacher Umbildung **keine oder nur eine sehr unsichere Mehrheit** besaßen.

Die breite Parteienlandschaft und die parteipolitischen Unverträglichkeiten brachten zahlreiche **Belastungen** für die Republik:

* Die Regierungen wechselten häufig.
* Es konnten nur Minderheitskabinette gebildet werden.

Erklärung der DNVP zum Eintritt in die Regierung (20.1.1925): „…da gebietet es aber auch die Offenheit gegenüber denjenigen Parteien, die mit uns zusammenarbeiten wollen, auszusprechen, dass unsere letzten Grundsätze, unsere letzten Ziele unverändert geblieben sind… Wir werden in der praktischen Arbeit versuchen, von diesen

Zielen durchzuset-zen, was durchzu-setzen irgend mög-lich ist." [2]

Zwischen Juni 1924 und Juni 1928 gab es fünf Regierun-gen. Zwischen 1921 und 1928 waren 8 von 11 Regierungen Minderheitskabinette, von den insgesamt 21 Regierun-gen der Weimarer Republik waren 14 Minderheitsregie-rungen.

- Die Regierungen mussten sich bei grundlegenden innen- und außenpolitischen Fragen zusätzliche Partner suchen, was nicht immer gelang. Deshalb blieben wichtige Fragen ungelöst und notwendige Gesetze kamen nicht oder nur als Kompromisse zustande.
- Obwohl die SPD in dieser Zeit Oppositionspartei war, musste sie den bürgerlichen Regierungen bei wichtigen außenpoliti-schen Vorhaben (Dawes-Plan, Locarno-Verträge, Beitritt zum Völkerbund) zu einer Mehrheit verhelfen, damit diese nicht an dem Widerstand der DNVP scheiterten.
- Der parlamentarische „Normalfall" (dauerhafte Mehrheitsre-gierung und klare Minderheitsopposition, die ihre Kontroll-funktion wahrnimmt) trat nicht ein.

10.8 Die Reichspräsidentenwahl von 1925 als Symptom dieser Entwicklung

1924 hatte eine kleine rechts-gerichtete Zeitung Ebert we-gen seiner Teilnahme am Mu-nitionsarbeiterstreik 1918 des Landesverrats bezichtigt. Das Gericht verurteilte den Redak-teur wegen beleidigender Äußerungen, gab ihm jedoch in der Sache Recht, was prak-tisch ein „Freifahrtschein" für die maßlose Hetzkampagne der Rechtsradikalen gegen Ebert bedeutete.

Am 28. Februar 1925 starb Friedrich Ebert im Alter von 54 Jahren. Er war zwar nicht direkt ein Opfer des politischen Mordes, wurde jedoch, wie Gustav Noske feststellte, als Symbolfigur des verhass-ten Systems „in den Tod getrieben [...] durch die schändliche Het-ze, die von einer bodenlos gemeinen Presse bis in die letzten Tage hinein gegen ihn verübt wurde".[3] Mehr als einhundertfünfzig Mal musste sich Ebert gerichtlich gegen Verleumdungen zur Wehr set-zen. Stresemann hatte mit Recht erkannt, dass das deutsche Volk keinen Präsidenten mit Zylinderhut, sondern einen mit Uniform und einer Menge Orden haben wollte. Mit Ebert hatte die Repu-blik einen Hüter der Verfassung verloren.

Im ersten Wahlgang standen sich sieben Kandidaten von Thäl-mann (KPD) ganz links bis Ludendorff ganz rechts gegenüber. Da der Kandidat der Rechtsparteien DVP und DNVP, der Duisburger

Stimmenzahl der 3 Kandida-ten im zweiten Wahlgang:
Hindenburg: 14 655 766
Marx: 13 751 615
Thälmann: 1 931 151

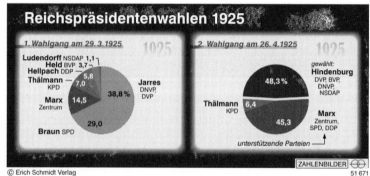

Oberbürgermeister Karl **Jarres**, im ersten Wahlgang nicht die erforderliche absolute Mehrheit erhielt, musste der Reichspräsident in einem zweiten Wahlgang mit nun relativer Mehrheit gewählt werden. Die Weimarer Koalition einigte sich auf den ehemaligen Kanzler Marx als gemeinsamen Kandidaten. Die Rechtsparteien erreichten die Kandidatur des 77-jährigen Feldmarschalls **Hindenburg**, der sich am 26. April mit knapper Mehrheit gegen Marx durchsetzte. Die meisten wählten ihn nicht aus politischen Erwägungen, sondern rein gefühlsmäßig. Sein Wahlleiter stellte später fest, die vierzehn Millionen hätten nicht den Menschen Hindenburg gewählt, sondern den Hindenburg der Legende, das patriarchalische Vorbild, dem man Rettungskräfte mystischer Art zuschreibt.[4] Die Wahl Hindenburgs bedeutete einen **Sieg der Rechtsparteien** und machte sie zuversichtlich, da sie Hindenburg aufgrund seiner Herkunft, seines Werdegangs und seiner politischen Einstellung als einen der ihren betrachteten. Mit seiner Wahl wurde die **entscheidende Position im Staat mit einem Mann besetzt, dem der neue Staat wesensfremd und unverständlich war.** „Auch in der Politik fand sich Hindenburg mit Hilfe der vertrauten militärischen Begriffe und Wertevorstellungen zurecht. Wie in der Armee Disziplin und Gehorsam das Ganze zusammenhielten, so sollte auch das Volk allgemein im Dienst am Vaterland den höchsten Lebenszweck finden. Das war ganz unpolitisch gedacht, und Hindenburg hat auch nie ein Hehl daraus gemacht, dass er nichts von Politik verstehe. Parteien hielt er für gänzlich überflüssig und vermisste die ,herzhafte' Tat bei der Führung der parlamentarischen Regierung, wie er auch nie den Nutzen des Kompromisses sehen konnte."[5] Seine Ziele bestanden in der Wiedergewinnung der alten Größe Deutschlands und in der Restauration des Kaiserreichs. Deshalb kommentierte Theodor Wolff im „Berliner Tageblatt" seine Wahl zutreffend folgendermaßen:

„Wir [die Republikaner] schämen uns nicht über die Niederlage – denn dann hätten auch Feldmarschälle schon oft das Haupt beugen müssen – aber wir empfinden Scham über die politische Unreife so vieler Millionen, die nun wieder den Augen der achselzuckenden Welt sich zeigt. Die gestrige Wahl war eine Intelligenzprüfung, und vor der zuschauenden Weltgalerie, vor mitleidig entsetzten Freunden und höhnenden Feinden [im Ausland] ist ungefähr die Hälfte des deutschen Volkes in dieser Prüfung durchgefallen. Was soll man, lautet das allgemeine Urteil, mit einem Volke anfangen, das aus seinem Unglück nichts lernt und sich immer wieder, auch zum zehnten und zwölften Male, von den gleichen Leuten am Halfterbande führen lässt?"[7]

Die **Wahl Hindenburgs** war eine **entscheidende Niederlage der Demokratie.**

Aus einem Kommentar der „Nationalen Frontsoldaten" (Ende April 1925): „Hindenburg führt uns wieder! Wir folgen ihm und bereiten uns vor, in stiller und zäher Kleinarbeit auf den Tag, der alle deutschen Stammesbrüder wieder einreiht in siegwollende Regimenter und Divisionen, in ein neues, großes Volksheer, das dem Reiche zurückgewinnt, was sein ist seit Jahrtausenden, das dem Reiche zurückholt auch das elsässische Land."[6]

Zusammenfassung: Die ruhigen Jahre der Weimarer Republik (1924–1929)

Nach dem Krisenjahr 1923 stabilisierten sich die politischen und wirtschaftlichen Verhältnisse, weshalb die fünf Jahre zwischen dem Dawes-Plan und dem Ausbruch der Weltwirtschaftskrise oft als die „ruhigen" oder „goldenen" Jahre Weimars bezeichnet wurden. Die Wirtschaft entwickelte sich positiv und fand wieder Anschluss an die Weltwirtschaft. Moderne Industriezweige (Flugzeug-, Auto-, Rundfunk-, Filmindustrie, elektrotechnische, chemische und optische Industrie) wuchsen. Allerdings lebte die deutsche Wirtschaft weitgehend von (teilweise kurzfristigen) Auslandskrediten, die die Banken oft in langfristige umgewandelt und weitergegeben hatten. Deshalb war die wirtschaftliche Konsolidierung trügerisch.

Die Sozialpolitik hatte sich seit den Tagen des Rats der Volksbeauftragten permanent weiter entwickelt und die soziale Lage, vor allem die der Arbeiterschaft und der Frauen, deutlich verbessert. Gegen Ende der Zwanzigerjahre stagnierte diese Entwicklung und wurde sogar rückläufig, so dass wichtige Errungenschaften wieder verloren gingen.

Technik und Wissenschaft entwickelten sich rasch und gewannen internationale Anerkennung. Dies verdeutlichen industrielle Großprojekte („Graf Zeppelin", Do X, die „Bremen") und zahlreiche höchste Auszeichnungen für deutsche Wissenschaftler. Die Künste erreichten in den Zwanzigerjahren ihre Blütezeit. Zahlreiche neue Kunstformen und Stile entwickelten sich. Literatur und Geisteswissenschaften, Musik, Theater und Film sowie die Bildenden Künste entfalteten sich in einem bisher nie da gewesenen Ausmaß.

Mit dem wirtschaftlichen Aufschwung und der Verbesserung des Lebensstandards stabilisierten sich auch die innenpolitischen Verhältnisse. Der Radikalismus nahm ab, die extremen Parteien verloren Wähler und sogar die rechts stehende DNVP beteiligte sich an zwei Regierungen.

Allerdings gab es auch problematische Entwicklungen, die sich in dieser Zeit deutlich bemerkbar machten: Im Gegensatz zur SPD verloren DDP und Z zwischen Ende 1924 und 1928 Wählerstimmen, die parlamentarische Basis wurde kleiner, Regierungskoalitionen dementsprechend schwieriger. Dies führte zu instabilen Regierungen, die meist Minderheitsregierungen waren und auf die Tolerierung durch andere Parteien angewiesen waren. Die SPD musste als Oppositionspartei bei wichtigen politischen Vorhaben die Regierung unterstützen, da die DNVP, auch wenn sie in der Regierungskoalition vertreten war, ihrer Linie treu blieb. Der Reichstag wurde häufig aufgelöst und konnte damit seine verfassungsmäßige Rolle nur unvollständig wahrnehmen. Bei der Reichspräsidentenwahl von 1925 konnten die staatstragenden Parteien die Wahl des Kandidaten der Rechtsparteien, Hindenburg, nicht verhindern. Damit war die entscheidende Position mit einem Manne besetzt, dem Republik und Demokratie wesensfremd waren.

Plakat der DNVP zur Reichstagswahl vom 6.11.1932. Die DNVP unterstützte Papens „Präsidentenkabinett" und die geplante Schaffung des „Neuen Staats".

11.1 Der Anfang vom Ende: Das Scheitern der Großen Koalition

Die Entstehung der Großen Koalition

Ergebnisse der Reichstags-wahl 1928, s. S. 112

Nachdem in den Jahren 1924 bis 1928 teils Regierungen der bürgerlichen Mittelparteien ohne parlamentarische Mehrheit, teils nach rechts tendierende Kabinette unter Einfluss der DNVP die Politik bestimmt hatten, schuf die Reichstagswahl vom Mai 1928 die Voraussetzungen für die **Große Koalition**. Sie kam unter der Führung des Sozialdemokraten Müller-Franken zustande, umfasste **SPD**, **DDP**, **Z**, **BVP** und **DVP** und verfügte über fast 59% der Parlamentssitze. Trotz dieser auf den ersten Blick stabilen Mehrheit war sie aufgrund ihres breiten Koalitionsspektrums von vornerein **labil und anfällig**. Sie wurde mehr von einzelnen Persönlichkeiten als von gemeinsamen Programmen und Zielen zusammengehalten. Erschwerend kam hinzu, dass sie von Anfang an großen **Belastungen** ausgesetzt war:

s. S. 91 f.

*   Die Revision des Dawes-Plans zog als Ergebnis den Young-Plan nach sich, der eine Radikalisierung des politischen Lebens bewirkte.
*   Die Auseinandersetzungen zwischen Arbeitgebern und Arbeitnehmern spitzten sich zu und belasteten das ohnehin problematische Verhältnis von SPD und DVP.

3. 10. 1929

*   Der Tod Gustav Stresemanns wirkte sich auf den Fortbestand der Großen Koalition negativ aus, da er der deutschen Außenpolitik 1923 bis 1929 Kontinuität gegeben, Deutschland zu Ansehen und Gleichberechtigung im Ausland verholfen und seine zerstrittene Partei (DVP) zusammengehalten hatte.

Die Weltwirtschaftskrise

Aufgrund der Zeitverschiebung begann die Weltwirtschaftskrise nach europäischer Zeit am 25. Oktober, dem „Schwarzen Freitag". Allein am 24. Oktober verloren Bankkunden ca. 30 Mrd. Dollar auf dem New Yorker Börsenmarkt.

Die Weltwirtschaftskrise begann als **Krise der industriellen Überproduktion und** der **hemmungslosen Börsenspekulation** in den USA. Am 24. Oktober 1929, dem „Black Thursday" brach die New Yorker Börse zusammen. Dies bewirkte eine sich rasch ausdehnende Absatzkrise, die zu Konkursen, extremer Arbeitslosigkeit und Armut führte. Sie griff im folgenden Jahr aufgrund der internationalen Finanz- und Wirtschaftsverflechtungen auf Europa über und hatte in allen Industrieländern einschneidende Folgen: Produktion, Beschäftigung, Löhne und Preise sanken stark ab. Die Weltwirtschaftskrise, die als konjunkturelle Krise in den USA begonnen hatte, war damit zu einer tief greifenden strukturellen **Krise der kapitalistischen Wirtschaft** geworden. Sie konnte erst Mitte der Dreißigerjahre mit sehr unterschiedlichen Mitteln überwunden werden. Die Weltwirtschaftskrise erschütterte besonders

das labile politische Gefüge der jungen Demokratien in Mittel-
und Osteuropa.

Die Weltwirtschaftskrise betraf das Deutsche Reich, nach den
USA, am stärksten. In dieser Situation wurde sehr schnell deutlich, dass die relative Stabilität der deutschen Wirtschaft auf Pump
beruht hatte. Vor allem die Umwandlung der kurzfristigen Aus-
landsanleihen in langfristige durch die deutschen Banken rächte
sich nun, als die amerikanischen Banken ihre kurzfristigen Kredite
aus Deutschland abzogen und die USA gleichzeitig mit protektio-
nistischen Maßnahmen (z. B. durch Importzölle) ihre eigene Wirtschaft zu retten versuchten. Nun fehlte in Deutschland jeglicher
finanzielle Rückhalt. Die unmittelbaren Folgen waren mangelnde
Liquidität und der Zusammenbruch vieler deutscher Banken. Dies
hatte massive **Auswirkungen in Deutschland**:

- Produktionsrückgang infolge der Überproduktion und der
  schwindenden Kaufkraft.
- Der Produktionsrückgang bewirkte Kurzarbeit, Entlassungen,
  Konkurse, Firmenzusammenbrüche und wachsende Arbeits-
  losigkeit.
- Große Teile der Bevölkerung gerieten in Not und Existenzangst.
  Dies führte zu einer finanziellen Dauerkrise der kleinen und
  mittleren Bauern.
- Die Steuereinnahmen verringerten sich bei gleichzeitig rapide
  ansteigenden staatlichen Soziallasten.
- Im politischen Bereich bewirkten diese Verhältnisse eine parla-
  mentarische Krise und den Sturz der Großen Koalition.

Das Scheitern der Großen Koalition

In dieser äußerst kritischen Situation wurden die in vielen Bereichen konträren wirtschaftlichen und sozialen Vorstellungen von
SPD und DVP offensichtlich, der **Handlungsspielraum der Koalition** wurde **immer geringer**. Die Gemeinsamkeiten reduzierten
sich auf ein absolutes Minimum an Kompromissen. Dabei ging es
nicht nur um parteipolitisches Taktieren, hier standen sich auch
die Interessenvertreter von Arbeitnehmern und Arbeitgebern gegenüber. So erscheint es folgerichtig, dass die Koalition an einem
sozialwirtschaftlichen **Problem**, nämlich der **Sozialversicherung**,
endgültig zerbrach. Mit der wachsenden Zahl der Arbeitslosen
musste die Frage der Arbeitslosenversicherung neu geregelt werden, da sie nur für ca. 800 000 Arbeitslose konzipiert worden war.
Die Koalition einigte sich nach heftigen Debatten im September
1929 auf 3,5 %. Als deutlich wurde, dass auch diese Erhöhung
nicht ausreichen würde, schlug die SPD Anfang März 1930 in einem Kompromiss die Erhöhung der Arbeitslosenversicherung
von 3,5 auf 4 % und ein langfristiges Sparprogramm vor. Die DVP
(und die Arbeitnehmerverbände) lehnten diesen Kompromiss

Erklärung des Vorstands der SPD (28.3.1930): „Die Sozialdemokratische Partei hat ihren Einfluss in der Koalitionsregierung benutzt, um die sozialreaktionären Pläne der Unternehmerverbände abzuwehren…Den Kampf, den die Sozialdemokratie in der Regierung geführt hat, wird sie außerhalb der Regierung fortführen.“[1]

ab. Obwohl die SPD schließlich die Begrenzung der Beitragserhöhung auf 3,75% vorschlug, war keine Einigung mehr zu erzielen und das Kabinett Müller musste zurücktreten. Im Grunde war es gar nicht um die minimale Erhöhung von einem Achtel Prozent für Arbeitnehmer und Arbeitgeber gegangen. Die **Ursachen** lagen tiefer: Die SPD wollte sich durch eine energische Interessenvertretung eine größere Basis bei der Arbeiterschaft verschaffen; die DVP und die hinter ihr stehende Industrie, die Reichswehr und der Reichspräsident wollten sich aus offensichtlichen politischen Erwägungen aus der „widernatürlichen“ Koalition mit der SPD lösen, um in einem „natürlichen“ Zusammengehen mit der DNVP das Heft in die Hand nehmen zu können. „Die stille Resignation, mit der die Große Koalition auseinander ging, machte es dem Reichspräsidenten und seinen Beratern leicht, einen neuen Weg einzuschlagen. **Das Versagen der Parteien** war so **offensichtlich**, dass man es Hindenburg kaum verdenken konnte, wenn er nach außerparlamentarischen Lösungen suchte.“[2] Das **Scheitern der Großen Koalition am 27. März 1930** bedeutete den **Anfang vom Ende der Weimarer Republik**.

11.2 Der Beginn der Präsidialkabinette

Bereits drei Tage nach dem Scheitern der Großen Koalition ernannte Hindenburg (auf Vorschlag von General von Schleicher) ohne vorausgehende Koalitionsverhandlungen den Finanz- und Steuerfachmann Heinrich **Brüning** (Z), den er wegen seiner soldatischen Vergangenheit schätzte, zum **Reichskanzler**. Die Übertragung des Regierungsamtes an einen Zentrumspolitiker ergab sich praktisch von selbst: „Die Zentrumspartei war seit 1919 an allen Reichsregierungen beteiligt gewesen, sie hatte stets das Scharnier zwischen den Linken und Rechten gebildet, und in gewissem Sinne war sie so zur eigentlichen Staatspartei der Republik geworden, ohne im Auf und Ab der Jahre je größere Einbußen an Wählern erlitten zu haben. Die Kabinette kamen und gingen, aber der Einfluss des Zentrums blieb nahezu unverändert. Jetzt, in der Krise des Parteienstaats, war die Stunde der einzigen stabilen Partei, des Zentrums gekommen.“[3]

Brüning war Frontsoldat und befehligte bei Kriegsende eine Maschinengewehr-Scharfschützenabteilung, die als Eliteeinheit direkt der Obersten Heeresleitung unterstellt war. Sie hatte den Befehl, die Revolution in Berlin niederzuschlagen.

Das Kabinett Brüning war die **erste Präsidialregierung**. Der neue Reichskanzler ersetzte lediglich die drei Minister der SPD durch Mitglieder rechter Parteien. Daraus lässt sich der Schluss ziehen, dass der Bruch der Großen Koalition sowohl von den bisherigen Koalitionspartnern der SPD, als auch vom Reichspräsidenten geplant worden war. Die neue Regierung, die deutlich rechts stand, hatte keine Mehrheit im Parlament, da sie sich nicht auf den radikalen Flügel der DNVP stützen konnte. Brüning verkündete am 1. April sein Regierungsprogramm, das in seinen Grundzügen schon seit Januar 1930 feststand. Zu diesem Zeitpunkt nämlich hatten sich Brüning, Treviranus (DNVP) und General Schleicher (Chef des Ministeramtes im Reichswehrministerium) als Sprecher der Reichswehr zur „Lösung" der nationalen Probleme zusammengefunden. Das Triumvirat war sich einig, dass eine neue Regierung (Brüning) ohne parlamentarische Bindung agieren und lediglich vom Vertrauen des Reichspräsidenten getragen werden sollte. Dieses Modell nannten die geistigen Väter das „**Hindenburg-Kabinett**". Den „alten Herrn" zu gewinnen, fiel ihnen nicht schwer. Er war der dauernden Zwistigkeiten müde geworden und sah die Verbesserung der Situation vorrangig in der Ausschaltung der ungeliebten SPD.

Mit dem Amtsantritt Brünings kamen dann folgende, vom Reichspräsidenten gebilligte **Richtlinien der neuen Politik** zum Tragen:

- Die Regierung sollte antiparlamentarisch, also ohne Koalitionsverhandlungen regieren.
- Sie steuerte einen scharfen antimarxistischen Kurs, der sich auch gegen die SPD richtete.
- Eine grundlegende Wandlung der Verhältnisse im deutschen Kernland Preußen wurde angestrebt.

In seiner Regierungserklärung am 1. April 1930 verkündete **Brüning** dem Reichstag das **Regierungsverständnis** seines Kabinetts. Er werde notfalls ohne das Parlament über Art. 48 per Notverordnungen und Art. 25 (Auflösung des Reichstags) regieren. Sein Kabinett sei, laut Hindenburgs Auftrag, an keine Koalition gebunden und werde „der letzte Versuch sein, die Lösung mit diesem Reichstag durchzuführen"[4] Dass die Kombination dieser beiden Artikel mit dem Ziel, den Reichstag auszuschalten, verfassungswidrig war, störte weder Brüning noch Hindenburg. Diese „**Präsidialregierungen**", die von nun an bis zum Untergang Weimars die Politik bestimmten, bedeuteten gleichzeitig das **Ende des parlamentarischen Systems**, da für den Reichskanzler nicht mehr das Vertrauen des Reichstags, sondern ausschließlich das des Reichspräsidenten nötig war. An die Stelle der parlamentarischen Demokratie trat nun die **Notverordnungs-Diktatur**, die, sofern das Parlament mitspielte, wenigstens noch halbparlamentarisch war. Entscheidend war, dass es jetzt für die Exekutive keine **parlamentarische Kontrolle** mehr gab. Dieses System war trotz aller verfassungsmäßigen Problematik immer noch besser als andere Varianten, die in der Folgezeit immer wieder von den Rechtskreisen erwogen wurden, nämlich die Militärdiktatur, die Restauration der Monarchie, der autoritäre Ständestaat oder die faschistische Diktatur nach italienischem Vorbild.

Zur Funktionsweise der Präsidialregierungen s. S. 122

Zusammenfassung: Die Krise des parlamentarischen Systems

Das Ergebnis der Reichstagswahl von 1928 erzwang eine Große Koalition, die aus SPD, DDP, Z, BVP und DVP bestand und von der SPD (Reichskanzler Müller) geführt wurde. Sie war aus einer Reihe von Gründen von Anfang an labil: Der innenpolitisch heftig umkämpfte Young-Plan bewirkte die Radikalisierung des öffentlichen Lebens, die Auseinandersetzungen zwischen Arbeitgebern und Arbeitnehmern bzw. deren parteipolitischen Vertretern SPD und DVP nahmen zu und der Tod Stresemanns, der die DVP zusammengehalten hatte, trug wesentlich zur politischen Instabilität bei.

Im Frühjahr 1930 trat die DVP aus der Regierung aus, womit die Große Koalition endgültig scheiterte. Auslöser war die Arbeitslosenversicherung. Alle Regierungsparteien waren sich zwar aufgrund der wirtschaftlichen Entwicklung (Weltwirtschaftskrise und deren Auswirkungen) über eine Erhöhung einig, konnten sich jedoch über die Modalitäten nicht einigen. Die eigentlichen Ursachen des Scheiterns lagen tiefer: Beide Flügelparteien dieser Koalition, die SPD genauso wie die DVP, befürchteten eine Abwanderung ihrer Wähler nach links bzw. rechts bei Fortführung der Koalition und nahmen die Arbeitslosenversicherung nur als Anlass, die Koalition Ende März 1930 zu beenden.

Mit der Ernennung Brünings (Z) zum Reichskanzler begann die kurze, aber entscheidende Phase der Präsidialregierungen. Sie waren nicht mehr vom Vertrauen des Reichstags, sondern ausschließlich vom Reichspräsidenten abhängig. Sie regierten nicht mehr verfassungskonform mit Notverordnungen nach Art. 48. Damit waren ein starker politischer Rechtsruck und eine grundlegende Veränderung der politischen Verhältnisse in Deutschland eingetreten. Die Präsidialregierungen bedeuteten das Ende der parlamentarischen Demokratie, an deren Stelle die nicht verfassungskonforme Notverordnungs-Diktatur getreten war.

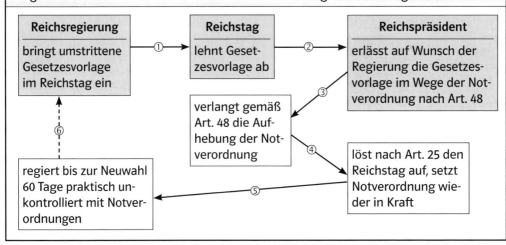

Machtmechanismus der Präsidialregierungen

Die Präsidialregierungen beruhten auf der (letztlich verfassungswidrigen) Kombination der Art. 48 und 25 der Weimarer Verfassung. Durch Androhung und gegebenenfalls Anwendung beider Artikel wurde das Parlament als Entscheidungszentrum ausgeschaltet.

Reichsregierung
bringt umstrittene Gesetzesvorlage im Reichstag ein

① →

Reichstag
lehnt Gesetzesvorlage ab

② →

Reichspräsident
erlässt auf Wunsch der Regierung die Gesetzesvorlage im Wege der Notverordnung nach Art. 48

③

verlangt gemäß Art. 48 die Aufhebung der Notverordnung

④

löst nach Art. 25 den Reichstag auf, setzt Notverordnung wieder in Kraft

⑥

regiert bis zur Neuwahl 60 Tage praktisch unkontrolliert mit Notverordnungen

⑤

Thomas Theodor Heine, „Sie tragen die Buchstaben der Firma – aber wer trägt den Geist?", Karikatur aus dem „Simplicissimus" von 1927

12.1 Die Regierung Brüning

Brünings außen- und wirtschaftspolitische Konzeption

Für Brüning dominierte, wie für alle seine Vorgänger, **die Außenpolitik**. Dies bedeutete für ihn:

- Demonstrierung der deutschen Zahlungsunfähigkeit als wesentliche Voraussetzung für die Beendigung der Reparationen.
- Streichung der Reparationen.
- Völlige internationale Gleichberechtigung auch auf militärischem Sektor.
- Machtpolitischer Wiederaufstieg Deutschlands.

H. Brüning (Zentrum)

Hier lag Brünings entscheidender Fehler: Eine Inflation war aus verschiedenen Gründen (z.B. hohe Arbeitslosenzahl) überhaupt nicht zu erwarten.

Im Winter 1929/30 wuchs die Zahl der Arbeitslosen bereits auf mehr als 3 Millionen.

Die vorrangigen Ziele seiner **Wirtschaftspolitik** waren die Gesundung der zerrütteten Staatsfinanzen unter den erschwerenden Bedingungen der Weltwirtschaftskrise und die Vermeidung einer Inflation. Diese Ziele glaubte der ausgewiesene Finanzfachmann Brüning durch die Gesundung des Staatshaushalts und die Vermeidung einer Inflation erreichen zu können. Das wesentliche Element seiner Wirtschaftspolitik nannte er in seiner Regierungserklärung vom 1. April: Er werde sich nicht scheuen, notfalls „außergewöhnliche Mittel" anzuwenden. Diese unmissverständliche Drohung implizierte die Auflösung des Reichstags und das Regieren mit Hilfe von Notverordnungs-Ermächtigungen des Reichspräsidenten.

Da die Zahl der Arbeitslosen weiter anstieg, beschloss er die **Erhöhung der Arbeitslosenversicherung** auf 4,5 % bei gleichzeitiger **Kürzung staatlicher Sozialleistungen und** zusätzlichen **Sondersteuern**. Als der Reichstag dieses Vorhaben ablehnte, setzte es Brüning per Notverordnung des Reichspräsidenten (Art. 48) in Kraft. Daraufhin lehnte der Reichstag mit großer Mehrheit die Notverordnung ab. Hindenburg löste daraufhin den Reichstag auf und ermöglichte Brüning dadurch eine verschärfte Fassung der vom Reichstag abgelehnten Notverordnung.

Die Reichstagswahl vom September 1930

Ergebnisse der wichtigsten Parteien (in %):

	1928	1930
KPD	10,6	13,1
SPD	29,8	25,5
DDP	4,9	3,8
Z	12,1	11,8
BVP	3,1	3,0
DVP	8,7	4,5
DNVP	14,2	7,0
NSDAP	2,6	18,3

Das Ergebnis der Reichstagswahl vom September 1930 war eine **Katastrophe des Parlamentarismus**. Es wurde ein „**Triumph der Verantwortungslosen**"[1]. Der Appell an die Nichtwähler hatte zu einer Mehrbeteiligung von fünf Millionen Deutschen geführt, die vorwiegend nationalsozialistisch stimmten. Die NSDAP konnte die Anzahl ihrer Sitze (1928: 12) fast verneunfachen (1930: 107). „In einem ‚Spartakusaufstand der politischen Dummheit' war ein politisch interesseloser Bevölkerungsteil mobilisiert worden, nur um der stärksten Agitation anheimzufallen, besonders der hemmungslosen Agitation gegen Versailles ... Dazu kam das Votum der Jugend, der die ‚jungen Parteien' voraussetzungslose Gläubigkeit, eine irrationale ‚Philosophie der Tat' und die Protestideologie der Jugendbewegung boten."[2] Die NS-Fraktion, die in brauner Uniform in den Reichstag einzog, demonstrierte ihr gewachsenes Selbstbewusstsein und forderte sofort die Aufhebung des Versailler Vertrags, die entschädigungslose Enteignung aller „Bank- und Börsenfürsten" sowie der Ostjuden und sonstiger „Fremdstämmiger". War das Parlament bis jetzt weit gehend funktionsunwillig gewesen, so war es jetzt eindeutig funktionsunfähig. **Parlamentarismus und Demokratie waren** damit **am Ende**.

Brünings Wirtschaftspolitik

Die Wahl hatte weitreichende wirtschafts- und innenpolitische Auswirkungen. Eine Folge waren rapide Kursstürze deutscher Werte im Ausland und die noch raschere Zurückziehung kurzfristiger ausländischer Kredite. Dadurch erfasste eine zweite, sehr starke Welle der Wirtschaftskrise Deutschland.

Innenpolitisch bewirkte das Ergebnis der Reichstagswahl, dass ausgerechnet die SPD die Notverordnungen Brünings tragen musste aus Furcht vor den braunen Massen und einem weiteren Rechtsrutsch, sollte die Regierung scheitern. Damit erhielt Brüning die entscheidende Voraussetzung, sein umstrittenes wirtschaftliches Sanierungsprogramm mit folgenden **Maßnahmen** durchzuführen:

- Scharfer Deflationskurs, d.h. künstliche Verknappung der im Umlauf befindlichen Geldmenge durch drastische Einschränkung der Staatsausgaben. Dadurch wollte Brüning den durch die Weltwirtschaftskrise belasteten Staatshaushalt ausgleichen.
- Senkung der Löhne der staatlichen Beamten und Angestellten.
- Kürzung der Renten für Invaliden und Kriegsbeschädigte sowie der Unterstützungssätze für Arbeitslose.
- Kürzung der Kinderzuschläge.
- Senkung der Preise, um die Exportfähigkeit der deutschen Industrie zu steigern.
- Erhebung neuer Steuern, z.B. Krisensteuer von 4 bis 5 Prozent auf sämtliche Einkommen, Ledigensteuer.
- Mit seiner Deflationspolitik und dem Zurückfahren des Staatshaushalts auf plus/minus Null wollte er den Siegermächten demonstrieren, dass Deutschland trotz aller Anstrengungen die Auflagen des Young-Plans nicht erfüllen konnte.

Als erste große Banken ihre Zahlungen einstellten, setzte ein panikartiger Ansturm auf die deutschen Geldinstitute ein, der vorübergehend zur Schließung aller Banken, Sparkassen und Börsen

Der deutsche Botschafter in Genf, Curtius: „Das Wahlresultat konsterniert den ganzen Völkerbund."
Der deutsche Botschafter in Paris berichtete, das Wahlergebnis habe zur Kündigung kurzfristiger französischer Kredite in Deutschland in beträchtlicher Höhe geführt. [3]

Am 18.10.1930 lehnte der Reichstag mit 318 zu 236 Stimmen zwölf (!) Misstrauensanträge der Nationalsozialisten, Deutschnationalen, der Landvolkpartei und der Kommunisten gegen Brüning ab.

führte. Als Folge der Gesamtentwicklung stieg die Zahl der Arbeitslosen im Winter 1931/32 auf über 6 Mio. an und hielt sich selbst im wirtschaftlich günstigen Sommer immer über der Fünfmillionengrenze. Die **Wirtschaftskrise** war **für Brüning ausschließlich ein finanzielles Problem** und seine **Wirtschaftspolitik** lediglich eine **Funktion seiner Außenpolitik**. Die unübersehbaren gesellschaftlichen und politischen Probleme (Verarmung weiter Teile der Bevölkerung, wachsender Rechtsradikalismus, Ruf nach dem „starken Mann") spielten in seinen Überlegungen nur eine untergeordnete Rolle. Für die Millionen Arbeitslosen und deren Familien bedeutete die **Weltwirtschaftskrise** aber den täglichen Kampf um die nackte Existenz. Extreme Not, tiefe Hoffnungslosigkeit und die wachsende Verbitterung bereiteten den **Nährboden für die links- und** (vor allem) **rechtsradikalen Parteien.**

Die Entwicklung der Arbeitslosigkeit in Deutschland von 1928 bis 1939

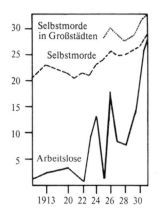

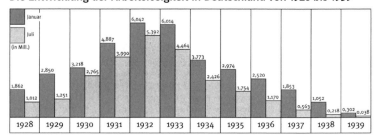

Das zweite Kabinett Brüning: 9.10.1931–30.5.1932

1931 regierte Brüning mit 43 Notverordnungen, 1932 (bis Ende Mai) mit 19. Weit verbreiteter sarkastischer Kommentar aus dem Volk: „Brüning verordnet Not."

Das Scheitern der deutsch-österreichischen Zollunion erzeugte eine erneute Propagandawelle der Rechten, die die Umbildung des Kabinetts zur Folge hatte. Brünings **zweites Kabinett** sollte dem Wunsche des Reichspräsidenten entsprechend **keinerlei „parteimäßige Bindung"** mehr haben. Mit der völligen Unabhängigkeit vom Reichstag und der Entlassung der dem linken Zentrum zugeordneten Minister Wirth und Guérard sollte eine **deutliche Tendenz nach rechts** dokumentiert werden. In dieser Situation erwog Brüning die Einbeziehung der NSDAP, um sie zu „zähmen" und „abzunutzen". Er gab sich bei dieser Absicht einer weit verbreiteten und – wie sich noch herausstellen sollte – verhängnisvollen Illusion hin. Sein Vorhaben scheiterte schließlich an der kompromisslosen Forderung Hitlers, nur als Reichskanzler in ein Präsidialkabinett einzutreten. Da dies sowohl von Brüning als auch von Hindenburg strikt abgelehnt wurde, spitzte sich die innenpolitische Krise weiter zu. Die Auseinandersetzungen verlagerten sich mehr und mehr auf die Straße und erzeugten **bürgerkriegsähnliche Zustände**, die ihre Höhepunkte in blutigen Saal- und Straßenschlachten fanden. An ihnen waren nahezu alle politischen und paramilitärischen Gruppierungen beteiligt, besonders die SA und der Rote Frontkämpferbund der KPD. Am 11. Oktober 1931 trafen sich in Bad Harzburg alle Feinde der Republik und bliesen zum Sturm auf die Regierung Brüning und das verhasste „System" („**Harzburger Front**"): NSDAP, DNVP, DVP, Stahlhelm, Reichslandbund, Alldeutscher Verband und Prominenz aus Adel und Wirtschaft. Als Reaktion auf die Harzburger Front gründeten SPD, ADGB (Allgemeiner Deutscher Gewerkschafts-Bund), AfA-Bund (Allgemeiner freier Angestellten-Bund), Reichsbanner und Arbeitersportorganisationen Mitte Dezember 1931 die militant auftretende „Eiserne Front".

Prominente Teilnehmer: Die Generäle von Lüttwitz und von Seeckt, Hitler, Hugenberg, Schacht sowie der SA-Obergruppenführer Prinz August-Wilhelm von Preußen.

Brünings Außenpolitik

Seine außenpolitische **Ziele** waren absolut identisch mit denen seiner Vorgänger. Er strebte die Revision des Versailler Vertrags an, vor allem die Beendigung der Reparationen und die Erreichung der militärischen Gleichberechtigung.

Angesichts der katastrophalen wirtschaftlichen und sozialen Verhältnisse in Deutschland trug Brünings rigoroser Sparkurs tatsächlich außenpolitische **Erfolge**. Es gelang ihm, Amerikaner und Briten von der Zahlungsunfähigkeit Deutschlands und der gefährlichen innenpolitischen Situation zu überzeugen. Die Folgen waren das Hoover-Moratorium (1931) und die Einberufung der Konferenz von Lausanne (Juli 1932), die eine abschließende Regelung des Reparationsproblems treffen sollte.

s. S. 92 f.

Auch bei einem anderen deutschen Problemfeld hatte Brüning Erfolg: Auf der Abrüstungskonferenz von Genf (Frühjahr 1932) erreichte er von der amerikanischen, britischen und italienischen Delegation die Revision militärischer Bestimmungen des Versailler Vertrags. Damit war das Ziel aller deutschen Regierungen, eine umfassende Revision des Vertrags, zum Greifen nahe.

Vereinbart wurde neben der personellen Erhöhung der Reichswehr vor allem die Aufhebung der waffentechnischen Beschränkungen.

Brünings Sturz

Offizieller Anlass wurde Brünings „**Siedlungsbolschewismus**", d.h. die angebliche Benachteiligung ostelbischer Großgrundbesitzer. Das Reich hatte ihnen großzügig Hilfe gewährt, nicht zuletzt aufgrund der engen Verbindungen zwischen den ostelbischen Gutsbesitzern und dem Reichspräsidenten. Der nüchterne Wirtschaftsfachmann Brüning hatte jedoch alle nicht sanierungsfähigen Güter bei voller Entschädigung der Besitzer zwangsweise aufgeteilt. Dieser Plan führte zu heftigen Interventionen der Betroffenen bei Hindenburg, der Brünings „Agrar-" bzw. „Siedlungsbolschewismus" in recht ungewöhnlicher und brüskierender Weise ahndete.

Zu seinem 80. Geburtstag (1927) hatten die ostelbischen Junker Hindenburg das ostpreußische Gut Neudeck geschenkt.

Entscheidend für seine Entlassung waren jedoch zwei **andere**, tiefer liegende **Gründe**. Erstens: Brünings Regierung war dem Reichspräsidenten nicht rechts genug, er wollte und konnte nicht verstehen, dass sich Brüning im Parlament immer noch mit den

Sozialdemokraten abgab und nicht bereit war, sich ausschließlich auf den rechten Reichstagsflügel (DNVP, NSDAP) zu stützen. Zweitens: Brüning hatte den sehr greisen Hindenburg in seinem Vorhaben bestärkt, für eine zweite Amtsperiode als Reichspräsident zu kandidieren und hatte bei Industriellen und Wirtschaftsverbänden für ihn geworben. Zur tiefen Enttäuschung Hindenburgs stellten gerade die Rechtskreise, der „Stahlhelm", dessen Ehrenvorsitzender er war, die DNVP und die NSDAP mit Hitler einen Gegenkandidaten. Unterstützt wurde er nun als das kleinere Übel von allen republikanisch gesinnten Parteien, darunter auch von der SPD. Dass er schließlich mit Hilfe der von ihm verachteten Parteien, vor allem mit Hilfe der SPD, wieder gewählt wurde, nahm er Brüning sehr übel. Er entzog Brüning das Vertrauen, dem daraufhin am **30. Mai 1932** nichts anderes übrig blieb als der **Rücktritt**, nach eigener Meinung und angesichts seiner außenpolitischen Erfolge „hundert Meter vor dem Ziel".

Die Beurteilung Brünings

Auch nach dem Erscheinen seiner Memoiren sind Brünings Politik und Persönlichkeit umstrittener denn je. So kann heute die Ansicht, Brüning sei trotz aller aus der Not geborenen Maßnahmen im Grunde dem Ideal der Demokratie verpflichtet gewesen, nicht mehr aufrecht erhalten werden. Seine Wirtschaftspolitik war der Außenpolitik völlig untergeordnet. Er zeigte nicht nur eine kalte, **erschreckende Gleichgültigkeit gegenüber der** Not von Millionen, sondern er plante auch eine **schrittweise Reduzierung des demokratischen Systems zugunsten** der Wiedereinführung **der Monarchie**.

Die **neuere Geschichtsschreibung** ist sich zwar einig in der negativen Beurteilung seiner wirtschafts- und innenpolitischen Maßnahmen, **kommt** jedoch bezüglich der Beurteilung seiner langfristigen Ziele und bei der Gesamtwürdigung des Politikers **zu unterschiedlichen Ergebnissen**. Manche Historiker betonen den schrittweisen Abbau verfassungsmäßiger Elemente und die rigorose Unterordnung der Wirtschafts- und Innenpolitik unter die Außenpolitik und damit seine Krisen verschärfenden Maßnahmen. Sie charakterisieren ihn als ersten Kanzler, der den Untergang Weimars betrieben bzw. verschuldet habe. Andere sehen in erster Linie die positiven Aspekte seiner langfristigen außenpolitischen Ziele und meinen, er sei nicht nur an seinen politischen Maßnahmen gescheitert, sondern auch an der fast ausweglosen strukturellen und menschlichen Verstrickung der deutschen Verhältnisse um 1930. Eine gewisse Tragik wird im Allgemeinen darin gesehen, dass Erfolge, die Brüning vorbereitete bzw. erkämpfte, seinen Nachfolgern unverdient in den Schoß fielen.

12.2 Die Reichspräsidentenwahl von 1932

Die zweite Wahl Hindenburgs im Frühjahr 1932 spiegelt die paradoxen Verhältnisse der Weimarer Republik wider. Ausgerechnet die früheren Gegner Hindenburgs, also SPD, Z und die DDP verhalfen ihm – wohl oder übel – zu einer zweiten Amtsperiode, um Hitler als Staatsoberhaupt zu verhindern.

In der Folgezeit erhielt **die Kamarilla***, eine Art Schattenkabinett um Hindenburg, immer größeren Einfluss auf den „alten Herrn" und **bestimmte die politischen Geschicke Deutschlands wesentlich**. Zu diesen einflussreichen „Beratern" des Reichspräsidenten gehörten sein Sohn Oskar als persönlicher Adjutant, der Staatssekretär Meißner, der Chef des Ministeramtes im Reichswehrministerium General Kurt von Schleicher und die Interessenvertreter der ostelbischen Großgrundbesitzer.

1925 war Hitler auf eigenen Antrag aus der österreichischen Staatsbürgerschaft entlassen worden. Am 26.2.1932 wurde er, um kandidieren zu können, von Parteifreunden zum „Regierungsrat" in Braunschweig ernannt, womit automatisch die deutsche Staatsbürgerschaft verbunden war.

Plakat zur Reichspräsidentenwahl

Nach der Präsidentenwahl: „Sie können ruhig in Hannover bleiben, Herr Präsident, – wir werden das Kind schon schaukeln!" Zeichnung von Th. Th. Heine

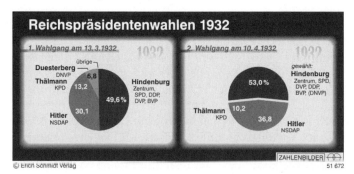

Das „Kabinett der Barone"

Lediglich drei Minister waren nicht adlig.

Franz von Papen

Bereits zwei Tage nach Brünings Entlassung ernannte Hindenburg Kurt von Papen, einen ehemaligen Berufsoffizier, zum Reichskanz-ler. Das Erstaunen über den neuen Reichskanzler, den General Schleicher gesucht und gefunden hatte, war sogar in den konser-vativen Kreisen außerordentlich groß. Papen, der bisher politisch noch nicht sonderlich in Erscheinung getreten war, spielte eine Rolle in der rheinisch-westfälischen Adelswelt; seine geistigen Ga-ben und politischen Fähigkeiten wurden im Allgemeinen jedoch nicht allzu hoch eingeschätzt. Als Schleicher darauf einmal mit der Feststellung angesprochen wurde: „Der Papen ist doch kein Kopf", da antwortete er mit der aufschlussreichen, die Situation Weimars insgesamt charakterisierenden Bemerkung: „Das soll er ja nicht sein, aber er ist ein Hut."[6] Ausschlaggebend war, dass er in die Pläne Schleichers passte. Er hatte nämlich in einer Rede im preußischen Abgeordnetenhaus Brüning geraten, „eine Diktatur auf nationaler Grundlage" zu installieren und ihm hierfür die „He-ranziehung und sinnvolle Eingliederung der nationalen Rechten und der Nationalsozialisten" geraten. Reichswehrminister und damit der **eigentliche Machtinhaber** war General **von Schleicher**, der das Vertrauen des Reichspräsidenten besaß.

Papen bildete das so genannte **„Kabinett der Barone"**, in dem als starker Mann Schleicher das Amt des Reichswehrministers über-nahm. Das übergeordnete Ziel Papens bestand in Übereinstim-mung mit Hindenburg in einer entschiedenen Rechtspolitik, deren Ergebnis ein **autoritärer „Neuer Staat"** sein sollte. Diesen „Neuen Staat" charakterisierte Papens Sekretär, E. Jung, folgendermaßen: Demokratie bedeute die Herrschaft des Geldes und der Massen. Deshalb sei das Ziel eine konservative Revolution, die „Wiederein-setzung aller jener elementaren Gesetze und Werte, ohne die der Mensch den Zusammenhang mit der Natur und mit Gott verliert und keine neue Ordnung aufbauen kann." An die Stelle der „so-zialen Gesinnung" müsse der „gerechte Einbau in eine gestufte Gesellschaft" treten, an die Stelle der „mechanischen Wahl" das „organische Führerwachstum".[8]

Im **Inland** führte Papens Ernennung zu Reaktionen an der Bör-se. Eine starke Flucht in die Sachwerte war festzustellen. SPD und Zentrumspresse griffen Papen scharf an, so dass er einem drohen-den Parteiausschluss vorsichtshalber durch einen raschen Austritt aus dem Z zuvorkam. Im **Ausland** wurde mit unverhohlener Kritik nicht gespart. Vor allem in Amerika lösten die „Papen-Vorgänge" große Empörung aus, da man seine Ernennung als bewussten Af-front gegen die Stimmung in der Welt und besonders in Amerika ansah.

Papens Politik der Vorleistungen gegenüber der NSDAP

Unmittelbar nach Amtsantritt ging Papen daran, die Versprechen einzulösen, die Schleicher der NSDAP für die Tolerierung des neuen Kabinetts gegeben hatte. So ließ er durch den Reichspräsidenten am 4. Juni den Reichstag auflösen und Neuwahlen für den 31. Juli ansetzen. Ferner hob er am 16. Juni das Verbot der SA und SS auf, mit dem sein Amtsvorgänger die bürgerkriegsähnlichen Zustände, die maßgeblich von den NSDAP-Organisationen verursacht wurden, einzudämmen versucht hatte. Die Aufhebung des Verbots und die Aufwertung der NSDAP war für die Nationalsozialisten ein deutliches Indiz für die baldige Übernahme der Regierungsgewalt durch ihre Partei.

Die **Folgen** dieser Maßnahmen waren blutige Kämpfe und Auseinandersetzungen in ganz Deutschland, z.B. der „Altonaer Blutsonntag" (17.7.1932), an dem sich SA, Kommunisten und Polizei eine regelrechte Schlacht lieferten, die 17 Tote und hunderte von Verletzten zur Folge hatten. Derartige Straßenkämpfe kamen Papen gelegen, da sie ihm die Begründung für den so genannten Preußenschlag lieferten.

Reichsinnenminister von Gayl (Juni 1932): „Die junge, immer weitere Kreise erfassende Bewegung Adolf Hitlers musste, um die in ihr lebendigen nationalen Kräfte dem Wiederaufbau des Volkes nutzbar zu machen, von den ihr unter Severing [preußischer Innenminister] und Brüning angelegten Fesseln befreit und zum erfolgreichen Kampf gegen den internationalen Kommunismus gestützt werden." [9]

Der Preußenschlag

Absolute innenpolitische Priorität hatte in der Regierung Papen die Errichtung des „Neuen Staats". Als grundlegende Voraussetzung hierfür sah Papen die **Ausschaltung der SPD-geführten preußischen Regierung** und damit die Beseitigung des Gegensatzes zwischen dem Reich und Preußen an. Mitte Juli war Papen bereit, den „Sprung nach Preußen" zu wagen. Alles, was er noch brauchte, war ein halbwegs geeigneter Auslöser, mit dem sich die Einverleibung Preußens rechtfertigen ließ. Mit diesem Vorhaben verfolgte Papen mehrere **Ziele**. Er wollte

- sich bei den Rechten als tatkräftiger Politiker profilieren,
- die „marxistische Gefahr" abwenden und
- sich durch die Übernahme der Regierungsgewalt im größten Land des Reichs den für seine Politik nötigen Zuwachs an Macht verschaffen.

20.7.1932

In Preußen hatte die bisherige Regierungskoalition aus SPD, Z und DDP bei den Landtagswahlen nicht mehr die Mehrheit erreicht. Als das Gerücht von einem SPD-KPD-Bündnis aufkam, erreichte Papen Hindenburgs Unterstützung für ein energisches Vorgehen gegen das „rote Bündnis". Mit Hilfe des Artikels 48 verfügte Papen die **Absetzung der** noch amtierenden **Regierung Braun** (SPD) in Preußen mit der Begründung, sie habe ihre Pflichten gegenüber dem Reich verletzt, und übernahm gleichzeitig als Reichskommissar die Regierungsgeschäfte. Das Vorgehen Papens hatte **keine**

Kurze Zeit nach dem „Preußenschlag" erwies sich dieses Gerücht als unwahr.

Schreiben Papens an Braun: „Nachdem der Herr Reichspräsident mich durch die Verordnung vom 20. Juli 1932… zum Reichskommissar für das

Land Preußen bestellt hat, enthebe ich Sie Ihres Amtes als Preußischer Ministerpräsident." [10]

gesetzliche Berechtigung und bedeutete insofern einen Staatsstreich, der die einzige innenpolitische Kraft, die sich dem Straßenterror von links und rechts noch entgegen gestellt hatte, beseitigte.

Nachdem der Ausnahmezustand über Berlin und Brandenburg verhängt worden und die exekutive Gewalt damit an den Militärbefehlshaber übergegangen war, trat die preußische Regierung angesichts der massiven Drohungen und der hoffnungslosen Lage zurück. Das einzige Gegenmittel, ein Generalstreik, war aufgrund der wirtschaftlichen Situation (5 Mio. Arbeitslose) ebenso unbrauchbar und illusionär wie der bewaffnete Widerstand. Auch wollte die Führung der preußischen SPD nicht „mutig auf Kosten der Genossen" sein, wie es der preußische Innenminister Severing formulierte. Zudem konnte ja noch der Staatsgerichtshof in Leipzig, wenn auch ohne große Erfolgsaussichten, angerufen werden: Dieser traf im Oktober 1932 eine merkwürdige Entscheidung: Die Absetzung der preußischen Regierung sei nicht rechtens gewesen, das Vorgehen Papens gegen Preußen sei jedoch in „einer Zeit schwerer Störung und Gefährdung der öffentlichen Ordnung" [11] mit der Verfassung vereinbar. Demzufolge durfte zwar die preußische Regierung das Land im Reichsrat vertreten, die tatsächliche Macht jedoch blieb in den Händen der Reichsregierung, die den Spielraum Brauns durch eine Verordnung des Reichspräsidenten sofort auf ein Minimum beschränkte. Der Staatsstreich Papens wurde von den Rechten mit Begeisterung aufgenommen, als „Liquidierung der Novemberherrschaft" bejubelt und als Schwäche der Demokratie bewertet.

Die Reichstagswahlen vom Juli und November 1932

Berlin am Sonntag.
„Ist der Mann unters Auto gekommen?" – „Nein, unter die Nationalsozialisten!"
Zeichnung von E. Schilling

Die NSDAP-Zeitung der „Völkische Beobachter" stellte fest: „Der Anfang ist gemacht, wir werden sie [die Liquidierung der Republik] zu Ende führen." [12]

Der Wahlkampf der ersten Reichstagswahl von 1932 war bestimmt von der wirtschaftlichen Misere, der Massenarbeitslosigkeit und dem Gezänk der Parteien und politischen Gruppierungen. Er entwickelte sich zu einem Bürgerkrieg, der alles Bisherige an Brutalität, Diffamierung und Hass übertraf. Die Wahl, die mit 84% die höchste Wahlbeteiligung bisher hatte, wurde eine katastrophale Niederlage der staatsbejahenden Parteien (SPD, Z, DDP, Teile der DVP) und ein triumphaler Gewinn der antidemokratischen Parteien, die zusammen ca. 60% aller Stimmen erhielten. Allein die beiden extrem antidemokratischen Parteien NSDAP und KPD hatten zusammen ca. 52% aller Wählerstimmen erhalten. Vor allem die NSDAP konnte sich bei einem Anwachsen ihrer Parlamentssitze von 107 auf 230 als der große Gewinner fühlen.

Mit diesem Ergebnis führte für Papen kein Weg mehr an der NSDAP vorbei. Als er ihr einige Ministerien anbot, lehnte Hitler, wie zu erwarten, im Vollgefühl seines Sieges eine „Beteiligung an der Macht" ab und forderte kategorisch die Kanzlerschaft, die

Hindenburg ihm unter Hinweis auf die Radikalität seiner Partei und der Wirkung auf das Ausland nicht zu geben gewillt war. Der Ausschluss von der Macht führte zu einer Krise in der NSDAP, die den greifbaren Erfolg in weite Ferne gerückt sah. Kritik an Hitlers Halsstarrigkeit und Kompromisslosigkeit wurde laut und Enttäuschung machte sich vor allem in der SA breit, die endlich die Früchte ihres Kampfes sehen wollte. Da die braunen Schlägertruppen aus Enttäuschung über diese Situation noch brutaler gegen ihre Gegner vorgingen, erließ Hindenburg am **9. August** eine **Notverordnung gegen politischen Terror**, die vor allem die Brutalität der SA, aber auch des Roten Frontkämpferbundes eindämmen sollte.

Angesichts dieser Verhältnisse ließ sich die NSDAP auf Verhandlungen mit dem Zentrum über die politische Zukunft Deutschlands ein. Da Papen einen mehrheitlich gewählten Kanzler Hitler befürchtete, ließ er den Reichtag, der ihm zuvor noch mit 512 zu 42 Stimmen (bei 5 Enthaltungen) das Misstrauen ausgesprochen hatte, mit einer verfassungsrechtlich höchst anfechtbaren Begründung auflösen („Weil die Gefahr besteht, dass der Reichstag die Aufhebung meiner Notverordnung vom 4. September d.J. verlangt."[15]) .

Auch die **zweite Reichstagswahl** vom 6. November war begleitet von Gewalttaten, Streiks und Auseinandersetzungen zwischen politischen Kampfgruppen und der Ordnungsmacht. In dieser Situation kam es sogar zum gemeinsamen Vorgehen der SA und des Roten Frontkämpferbundes, die ihren Hauptgegner, allerdings aus unterschiedlichen Gründen, in der SPD sahen. Auffallend waren neben der geringen Wahlbeteiligung die **Ergebnisse** der extremen Parteien:

* Die NSDAP erlitt eine große Niederlage. Sie verlor, in erster Linie an DNVP und DVP, ca. 2 Mio. Wähler und damit den Nimbus der unbesiegbaren, unaufhaltsamen Partei. Offensichtlich hatte ihr radikales Auftreten und ihr zeitweiliges Kampfbündnis mit den kommunistischen Schlägertrupps das rechte Bürgertum schockiert und geängstigt.
* Die KPD gewann von der SPD, aber auch von anderen Parteien insgesamt ca. 670 000 Stimmen, erzielte ihr bestes Ergebnis in der Weimarer Republik und war der größte Wahlgewinner.
* Beide extremen Parteien erreichten zusammen exakt 50,0 %, so dass sich an den bestehenden Parlamentsverhältnissen nichts änderte.

Während die NSADP von einer großen Krise befallen und von Zweifeln geschüttelt wurde, sah die KPD in ihrem Ergebnis den Beweis für die Richtigkeit ihrer Parteilinie. Die wachsende Selbstzerfleischung der beiden Arbeiterparteien ermöglichte es der NSDAP, ihre Position zu behaupten und wieder zu festigen.

Tagebucheintragungen Goebbels' (6.8.1932): „Der Führer besteht auf seiner Kanzlerschaft und auf dem preußischen Ministerpräsidentenposten; das Reichs- und preußische Innenministerium, ein neu zu gründendes Volkserziehungs- und Propagandaministerium, Landwirtschaft und Luftfahrt sollen uns überantwortet werden. Ebenso die Justiz."[13]

Im oberschlesischen Potempa trampelten am 10.8.1932 SA-Leute einen kommunistischen Bergarbeiter vor den Augen seiner Mutter zu Tode. Ein Sondergericht verhängte fünf Todesurteile, die aber bald in Zuchthaus umgewandelt wurden. Hitler zeigte sich in einem Telegramm an die Mörder über das „ungeheuerliche Bluturteil" empört und versprach, ihnen „in unbegrenzter Treue verbunden" zu bleiben. [14]

Für die KPD war die SPD, die „Sozialfaschismus" betrieb, die „Verräterin der Arbeiterklasse" und damit schlimmer als der „natürliche" Feind NSDAP.
1932 fanden 2 Reichspräsidenten-, 2 Reichstags- sowie Landtags- und Kommunalwahlen statt.

Die Reichstagswahlen vom 31.7.1932 und 6.11.1932:

	31.7.1932	6.11.1932
KPD	14,5	16,9
SPD	21,6	20,4
DDP	1,0	1,0
Z	12,5	11,9
BVP	3,2	3,1
DVP	1,2	1,9
DNVP	5,9	8,3
NSDAP	37,3	33,1
Sonstige	2,8	3,4

12 Die Außen- und Wirtschaftspolitik Papens

Je größer Papens innenpolitische Schwierigkeiten wurden, umso größer wurde die Notwendigkeit außenpolitischer Erfolge. Um den Nationalsozialisten den Wind aus den Segeln zu nehmen, ging er weit über die Außenpolitik seines Vorgängers hinaus und forderte

- die völlige Streichung der Reparationen,
- die Löschung des Kriegsschuldartikels 231 des Versailler Vertrags und
- die Anerkennung der völligen Gleichberechtigung Deutschlands.

s. S. 93

Zunächst sah es so aus, als könne er trotz seiner Maximalforderungen und der Kompromisslosigkeit, mit der er sie vortrug, Erfolge erringen. Nach zähen Verhandlungen setzte nämlich die **Reparationskonferenz von Lausanne** eine endgültige Restzahlung von 3 Mrd. Reichsmark fest. Obwohl damit die endgültige Einstellung der Reparationen praktisch erreicht war und Papen, vor allem mit britischer Hilfe, die Früchte der Politik Stresemanns und Brünings ernten konnte, beschimpfte ihn die kommunistische und nationalsozialistische Opposition als nachgiebigen Schwächling, dem die Alliierten einen Schuldschein abgepresst hätten.

König Pyrrhus von Epirus (südlich von Albanien) nach zwei sehr verlustreichen Siegen über die Römer 280 und 279 v. Chr.: „Noch so ein Sieg und ich bin verloren."

Dieser „Pyrrhus-Sieg" veranlasste Papen, seine Forderungen gegenüber dem Ausland in der Frage der militärischen Gleichberechtigung zu erhöhen. Vor allem Schleicher drängte auf Härte und Unnachgiebigkeit. Trotz eines brüskierenden Ultimatums, Deutschland werde in Zukunft nicht mehr an Abrüstungskonferenzen teilnehmen, sollte seiner Forderung nicht bald entsprochen werden, erreichte die deutsche Delegation auf der Genfer Konferenz am 11. Dezember 1932 die grundsätzliche **Anerkennung ihrer militärischen Forderungen**. Deren konkrete Bedingungen sollten auf einer Folgekonferenz festgelegt werden.

Die Genfer Abrüstungskonferenz erkannte am 5.12.1932 Deutschlands militärische Gleichberechtigung feierlich an.

Mit seiner **Wirtschaftspolitik** war Papen durchaus **erfolgreich**. Er setzte ein bereits von Brüning entworfenes Beschäftigungsprogramm um, kurbelte – in krassem Gegensatz zur Deflationspolitik seines Vorgängers – die Wirtschaft mit einem staatlichen Arbeitsbeschaffungsprogramm an, schuf für die Unternehmern durch Steuervergünstigungen und Beschäftigungsprämien Anreize zur Ausweitung ihrer Produktion und ihrer Investitionen und holte arbeitslose Jugendliche durch die Gründung des Freiwilligen Arbeitsdienstes und des „Reichskuratoriums für Jugendertüchtigung" von der Straße. Seine für damalige Zeit sehr **moderne antizyklische Konjunkturpolitik**, die allerdings **begleitet** wurde von weiteren **Einschränkungen der Sozialleistungen**, trug erkennbare Früchte: Im Oktober 1932 besserte sich die Wirtschaftslage, die saisonal bedingte Arbeitslosigkeit stieg geringer an als im Herbst

Gregor Strasser, enger Mitarbeiter Hitlers befürchtete im Oktober 1932, Papens Politik könne erfolgreich sein. „Denn wenn er Erfolg hat, wenn in diesem Winter ein bis zwei Millionen Erwerbslose Arbeit finden und die Wirtschaft sich erholt, ist der Abstieg der Nationalsozialisten die unvermeidliche Folge." [15]

des Vorjahres und die Handelskammer Essen berichtete, dass „der vorliegende Jahreswirtschaftsbericht eine freundlichere Grundfärbung [trägt]. Auf jeden Fall will es scheinen, als ob die rückläufige Konjunktur im Großen und Ganzen abgestoppt sei." [16]

Papens „Neuer Staat"

Das Ergebnis der Reichstagswahl vom November bestätigte Papen in seinem Vorhaben, den „Neuen Staat" zu schaffen. Dieser sollte bezüglich der Herrschaftsverhältnisse und der Verteilung der politischen Macht so sein, dass er hinter das Jahr 1918 zurückgreifen würde. Er sollte folgende konkrete **Charakteristika** haben:
- Der Reichspräsident sollte zugleich preußischer Ministerpräsident und die Reichsregierung nur ihm verantwortlich sein.
- Die Rechte des Reichstags werden durch ein Kontrollrecht des Oberhauses noch geringer als die des kaiserlichen Reichstags.
- Die Wahlen werden öffentlich, ungleich und indirekt.

Derartige Maßnahmen waren selbst auf halblegalem Weg nicht zu erreichen. Es war deshalb ein **erneuter Staatsstreich**, diesmal für das ganze Reich **nötig**.

Schleicher und Papen als Reichsreformatoren, neues preußisches Wappen für Großdeutschland „Geduld! Eines Tages bringen wir das unvermeidliche Volk doch unter die Krone!"
Zeichnung von Karl Arnold

Papens Sturz

Papen hatte sich bereits die Unterstützung des Staatsstreichs durch Hindenburg gesichert, als ihm Schleicher am 1. Dezember den Beistand der Reichswehr aus zwei Gründen verweigerte: Zum einen behagte ihm der Einsatz gegen die NSDAP nicht, der bei Papens Staatsstreich unweigerlich auf die Reichswehr zugekommen wäre. Deshalb erklärte er, die Ordnungskräfte des Reichs und der Länder seien nicht in der Lage, die verfassungsmäßige Ordnung gegen Nationalsozialisten und Kommunisten aufrechtzuerhalten. Zum anderen war ihm Papens Kurs zu selbständig geworden. Als sich auch andere Minister gegen Papens Vorhaben aussprachen, musste Hindenburg schweren Herzens seinen Lieblingskanzler entlassen.

12.4 Bürgerkrieg in Permanenz

Mit der eklatanten Verschlechterung der wirtschaftlichen Lage seit 1930 verschärften sich die gewaltsamen politischen Auseinandersetzungen und prägten zunehmend die innere Situation Weimars. Die Regierungen bzw. der Reichspräsident versuchten mit zahlreichen Notstandsgesetzen die wachsende politische Gewalt einzudämmen und den Ausbruch des schwelenden Bürgerkriegs zu verhindern. Anfang Dezember 1931 verkündete Brüning deshalb in einer Rundfunkrede, dass die Regierung „mit unerbittlicher Strenge" gegen alle gewalttätigen Gruppen vorgehen werde.[19] Da die maßgeblichen Politiker jedoch die Ursache im linken politischen Spektrum sahen und meist dazu tendierten, die eigentliche Gefahr, die Nationalsozialisten, in die politische Verantwortung einzubinden und dadurch abzunutzen, änderten derartige Versuche nichts. Um die Jahreswende 1931/32 waren bürgerkriegsähnliche Auseinandersetzungen zu einer fast schon „normalen" Erscheinung des politischen Lebens geworden. Anfang Juli 1932 erklärte Hindenburg dem amerikanischen Botschafter, die „parteipolitische Lage habe sich so zugespitzt, dass man bereits von einem latenten Bürgerkrieg sprechen könne"[20] und neun Wochen später charakterisierte Goebbels die Lage zutreffend, als er im Reichstag sagte, man müsse „heute vor der ganzen Nation" feststellen, „dass Deutschland vor dem Bürgerkrieg steht, dass, mehr gesagt, der Bürgerkrieg latent in Deutschland bereits vorhanden ist."[22]

In der aufgeheizten Zeit der Reichstagswahlkämpfe eskalierten die gewalttätigen Auseinandersetzungen und **Deutschland** wurde ein großes **Heerlager militanter Verbände**, die sich auf den Bürgerkrieg vorbereiteten. Die vergiftete innenpolitische Atmosphäre entlud sich vor allem im Sommer 1932 in zahlreichen brutalen

Straßenkämpfen militanter rechter und linker Gruppen. Immer öfters wurde der Begriff „Bürgerkrieg" von allen politischen Seiten verwendet, um die Verhältnisse zu charakterisieren und es „gab auf Seiten der Rechten *und* der Linken einen Gleichklang der Bürgerkriegssprache und der Bürgerkriegsgesten."[23] Die politischen Gewalttaten des Sommers 1932, mit denen Papen seinen „Preußenschlag" begründete, „gehörten neben den durch die Wirtschaftskrise verursachten Alltagsentbehrungen zu den Schlüsselerlebnissen der Zeitgenossen. Das politische Bewusstsein wurde beherrscht vom Gedanken einer in Bürgerkriegssituationen zerfallenden Nation."[24] **Desorientierungskrise und latenter Bürgerkrieg bestimmten die Endphase Weimars** und der Kampf um die Macht wurde 1932 „in der Arena der Politik ausgetragen, aber auch als blutige Auseinandersetzung auf Deutschlands Straßen geführt. Fast täglich waren die Menschen mit dem ,schleichenden' Bürgerkrieg konfrontiert.[25] Dieser **„Bürgerkrieg in Permanenz"** wurde in extremster Weise nach dem 30.1.1933 von den Nationalsozialisten weitergeführt gegen politische Gegner, Andersdenkende, „Rassefremde" und Minderheiten. Aus diesem Blickwinkel erscheint die **Weimarer Republik** als **Inkubationsphase** (Zeitspanne zwischen Ansteckung und Ausbruch einer Krankheit) **des Nationalsozialismus.**

onalsozialisten und ermordeten zwei SA-Leute. Eine Woche später kam es anlässlich einer nationalsozialistischen Demonstration in Altona zu einer blutigen Straßenschlacht zwischen Nationalsozialisten, Kommunisten und der Polizei („Blutsonntag von Altona").

Titel des Kommentars der SPD-Zeitung „Vorwärts" (11.7.1932) zu den Ereignissen von Ohlau.

12.5 Das Kabinett von Schleicher   *2.12.1932 – 28.1.1933*

Schleichers politisches Konzept

Nach der Entlassung Papens gab es für die Kamarilla nur noch eine Möglichkeit: Die „graue Eminenz" Schleicher selbst musste wohl oder übel das Heft in die Hand nehmen, da die einzige Alternative Hitler hieß. Nach eigenem Bekunden wollte er ein **„sozialer General"** sein. Dementsprechend sah er innen- und wirtschaftspolitisch seine **Hauptziele** zunächst in der Schaffung von Arbeitsplätzen, der Ankurbelung der Wirtschaft und der Verbesserung der sozialen Situation. Deshalb versuchte er, mit den wichtigen Parteien und Verbänden eine Einigung zu erzielen. Seine Kontakte zur SPD, den Mittelparteien und den Gewerkschaften führten zu keinem Erfolg, da die SPD mit dem „reaktionären General" nichts zu tun haben wollte, den Mittelparteien sein Programm zu vage und ohne klare Prioritäten war. Nun versuchte Schleicher die NSDAP zu spalten, die sich aufgrund der Stimmenverluste (Reichstagswahl vom 6. November und darauf folgende Landtagswahlen) und der Ablehnung Hitlers als Reichskanzler durch Hindenburg in einer starken Krise befand. Er wandte sich an Gregor Strasser, den Führer des nichtrevolutionären Flügels, und versuchte ihn mit dem Angebot der Vizekanzlerschaft zu gewinnen. Da sich Stras-

Kurt v. Schleicher (parteilos)

Tagebucheintragungen Goebbels' (8. Dezember): „Einmal

137

bleibt er [Hitler] stehen und sagt nur: ‚Wenn die Partei einmal zerfällt, dann mache ich in 3 Minuten Schluss mit der Pistole." 9. Dezember.: „Strasser ist vollkommen isoliert. Ein toter Mann."[26]

Der Sinn des Hitlergrußes
Fotomontage von John Heart-field, 1932

Hindenburg verwechselte Braunau am Inn mit dem böhmischen Braunau.

Hindenburg zu Schleicher: „Ich danke Ihnen, Herr General, für alles, was Sie für das Vaterland getan haben. Nun wollen wir mal sehen, wie mit Gottes Hilfe der Hase weiterläuft."[27]

ser schließlich nur halbherzig zu einer Konfrontation mit Hitler durchringen konnte, scheiterte auch dieses Vorhaben.

Schleichers Sturz

Als Schleicher von seinem stark sozialpolitisch bestimmten Programm nicht abwich, wandten sich seine bisher noch zögernden Partner endgültig von ihm ab. Der agrarische Reichslandbund beklagte die Wiederkehr des Parlamentarismus „in Reinkultur", DNVP und die Industrie begannen sich nach einem geeigneten Gegenkandidaten umzusehen und fanden ihn schließlich in Hitler.

Bereits im November 1932 hatten sich, allerdings ohne Erfolg, zwanzig Großindustrielle, Bankiers und Großagrarier bei Hindenburg für Hitler ausgesprochen. Am 4. Januar 1933 trafen sich Hitler und Papen im Hause des Kölner Bankiers von Schröder, um über ein gemeinsames Vorgehen gegen Schleicher zu beraten.

Langsam aber sicher gewöhnten sich auch diejenigen an den Gedanken einer Kanzlerschaft Hitlers, die ihn bisher lediglich hatten integrieren wollen. Das eigentliche Problem bestand nun darin, den „alten Herrn", der sich halsstarrig weigerte, den „böhmischen Gefreiten" zum Kanzler zu machen, von dieser Notwendigkeit zu überzeugen. Obwohl er Hitler am 27. November 1932 einen abschlägigen Bescheid erteilt und sich noch am 27. Januar 1933 gegen die Übertragung des Kanzleramtes an Hitler ausgesprochen hatte, schmolz sein Widerstand danach rasch, als sich nicht nur sein Sohn Oskar, sondern auch Meißner, Papen, der ehemalige Kronprinz, von Seeckt und weitere hohe Militärs für Hitler einsetzten. Als Schleicher schließlich als ultima ratio den Staatsstreich plante (Aufhebung des Reichstags und Diktaturermächtigung für ihn), den er Papen verweigert hatte, entzog ihm Hindenburg am **28. Januar 1933** das Vertrauen und erzwang damit seinen **Rücktritt**.

Den Ausschlag für den „böhmischen Gefreiten" gab Papen, der Hindenburg davon überzeugte, dass es auch ohne Verfassungsbruch, ohne Bürgerkrieg gehe, wenn man einen Reichskanzler Hitler durch Minister nach Papens Wahl und durch eine Vizekanzler Papen „einrahme" und die NSDAP in die Pflicht nehme. Beide würden sich dann schon abnutzen.

12.6 Die Ernennung Hitlers zum Reichskanzler

Drei Tage vor der Ernennung Hitlers zum Reichskanzler hatte Hindenburg einem hohen Militär gegenüber die Kanzlerschaft Hitlers empört zurückgewiesen: „Sie werden mir doch nicht zutrauen, dass ich diesen österreichischen Gefreiten zum Reichskanzler berufe." [28] Binnen zweier Tage ließ er sich von Papen überreden und ernannte am **30.1.1933 Hitler** zum **Reichskanzler**.

Kurz vor der Vereidigung des neuen Kabinetts kam es zu einer ernsthaften Auseinandersetzung zwischen Hitler und dem Führer der DNVP, Hugenberg. Dieser lehnte Hitlers Absicht, den Reichstag aufzulösen, um Neuwahlen zu erreichen, aus Sorge um die eigene Partei kategorisch ab. Um das nationale Kabinett nicht zu gefährden, ließen sich Hitler und seine Minister schließlich vereidigen, ohne diesbezüglich eine endgültige Entscheidung getroffen zu haben.

Die verhängnisvollste Geste des 20. Jahrhunderts

Hindenburg, **Papen** und **Hugenberg** glaubten **Hitler „eingerahmt" zu haben**, zumal die Nationalsozialisten insgesamt nur mit drei Mann im Kabinett vertreten waren. In der Tat sah es auf den ersten Blick so aus, als sei die Einrahmung gelungen: Vereinbarungsgemäß sollte Hitler nur in Anwesenheit Papens bei Hindenburg erscheinen dürfen. Papen, dem nach wie vor die Gunst Hindenburgs gehörte, wurde nicht nur Vizekanzler, sondern auch Reichskommissar für Preußen. Die wichtigsten Ressorts lagen in den Händen von konservativen Männern: Außenminister blieb Freiherr von Neurath, Wirtschaftsminister wurde Hugenberg. Und schließlich und endlich konnte man sich damit beruhigen, dass das Kabinett Hitler, ebenso wie seine Vorgänger, völlig vom Vertrauen des Reichspräsidenten abhängig war. Im Brustton der Überzeugung erklärte Papen deshalb Warnern: „Sie irren sich, wir haben ihn uns engagiert. In zwei Monaten haben wir Hitler in die Ecke gedrückt, dass er quietscht." [29] Die führenden Nationalsozialisten und die Masse der Parteimitglieder freilich sahen die Lage anders. Für sie war „die große Entscheidung" gefallen. Für sie begann die neue heroische Zeit, das „Dritte Reich".

Tagebucheintragung Goebbels' (30.1.1933): „Das ist der Aufbruch der Nation! Deutschland ist erwacht!... Das neue Reich ist erstanden. Es wurde mit Blut geweiht. Eine vierzehnjährige Arbeit wurde vom Sieg gekrönt. Wir sind am Ziel. Die deutsche Revolution beginnt!" [30]

12.7 Ursachen und Gründe für das Scheitern Weimars

Die **Ursachen und Gründe**, die den Untergang Weimars herbeiführten, sind **zahlreich**; ihre **Gewichtung hängt vom** jeweiligen **Standort des Beurteilenden ab**. Das Urteil der Betroffenen wird

12

Auch heute noch gilt, was der Historiker Karl Dietrich Erdmann bereits im Jahre 1955 feststellte, dass nämlich alle Forschung zur Geschichte der Weimarer Republik „mit Notwendigkeit – ausgesprochen oder unausgesprochen – unter der Frage nach den Ursachen ihres Zusammenbruches stehe. [31]

z.B Shirer, William: The Rise and Fall of the Third Reich. London 1960 bzw. Delmer, Sefton: Weimar Germany. Democracy on Trial. London, 1972.

Der Historiker Eberhard Kolb warnt vor „monokausalen Erklärungsversuchen, in denen der Aufstieg des Nationalsozialismus und die Machtübertragung an Hitler auf eine einzige oder allein ausschlaggebende Ursache zurückgeführt wird.[33]
Eine Synopse wissenschaftlicher Meinungen hierzu geben: Blasius, Dirk: Weimars Ende. Bürgerkrieg und Politik 1930–1933. Göttingen, 2005, S.11 f.; Marcowitz, Reiner: Weimarer Republik 1923–1933. Darmstadt, 2004, S.135 ff.

Der Historiker Hagen Schulze (1982): „Woran ist Weimar also gescheitert? Die Antwort lässt sich nicht mit letzter wissenschaftlicher Präzision geben, aber einiges lässt sich doch ausmachen: die wichtigsten Gründe liegen auf dem Feld der Mentalitäten, der Einstellungen und des Denkens. In der Mitte des Ursachenbündels finden sich eine Bevölkerungsmehrheit, die das politische System von Weimar auf die Dauer nicht zu akzeptieren bereit war, sowie Parteien und Verbände, die sich den Anforderungen des Parlamentarismus nicht gewachsen zeigten.[34]

häufig von der Absicht bestimmt, von der Frage nach Schuld und Versagen abzulenken. So lautete für den preußischen Ministerpräsidenten Braun die Antwort lapidar: „Versailles und Moskau", womit er die Sieger und die KPD meinte. Die Kommunisten wiederum sahen die Ursache des Untergangs in einer Verschwörung von Industriemagnaten, Börsenfürsten, ostelbischen Junkern und Militärs. Arthur Rosenberg (Die Geschichte der deutschen Republik. Karlsbad, 1935) sah das Scheitern bereits in der unterlassenen sozialen Revolution 1918/19 angelegt, während andere die strukturellen Fehler der Weimarer Verfassung, besonders das reine Verhältniswahlrecht als Hauptübel nennen. Angelsächsische Historiker betonen vor allem die längerfristigen Aspekte und weisen auf den undemokratischen deutschen Volkscharakter „seit Luthers Zeiten" hin oder sehen alles Unheil im preußischen Militarismus. Die zeitgenössischen deutschen Historiker beurteilen den **Untergang Weimars** als **Ergebnis eines „sehr komplexen Ursachengeflechts"**. Die Antwort auf die Frage, woran Weimar letztendlich gescheitert ist, lasse sich „nicht mit letzter wissenschaftlicher Präzision" geben. Sie hänge von der „Nuancierung" bzw. „Gewichtung" der verschiedenen Komponenten ab. [32] In diesem Zusammenhang werden folgende Ursachen besonders herausgestellt:

Schwäche der demokratischen Tradition und Stärke der obrigkeitsstaatlichen Einstellungen

- Die demokratische Entwicklung verlief in Deutschland nicht kontinuierlich und organisch.
- Die neue Staatsform wurde von außen, von den Siegern, ohne Rücksicht auf die deutschen Verhältnisse erzwungen.
- Der Übergang von der Monarchie zur Republik ging demzufolge zu schnell, traf Parteien und (vor allem) das Volk unvorbereitet.
- Das Volk war und blieb deshalb monarchisch, obrigkeitsstaatlich und antidemokratisch eingestellt. Diese Einstellung war besonders tief im Bürgertum und in der Intelligenz verwurzelt.
- Von daher war eine aktive Mitarbeit, basierend auf dem Verständnis für die neue Staatsform, von der Masse des Volkes nicht zu erwarten; zudem hatte der wilhelminische Obrigkeitstaat bei weiten Teilen der Bevölkerung eine ausgeprägte politische Gleichgültigkeit erzeugt.
- Die aus dem Kaiserreich stammende Mentalität, die antidemokratische Einstellung der Verwaltung, der Wissenschaft, der Justiz und des Militärs trugen zur Labilität Weimars wesentlich bei.

„Deutschland, Deutschland über alles!"
Karikatur von Karl Arnold (1920)

1914: „Meine Herren, das ganze Volk steht hinter uns! Wir haben die Macht! Wir sind das Vaterland! Darum: Se. Majestät, hurra, hurra, hurra!"

1920: „Die andern haben die Macht, was geht uns das Vaterland der andern an? Sollen sie den Karren nur selber aus dem Dreck ziehen. Prösterchen!"

Außenpolitische Belastungen als Folgen des Ersten Weltkriegs

* Als außenpolitische Gründungsurkunde Weimars muss der Versailler Vertrag angesehen werden, der die junge Staatsform erheblich belastete.
* Die überzogenen Reparationsforderungen, vor allem die Reparationspolitik Frankreichs.
* Das mangelnde Verständnis der Sieger für die innere Situation Deutschlands.
* Das Selbstmitleid der Besiegten, welche die Schuld nur bei den anderen suchten; ihre Unfähigkeit, Geschehenes zu akzeptieren; ihre mangelnde Bereitschaft, einen Modus vivendi (verträgliches Miteinander von Personen und Staaten) zu finden.

Art. 228 und 231, unbefriedigende territoriale Lösungen, militärische Beschränkungen usw.

Strukturelle Fehler der Verfassung

- Sie war zwar die liberalste ihrer Zeit, jedoch unrealistisch und schwierigen Verhältnissen zu wenig angemessen.
- Sie ermöglichte es, dass der Ausnahmefall zum Normalfall wurde (Notverordnungen, Präsidialkabinette, Ausschaltung der Volksvertretung).
- Die unausgewogene Verteilung der Macht, ein überdemokratisches Wahlrecht, ein zu starkes plebiszitäres Element, fehlender Verfassungsschutz etc. erlaubten ihre Umgehung, Aushöhlung, ihre Außerkraftsetzung.

Wirtschaftliche Belastungen

- Sie dürfen nicht überbewertet werden, denn die Reparationen hatten so gut wie keinen Einfluss auf die Inflation und die Weltwirtschaftskrise brachte in anderen Ländern ebenso große Probleme mit sich, ohne dass sie zu einer derart umfassenden Veränderung des politischen Systems geführt hätte.

Das Versagen der Parteien und Interessenvertretungen

s. S. 46 ff.

- Das aggressive Verhalten der staatsfeindlichen Parteien (KPD, DNVP, vor allem NSDAP) und Gruppierungen (Reichswehr, paramilitärische Organisationen) vergiftete durch emotionsgeladene Agitation, demagogische Propaganda, Hass und bösartige Verleumdung die innenpolitische Atmosphäre Weimars.
- Teile der Industrie waren am Untergang Weimars beteiligt durch ihre kompromisslose Interessenspolitik. Sie diffamierten den Sozialstaat und hoben den „starken Mann" Hitler auf ihren Schild.
- Die Verteidiger der Demokratie ließen sich vor allem in der Anfangsphase zu leichtfertig vor den „rechten Karren" spannen. Sie versäumten es, die Rolle der eigentlichen Verursacher des Versailler Vertrags deutlich zu machen.
- Die deutsche Arbeiterbewegung spaltete und zerfleischte sich (KPD, SPD, Gewerkschaften) anstatt gemeinsam gegen rechts vorzugehen.

Die Bedeutung einzelner Politiker

In der Literatur wird oft vom „historischen Zufall" gesprochen. In diesem Zusammenhang werden folgende Persönlichkeiten bzw. deren politisches Wirken genannt:

- Die Weimarer Republik war gerade in ihrer gefährdetsten Phase abhängig von einem Politiker wie Hindenburg, der weder aufgrund seines Alters und seiner politischen Einstellung noch von seinen staatsmännischen Fähigkeiten her der Republik Halt geben konnte.

- Brünings verfehlte Wirtschaftspolitik.
- Die Rolle des ehrgeizigen, aber unfähigen von Papen.
- Die demagogische Ausstrahlungs- und Überzeugungskraft Hitlers, dessen „Machtübernahme" trotzdem nur aufgrund einer Reihe von Fehlentscheidungen der genannten Politiker möglich wurde.

Zusammenfassend lässt sich sagen, dass die wichtigsten Gründe für den Untergang Weimars auf dem Felde der Mentalität, der Einstellungen und des Denkens lagen. Sie wurden verstärkt durch aktuelle Faktoren (Fehlentscheidungen der Sieger, Wahlrecht, ökonomische Krisen), die allein jedoch nicht den Untergang Weimars verursacht hätten.

Zusammenfassung: Der Untergang der Weimarer Republik

Die Regierung Brüning (30.3.1930 – 30.5.1932) war das erste der insgesamt vier „Hindenburg-Kabinette". Diese hatten keine parlamentarische Bindung mehr, waren ausschließlich vom Vertrauen des greisen Reichspräsidenten abhängig und regierten außerhalb der verfassungsmäßigen Legalität mit Notverordnungen (Art. 48). Damit wurde der verfassungsrechtliche Ausnahmefall zum Normalfall. Als sich der Reichstag Brünings Politik widersetzte, ließ er ihn auflösen. Die Reichstagswahl vom September 1930 brachte den staatstragenden Parteien ein katastrophales Ergebnis, den radikalen große Gewinne. In dieser Situation dachte Brüning sogar an die Einbeziehung der NSDAP in die Regierungskoalition. Für Brüning, dessen politisches Langzeitziel die Wiedereinführung der Monarchie war, dominierte die Außen- bzw. Revisionspolitik. Ihr war die Wirtschaftspolitik völlig untergeordnet, was zu einer eklatanten Verschlechterung der wirtschaftlichen und innenpolitischen Situation und zu bügerkriegsähnlichen Verhältnissen führte.

Brünings Wirtschaftspolitik

Ausbruch der Weltwirtschaftskrise (1929)
Übergreifen auf Deutschland (1930)

↓

Auswirkungen

- Illiquidität von Banken
- Produktionsrückgang
- Konkursanstieg

- Arbeitslosigkeit
- geringere Steuereinnahmen
- höhere Soziallasten

Maßnahmen

Folgen

- Scharfer Deflationskurs
- drastische Kürzung von Staatsausgaben
- Kreditbeschränkungen
- Senkung von Löhnen und Gehältern
- neue Steuern
- keine Aufträge der öffentlichen Hand

- Radikalisierung
- Aufgabe der Demokratie bzw. des Parlamentarismus
- riesige Wahlerfolge für die radikalen Parteien
- NSDAP wird stärkste Partei
- Ruf nach dem „starken Mann", der Ausnahmefall wird zum Normalfall

Die Reichstagswahl von 1930 und die Radikalisierung des öffentlichen Lebens zwangen die staatsbejahenden Parteien, Brünings Politik gegen die radikalen Parteien KPD und (vor allem) NSDAP zu unterstützen. Auch die Wiederwahl Hindenburgs als Reichspräsident mussten sie 1932 ermöglichen, um Hitler als das „größere Übel" zu verhindern. Außenpolitisch hatte Brüning durchaus Erfolge. Er erreichte 1932 praktisch die Beendigung der Reparationszahlungen und die Anerkennung der militärischen Gleichberechtigung. Allerdings fielen diese Erfolge seinen Nachfolgern in den Schoß. Ende Mai 1932 entließ Hindenburg Brüning aus politischen und persönlichen Gründen, vor allem, weil ihm seine Politik nicht rechts genug war.
Brünings Nachfolger von Papen (1.6.–2.12.1932) bildete das „Kabinett der Barone", das ohne jegliche parlamentarische Bindung regierte. Er hob das SA- und SS-Verbot seines Vorgängers auf, setzte im Juli 1932 mit Unterstützung Hinden-

burgs die preußische, SPD-geführte Regierung Braun ab und übernahm als Reichskommissar die Regierung. Der „Preußenschlag" stand in krassem Gegensatz zur Verfassung, wurde aber vom Leipziger Staatsgerichtshof gebilligt.

Die Reichstagswahlen vom Juli und November 1932 brachten Verluste für die staatstragenden und große Gewinne für die radikalen Parteien, vor allem für die NSDAP. Diese stellte die größte Fraktion, auch wenn sie in der zweiten Wahl ca. 2 Mio. Stimmen verlor, und Hitler beanspruchte das Kanzleramt. Papen

scheiterte an der Schaffung des „Neuen Staates". Dieser sollte Verhältnisse herstellen, wie sie vor 1918 geherrscht hatten, und hätte nur durch einen Staatsstreich realisiert werden können, den die Reichswehr ablehnte.

Reichskanzler von Schleicher (2.12.1932–28.1.1933) wollte ein „sozialer General" sein. Er scheiterte, weil die SPD zur Zusammenarbeit nicht bereit war und er die NSDAP nicht spalten konnte. Am 30.1.1933 ernannte Hindenburg wohl oder übel den „böhmischen Gefreiten" Adolf Hitler zum Reichskanzler.

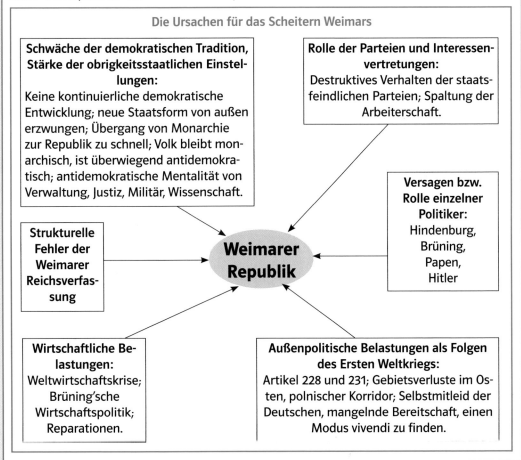

Die Ursachen für das Scheitern Weimars

Schwäche der demokratischen Tradition, Stärke der obrigkeitsstaatlichen Einstellungen:
Keine kontinuierliche demokratische Entwicklung; neue Staatsform von außen erzwungen; Übergang von Monarchie zur Republik zu schnell; Volk bleibt monarchisch, ist überwiegend antidemokratisch; antidemokratische Mentalität von Verwaltung, Justiz, Militär, Wissenschaft.

Rolle der Parteien und Interessenvertretungen:
Destruktives Verhalten der staatsfeindlichen Parteien; Spaltung der Arbeiterschaft.

Versagen bzw. Rolle einzelner Politiker:
Hindenburg, Brüning, Papen, Hitler

Strukturelle Fehler der Weimarer Reichsverfassung

Weimarer Republik

Wirtschaftliche Belastungen:
Weltwirtschaftskrise; Brüning'sche Wirtschaftspolitik; Reparationen.

Außenpolitische Belastungen als Folgen des Ersten Weltkriegs:
Artikel 228 und 231; Gebietsverluste im Osten, polnischer Korridor; Selbstmitleid der Deutschen, mangelnde Bereitschaft, einen Modus vivendi zu finden.

Fragen und Arbeitsaufträge

1. Der Erste Weltkrieg

1. Nennen Sie die wesentlichen Ursachen des Ersten Weltkriegs.
2. Skizzieren Sie die Bündniskonstellationen von 1914.
3. Stellen Sie die Krisen im Vorfeld des Ersten Weltkriegs und den Kriegsausbruch dar.
4. Überprüfen Sie die Aussage des britischen Premierministers Lloyd George: „Keiner der führenden Männer jener Zeit hat den Krieg tatsächlich gewollt. Sie glitten gewissermaßen hinein, oder besser, sie taumelten hinein, vielleicht aus Torheit."
5. Charakterisieren Sie anhand der Kriegsziele die Außenpolitik der europäischen Großmächte und überlegen Sie, unter welchen Voraussetzungen ein europäischer Krieg in dieser Zeit hätte vermieden werden können.
6. Skizzieren Sie, chronologisch gegliedert, den Kriegsverlauf und charakterisieren Sie den Ersten Weltkrieg.

2. Die Entstehungsbedingungen der Weimarer Republik

1. Geben Sie die Entwicklung von der konstitutionellen Monarchie zur Militärdiktatur wieder.
2. Stellen Sie die Novemberrevolution chronologisch gegliedert dar.
3. Überprüfen Sie anhand geeigneter Vergleichsmodelle, ob die Ereignisse vom November 1918 als Revolution bezeichnet werden können.
4. Datieren Sie die Weimarer Republik und begründen Sie ihre Datierung.
5. Teilen Sie die Geschichte der Weimarer Republik in Phasen ein und charakterisieren Sie diese kurz.

3. Die Etablierung der Weimarer Republik

1. Skizzieren Sie Entstehung und Bedeutung des Rats der Volksbeauftragten.
2. Erörtern Sie die politische Notwendigkeit und die Problematik des „Pakts mit den alten Mächten".
4. Beschreiben Sie das Ringen um Demokratie oder Räterepublik.
5. Treffen Sie anhand der Wahlen zur verfassunggebenden Nationalversammlung Aussagen über die Stabilität der Weimarer Republik.

6. Charakterisieren Sie die Weimarer Reichsverfassung anhand ihrer wesentlichen Bereiche und bewerten Sie sie.
7. Erläutern Sie die Bezeichnung „Antiverfassung" für das Grundgesetz.

4. Parteien, Reichswehr und paramilitärische Organisationen

1. Beschreiben Sie die wichtigsten Parteien Weimars anhand der Kriterien Zusammensetzung, Ziele und Bedeutung für die Weimarer Republik.
2. Erläutern Sie die Einstellung der Reichswehr zur Republik.
3. Charakterisieren Sie die paramilitärischen Organisationen und setzen Sie sich auf dieser Basis mit der Stabilität der Weimarer Republik auseinander.

5. Der Vertrag von Versailles und seine Folgen

1. Skizzieren Sie die Friedenskonzepte der USA, Frankreichs und Großbritanniens.
2. Erläutern Sie, warum sich der Abschluss des Friedensvertrags so mühsam gestaltete.
3. Erklären Sie, warum sich die Deutschen so schwer taten mit der Annahme des Vertrags.
4. Nennen Sie die wesentlichen Bestimmungen des Vertrags.
5. Erläutern Sie, warum manche Bestimmungen aus Sicht der Deutschen besonders problematisch waren.
6. Erklären Sie, warum der Vertrag in Deutschland als „Karthago-„ bzw. „Schmachfriede" angesehen wurde.
7. Beurteilen Sie diese Einschätzung aus heutiger Sicht.
8. Stellen Sie die politische Bedeutung der Dolchstoßlegende dar.

6. Innenpolitische Belastungen der Anfangsjahre

1. Beschreiben Sie den Verlauf des Kapp-Putsches.
2. Erläutern Sie, warum der Kapp-Putsch symptomatisch für die Situation der Weimarer Republik war.
3. Zeigen Sie anhand der Ahndung der von Kapp-Anhängern begangenen Verbrechen die Einstellung der Justiz zur Republik auf.
4. Erklären Sie, warum der Mord als politisches Mittel gerade in den rechtsextremistischen Kreisen als „legitim" galt.

7. Das Krisenjahr 1923

1. Erklären Sie kurz die Charakterisierung des Jahres 1923 als „Krisenjahr".
2. Stellen Sie Vorgeschichte und Verlauf des Ruhrkampfs dar.
3. Nennen Sie die sozialen und politischen Folgen der Inflation.
4. Geben Sie den Separatismus anhand der Kriterien Entstehung, Träger, Ziele und Entwicklung wieder.
5. Skizzieren Sie den Hitlerputsch.

8. Das Problem der Reparationen

1. Charakterisieren Sie kurz die Ziele der amerikanischen, britischen und französischen Reparationspolitik.
2. Erklären Sie, warum die Reparationen von den meisten Deutschen als wesentliches Element der „Erfüllungspolitik" angesehen wurden.
3. Nennen Sie die wesentlichen Bestimmungen des Dawes- und Young-Plans.
4. Stellen Sie die innenpolitischen Auswirkungen des Young-Plans dar.

9. Die Außenpolitik der Weimarer Republik

1. Skizzieren Sie die Bedingungsfaktoren der deutschen Außenpolitik.
2. Ordnen Sie den Rapallo-Vertrag in den europäischen Rahmen ein.
3. Beschreiben Sie die Locarno-Verträge anhand der Kriterien Voraussetzungen, Inhalte und Aufnahme im In- und Ausland.
4. Erklären Sie kurz, warum die Aufnahme Deutschlands in den Völkerbund in Deutschland überwiegend auf Ablehnung stieß.
5. Stellen Sie den außenpolitischen Erfolgen Stresemanns seine Misserfolge gegenüber.
6. Überprüfen Sie die Beurteilung Stresemanns als „Vertreter des europäischen Gedankens", als „Vorkämpfer einer überstaatlichen Ordnung".

10. Die ruhigen Jahre der Weimarer Republik (1924-1929)

1. Belegen Sie mit Hilfe von mindestens zwei Beispielen, warum die Jahre 1924 bis 1929 oft als die „goldenen" Jahre der Weimarer Republik bezeichnet werden.
2. Weisen Sie anhand der parlamentarischen Verhältnisse und der Reichspräsidentenwahl von 1925 die politische Instabilität der Weimarer Republik nach.

11. Die Krise des parlamentarischen Systems

1. Skizzieren Sie die Auswirkungen der Weltwirtschaftskrise auf Deutschland.
2. Erklären Sie, woran die Große Koalition scheiterte.
3. Kennzeichnen Sie die Funktionsweise einer Präsidialregierung.

12. Der Untergang der Weimarer Republik

1. Stellen Sie Brünings außen- und wirtschaftspolitische Konzeption dar.
2. Der Historiker Karl Dietrich Bracher charakterisiert die Reichstagswahl vom September 1930 als „Triumph der Verantwortungslosen". Ordnen Sie die Wahl in den historischen Kontext ein und nehmen Sie Stellung zu dieser Charakterisierung.
4. Nennen Sie die Maßnahmen, mit denen Brüning den Staatshaushalt und die Staatsfinanzen sanieren wollte.
5. Beurteilen Sie diese Wirtschaftspolitik aus heutiger Sicht.
6. Brüning behauptete in seinen Memoiren, er sei 1932 „100 Meter vor dem Ziel" entlassen worden. Überprüfen Sie die Richtigkeit dieser Behauptung.
7. Erläutern Sie, warum die Reichspräsidentenwahl von 1932 oft als „paradox" charakterisiert wird.
8. Erklären Sie den Begriff „Preußenschlag" und beurteilen Sie die Rechtmäßigkeit dieses politischen Vorgehens.
9. Stellen Sie der Reichstagswahl vom Juli 1932 die vom November 1932 gegenüber.
10. Stellen Sie die Außen- und Wirtschaftspolitik Papens dar.
11. Erklären Sie, warum Schleicher scheiterte.
12. Skizzieren Sie die Ursachen und Gründe für das Scheitern der Weimarer Republik.
13. Untersuchen Sie, ob die o.g. Ursachen und Gründe gleichwertig zum Scheitern der Weimarer Republik beitrugen.

Arbeitsaufträge im Abitur und bei Klausuren

I. Wissen

Arbeitsaufträge	Erwartungen bezüglich Umfang, Intensität und Darstellungsform
Nennen Sie ...	Knappe Aneinanderreihung oder Auflistung von Fakten bzw. Einzelaspekten, deren Erklärung nicht nötig ist.
Zählen Sie auf ...	Knappe Auflistung von Fakten bzw. Einzelaspekten, deren Erklärung nicht nötig ist.
Skizzieren Sie ...	Knappe Darstellung eines Sachverhalts in seinen Grundzügen. Dabei Wiedergabe der wichtigen Einzelaspekte chronologisch und inhaltlich präzise.
Definieren Sie ...	Sprachlich kurze Erklärung eines Begriffes.
Stellen/Legen Sie dar ...	Detaillierte Beschreibung eines Sachverhalts, wobei Zusammenhänge, Folgen, Auswirkungen etc. deutlich werden müssen.
Geben Sie wieder ...	Geordnete Präsentation von Lernwissen.
Zeigen Sie, dass/wie ...	Wiedergabe von umfangreichem, detailliertem Lernwissen. Sinnvolle Struktur/Gliederung nötig.
Beschreiben Sie ...	Reproduktion von umfangreichem, inhaltlich geordnetem Lernwissen.
Charakterisieren Sie ...	Umfassende Darstellung eines Sachverhalts anhand von kennzeichnenden, typischen Wesensmerkmalen.
Weisen Sie nach, dass ...	Reproduktion von umfangreichem Lernwissen.
Kennzeichnen Sie ...	Ausführliche Darstellung der wesentlichen Aspekte/Ereignisse, einer Epoche, einer bestimmten Politik etc.
Erläutern/Erklären Sie ...	Umfassende Darstellung eines Sachverhalts. Dabei müssen diejenigen Zusammenhänge deutlich und differenziert herausgestellt werden, die für das Verständnis eines komplexen Sachverhalts notwendig sind. „Differenziert" beinhaltet, dass dabei auch kurz auf positive oder negative Begleitaspekte, Folgen, Auswirkungen etc. eingegangen wird.

II. Können und Anwenden (von Methoden)

Arbeitsaufträge	Erwartungen bezüglich Umfang, Intensität und Darstellungsform
Belegen Sie an einem Beispiel, dass …	Nachweis der Richtigkeit einer Maßnahme, Aussage, Behauptung etc. anhand von Lernwissen, das auf einen Einzelaspekt angewendet wird.
Ordnen Sie zu/ein …	Darstellung eines Teilaspekts in seinem größeren Rahmen, der anhand von umfassendem Lernwissen beschrieben wird.
Wenden Sie ihre Kenntnisse über … auf … an	Knappe Anwendung von Lernwissen auf einen vorgegebenen Aspekt.
Vergleichen Sie …	Umfassende Darstellung von Gemeinsamkeiten, Ähnlichkeiten, Unterschieden.
Stellen Sie gegenüber …	Umfassender und detaillierter Vergleich zweier vorgegebener Aspekte.
Fassen Sie/thesenartig/ zusammen …	Eingehende Analyse des Textes unter einem bestimmten, vorgegebenen Aspekt. Thesenartig: kurze, prägnante, jedoch vollständige Sätze.
Erschließen Sie aus … Ermitteln Sie aus … Leiten Sie ab …	Eingehende Textanalyse, deren Ergebnis (z. B. Einstellung, Haltung, Einschätzung) nicht explizit im Text genannt wird, sondern sich als Quintessenz aus Inhalt und Sprache ergibt.
Analysieren Sie …	Eingehende, differenzierte Untersuchung des Textes.
Erarbeiten Sie aus dem Text/anhand des Textes … Arbeiten Sie heraus …	Eingehende Analyse des Textes unter einem bestimmten Aspekt. Impliziert ist, dass die einzelnen Aspekte des zu erarbeitenden Sachverhalts im ganzen Text zu finden sind.

III. Problemerörterndes Denken, Werten und Beurteilen

Arbeitsaufträge	Erwartungen bezüglich Umfang, Intensität und Darstellungsform
Prüfen/Überprüfen Sie ...	Differenzierte Bekräftigung, Infragestellung, Ablehnung oder Erörterung eines Ereignisses, eines Sachverhalts auf der Basis von detailliertem Lernwissen und mit Hilfe von Belegen. Dabei Gegenüberstellung von positiven und negativen Aspekten, die bezüglich ihrer Bedeutung gewichtet werden müssen. Oft kein eindeutiges Gesamturteil, da einzelne Teilbereiche unterschiedlich oder gegensätzlich sein/bewertet werden können.
Erwägen Sie ...	Prüfung der Richtigkeit bzw. Angemessenheit einer Aussage/ Maßnahme auf der Basis von detailliertem Lernwissen.
Beurteilen Sie ...	Umfassend begründete, inhaltlich und sprachlich überzeugende Stellungnahme auf der Basis von sicherem Lernwissen.
Nehmen Sie Stellung zu ...	Umfassende Beurteilung eines (meist problematischen) Sachverhalts, der aufgrund seiner Komplexität und Kompliziertheit unterschiedliche Betrachtungsweisen ermöglicht/erforderlich macht. Grundlage der Beurteilung ist detailliertes, sprachlich und inhaltlich überzeugend präsentiertes Lernwissen.
Untersuchen Sie, ob ...	Umfassend begründete, differenzierte Entscheidung, die sprachlich deutlich zum Ausdruck gebracht wird.
Begründen Sie ...	Umfassende Darstellung einer Problematik bzw. umfassend begründete Stellungnahme zu einem bestimmten Sachverhalt.
Diskutieren Sie ... Wägen Sie ab ... Erörtern Sie ... Setzen Sie sich mit ... auseinander ...	Eingehende, differenzierte Auseinandersetzung mit einer Problematik auf der Basis von umfangreichem, detailliertem Lernwissen. Dabei muss eine Beurteilung anhand wesentlicher Kriterien vorgenommen werden. Übersichtlicher Aufbau, logische Argumentation, begriffliche Klarheit, klares, abwägendes Urteil und Einbeziehung von Gegenpositionen werden verlangt.

Grundsätzlich gilt für jeden Arbeitsauftrag:

WAS ist verlangt? (Lerninhalte, Wissen, Fakten)

WIE ist es verlangt? (Methode, sprachliche Form, Detailliertheit, Lösungsumfang)

WELCHE zusätzlichen Anforderungen (Schwerpunktsetzung, Berücksichtigung bestimmter Betrachtungsweisen etc.) sind zu berücksichtigen?

Musterklausur

Diese Musterklausur dient der möglichst breiten Überprüfung und Selbstkontrolle von Wissen und Fähigkeiten. Sie geht deshalb vom Umfang her (Anzahl der Fragen, Verknüpfung verschiedener Kapitel) über normale Anforderungen hinaus.

1. Erläutern Sie, warum das Jahr 1923 als Krisenjahr der Weimarer Republik bezeichnet wird.
2. Im Jahre 1930 stellte Thomas Mann fest, Gustav Stresemann habe als Nationalist begonnen und ist zu einem großen Europäer und Demokraten aus Überzeugung ausgewachsen.
   2.1 Erarbeiten Sie aus Quelle 1 diejenigen Ziele und Taktiken, die für Stresemanns Außenpolitik bestimmend sind. Stellen Sie dabei auch aufschlussreiche sprachliche Formulierungen heraus.
   2.2 Nehmen Sie Stellung zur Charakterisierung Stresemanns durch Thomas Mann.
3. Überprüfen Sie die Behauptung, dass durch die Locarno-Verträge Grenzen unterschiedlicher Qualität geschaffen worden seien.
4. Werten Sie die Reichspräsidentenwahlen von 1925 und 1932 (Quelle 2) aus und machen Sie Aussagen über die Stabilität der Weimarer Republik.
5. Der Untergang Weimars wird von den zeitgenössischen deutschen Historikern als „Ergebnis eines sehr komplexen Ursachengeflechts" gesehen. Skizzieren Sie die wesentlichen Ursachen. Stellen Sie dabei fest, welcher Ursache die größte Bedeutung zukam.

Q 1: Aus einem Brief Stresemanns vom 7. September 1925 an den ehemaligen deutschen Kronprinzen

„Die deutsche Außenpolitik hat nach meiner Auffassung für die nächste absehbare Zeit drei große Aufgaben:
Einmal die Lösung der Reparationsfrage in einem für Deutschland erträglichen Sinne und die Sicherung des Friedens, die die Voraussetzung für ein
5 Wiedererstarken Deutschlands ist.
Zweitens rechne ich dazu den Schutz der Auslandsdeutschen, jener zehn bis zwölf Millionen Stammesgenossen, die jetzt unter fremdem Joch in fremdem Ländern leben. Die dritte große Aufgabe ist die Korrektur der Ostgrenzen: die Wiedergewinnung Danzigs, des polnischen Korridors und eine Korrektur der
10 Grenze in Oberschlesien. Im Hintergrund steht der Anschluss von Deutsch-Österreich, obwohl ich mir klar darüber bin, dass dieser Anschluss nicht nur Vorteile für Deutschland bringt, sondern das Problem des Deutschen Reichs kompliziert.
Wollen wir diese Ziele erreichen, so müssen wir uns auch auf diese Aufgaben
15 konzentrieren. Daher dieser [Locarno-]Sicherheitspakt, der uns einmal den Frieden garantieren und England sowie, wenn Mussolini mitmacht, Italien als Garanten der deutschen Westgrenze festlegen soll. Der Sicherheitspakt birgt

andererseits in sich den Verzicht auf eine kriegerische Auseinandersetzung mit Frankreich wegen der Rückgewinnung Elsass-Lothringens, einen deut-
20 schen Verzicht, der aber insoweit einen theoretischen Charakter hat, als keine Möglichkeit eines Krieges gegen Frankreich besteht. (…)
Die Frage des Optierens[1] zwischen Osten und Westen erfolgt durch unseren Eintritt in den Völkerbund nicht. Optieren kann man ja übrigens nur, wenn man eine militärische Macht hinter sich hat. Das fehlt uns leider. Wir können
25 weder zum Kontinentaldegen für England werden, wie einige glauben, noch können wir uns auf ein russisch-deutsches Bündnis einlassen.
Ich warne vor der Utopie, mit dem Bolschewismus zu kokettieren. Wenn die Russen in Berlin sind, weht zunächst die rote Fahne vom Schloss, und man wird in Russland, wo man die Weltrevolution wünscht, sehr zufrieden sein, Europa
30 bis zur Elbe bolschewisiert zu haben, und wird das übrige Deutschland den Franzosen zum Fraß geben. Dass wir im übrigen durchaus bereit sind, mit dem russischen Staat, an dessen evolutionäre Entwicklung ich glaube, uns auf ande-rer Basis zu verständigen und durch unseren Eintritt in den Völkerbund durch-aus nicht nach Westen verkaufen, ist eine Tatsache, über die ich E.K.H. [Eurer
35 Kaiserliche Hoheit] gern gelegentlich mündlich Näheres sagen möchte.
Das Wichtigste ist für die 1. berührte Frage das Freiwerden deutschen Landes von fremder Besatzung. Wir müssen den Würger erst vom Hals haben. Deshalb wird die deutsche Politik, wie Metternich von Österreich wohl nach 1809 sagte, in dieser Beziehung zunächst darin bestehen müssen, zu finassieren[2] und den
40 großen Entscheidungen auszuweichen."

(Stresemann, Gustav: Vermächtnis. Bd. II. Berlin, 1932, S. 553 f.)

[1] Optieren: Wählen zwischen verschiedenen Möglichkeiten.
[2] Finassieren: Tricks anwenden, täuschen, um etwas zu erreichen.

Q 2: Die Reichspräsidentenwahlen von 1925 und 1932

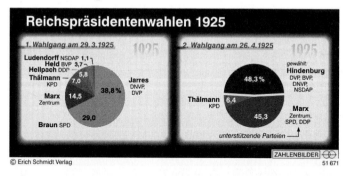

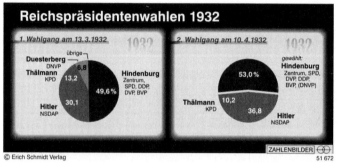

Lösung:

1. Zwischen 1918/19 und (Ende) 1924 war die junge Weimarer Republik permanent durch bürgerkriegsähnliche Zustände, linke und rechte Putschversuche und Aufstände, durch Räterepubliken und politische Morde in ihrer Existenz gefährdet. Das Jahr 1923 bedeutete den Höhepunkt der inneren Gefährdung. Hierfür waren der Ruhrkampf, die Inflation, der Separatismus und der Hitlerputsch verantwortlich. Der Ruhrkampf solidarisierte zwar die Deutschen, brachte jedoch die Inflation zum Galoppieren, bewirkte den totalen Zusammenbruch der Währung, löste Hunger, Armut und politische Radikalisierung aus. Die von Frankreich geförderte Separatismusbewegung bedrohte die Einheit des Deutschen Reichs und der Hitlerputsch zeigte die Instabilität der jungen Republik und die Unzuverlässigkeit der Reichswehr, wenn sie gegen rechts eingesetzt wurde.

2.1 Aus der Quelle lassen sich folgende Ziele und Taktiken Stresemanns herausarbeiten:

Ziele:
- Lösung der Reparationsfrage in einer für Deutschland erträglichen Art und die Sicherung des Friedens, die die Voraussetzung für die Wiedererstarkung Deutschlands ist (Z. 3–5).
- Der Schutz der 10 bis 12 Millionen Auslandsdeutschen (Z. 6–8).
- Die Revision der Ostgrenzen (polnischer Korridor, Oberschlesien). Langfristiges Ziel ist der Anschluss von Deutsch-Österreich (Z. 8–11).

Taktiken:
Der Sicherheitspakt dient der Erreichung dieser Ziele. Er sichert die deutschen Grenzen im Westen, bedeutet aber andererseits den Verzicht auf die militärische Rückgewinnung von Elsass-Lothringen. Dieser Verzicht ist aufgrund der militärischen Schwäche Deutschlands nur „theoretisch" (Z. 15–21).
Die Locarno-Verträge bedeuten keine Ost- oder Westorientierung, da die hierfür nötige militärische Macht „leider" fehlt (Z. 22–24).
Eine zu enge Bindung an die Sowjetunion ist gefährlich und könnte zur Bolschewisierung Deutschlands bis zur Elbe führen und dazu, dass der Rest Frankreich „zum Fraß" überlassen wird. Der Eintritt in den Völkerbund bedeutet aber nicht, dass man sich völlig an den Westen bindet. Eine Verständigung mit einer sich evolutionär entwickelnden Sowjetunion „auf anderer Basis" ist durchaus möglich (Z. 27–35).
Am wichtigsten ist, dass Deutschland erst frei werden muss von der französischen Besetzung (des Rheinlands), dass es „den

Würger erst vom Hals haben" muss. Deshalb wird die deutsche Politik trickreich und täuschend sein müssen (Z. 36–40).

2.2 Stresemann hatte dieselben außenpolitischen Ziele wie seine Vorgänger und seine Nachfolger (Lösung der Reparationsfrage, Wiedererstarken Deutschlands, Schutz der Auslandsdeutschen, Korrektur der Grenzen im Osten und langfristig den Anschluss Österreichs). Er war also ein Revisionspolitiker wie seine Vorgänger und Nachfolger.

Seine Europapolitik (Stabilisierung des Friedens durch die Locarno-Verträge, Eintritt in den Völkerbund, Rolle des „ehrlichen Maklers") betreibt er nicht um Europa willen, sondern weil er auf diese Weise seine Ziele erreichen kann. Vor allem bekommt er durch den Sicherheitspakt und den Eintritt in den Völkerbund den Rücken frei, um seine revisionistischen Ziele im Osten anstreben zu können, weil die Westmächte, vor allem Frankreich, ruhig gestellt sind. Seine Außenpolitik unterscheidet sich von der seiner Vorgänger und Nachfolger (inklusive Hitler) nicht durch ihre Ziele, sondern durch die Mittel und Methoden, mit denen er diese Ziele erreichen will.

Der Verzicht auf die militärische Rückgewinnung von Elsass-Lothringen, den der Sicherheitspakt impliziert, ist für ihn nur „theoretisch", also nicht real, weil Deutschland diese Möglichkeit im Augenblick „leider" ohnehin nicht hat. Dieser Verzicht gilt also nur für die Zeit, in der Deutschland diese Möglichkeit nicht hat, bedeutet also keinesfalls einen endgültigen Verzicht.

Die zweimalige bedauernde Feststellung, dass Deutschland derzeit keinen Krieg gegen Frankreich führen könne bzw. dass es keine militärische Macht habe und deshalb eine bestimmte Politik anwenden müsse, verdeutlicht die revisionistische Einstellung Stresemanns.

Am aufschlussreichsten ist die Formulierung, dass Deutschland sich erst vom „Würger" Frankreich befreien müsse, mit dem Stresemann zur Zeit des Briefes offiziell ein verbessertes und freundschaftliches Verhältnis anstrebte. Hierfür müsse man auch täuschen und tricksen.

Die genannten Ziele und die angeführten Formulierungen zeigen, dass Stresemann weder ein „Europäer aus Überzeugung", noch ein „Demokrat" war und dass Thomas Mann ihn falsch einschätzte.

3. Der Sicherheits-, West- oder Rheinpakt garantierte die durch den Versailler Vertrag festgelegten Grenzen zwischen Deutschland und seinen westlichen Nachbarn Frankreich und Belgien. Die hohe rechtliche Qualität dieser Grenzen ergab sich aus

zwei Faktoren: Zum einen waren sie in einem Vertrag vereinbart worden, den die beteiligten Staaten ratifizieren, d.h. durch
ihre Parlamente als Gesetz annehmen mussten; zum anderen
gaben die Garantiemächte Großbritannien und Italien Frankreich und Belgien eine hohe Sicherheit.

Einen derartigen Vertrag gab es mit Deutschlands östlichen
Nachbarn Polen und der Tschechoslowakei nicht, sondern lediglich Schiedsverträge, die die friedliche Regelung von Streit-
fällen beinhalteten. Der zeitliche Vorbehalt nahm jedoch ausdrücklich alle Streitfälle aus, die vor Zustandekommen der
Schiedsverträge entstanden waren; d.h. die Schiedsverträge
bezogen sich nicht auf die Grenzen zwischen Deutschland und
seinen östlichen Nachbarn, die durch den Versailler Vertrag
entstanden waren. Damit wurde indirekt eine Revision dieser
Grenzen offen gehalten.

4. 1. Auswertung der Reichspräsidentenwahl von 1925:
Im ersten Wahlgang konkurrieren zahlreiche Kandidaten,
von denen keiner in die Nähe der notwendigen 50 Prozent kommt. Deshalb schließen sich die staatstragenden
Parteien im 2. Wahlgang zusammen. Auch die Rechtsparteien einigen sich auf einen gemeinsamen Kandidaten,
der im ersten Wahlgang noch gar nicht angetreten war,
nämlich auf Hindenburg. Die „Vaterfigur" der Rechten
gewinnt den zweiten Wahlgang, bei dem eine einfache
Mehrheit genügt, mit einem Vorsprung von 3 Prozent.

2. Auswertung der Reichspräsidentenwahl von 1932:
Die staatstragenden Parteien stellen keinen eigenen
Kandidaten mehr, da dieser gegen Hindenburg und Hitler keine Chance hätte. Sie müssen, wohl oder übel, Hindenburg, das kleinere Übel, unterstützen, um das größere Übel, Hitler, zu vermeiden. Im ersten Wahlgang kann
sich keiner der beiden Hauptkonkurrenten durchsetzen.
Im zweiten kann Hitler zwar fast doppelt so viele Stimmen hinzugewinnen, unterliegt Hindenburg jedoch
deutlich.

3. Aussagen über die Stabilität der Weimarer Republik:
1925 schaffen es die staatstragenden Parteien nicht, ihren Kandidaten für dieses wichtige Amt durchzubringen.
Stattdessen übernimmt das Amt mit der größten Machtfülle ein typischer Vertreter der alten, monarchischen
Ordnung, der der Republik bzw. der Demokratie skep-
tisch bis ablehnend gegenüber steht. Dies ist eine ekla-
tante Niederlage der Demokratie und zeigt die Instabili-

tät der Weimarer Republik. Entscheidend ist, dass dies in der ruhigen Phase Weimars geschieht.

1932 befindet sich das parlamentarische System bereits in einer starken Krise. Die staatstragenden Parteien können sich gar keinen eigenen Kandidaten mehr leisten, es geht vielmehr nur noch darum, Hitler zu vermeiden. Dies zeigt, dass die staatstragenden Parteien keine Bedeutung mehr haben, dass die Weimarer Republik nur noch formal eine parlamentarisch-demokratische Republik ist.

5. Für das Scheitern der Weimarer Republik gibt es ein Bündel von Ursachen, deren Gewichtung vom jeweiligen politischen Standort des Beurteilenden abhängt.

Im Folgenden sind die sechs wichtigen Ursachen zu nennen und anhand erklärender Unterpunkte (wie S. 140–143) zu skizzieren.

Im zweiten Teil der Aufgabe ist zu betonen, dass die wichtigsten Gründe für den Untergang Weimars auf dem Felde der Mentalität, der Einstellungen und des Denkens lagen. Sie wurden verstärkt durch die anderen oben angeführten Ursachen und verschärft durch aktuelle Faktoren zwischen 1919 und 1933 (z. B. Fehlentscheidungen der Sieger, Einsatz der Reichswehr durch SPD-geführte Regierungen gegen links, Brünings Wirtschaftspolitik etc.).

Zitat- und Literaturnachweis

Kap. 1

1 Zit. nach: Alter, Peter (u.a.): Tempora. Grundriss der Geschichte, Bd. 2. Neuzeit seit 1789. Stuttgart 1992, S. 229

2 Zit. nach: www.deutsche Schutzgebiete.de/marokkokrise.htm

3 Zit. nach: Alter, Peter: Der Imperialismus. Tempora, Quellen zur Geschichte und Politik. Stuttgart, 1987, S. 85.

4 Geiss, Immanuel: Julikrise und Kriegsausbruch 1914. Hannover, 1963/64, Nr. 50.

5 Burgdorf, Stephan/Wiegrefe, Klaus [Hrsg.]: Der Erste Weltkrieg. Die Urkatastrophe des 20. Jahrhunderts. München, 2004, S. 39 f.

6 Zit. nach: Alter, S. 237

7 Huber, Ernst Rudolf [Hrsg.]: Dokumente zur deutschen Verfassungsgeschichte, Bd. 2. Stuttgart, 1963, S. 455

8 Zit. nach: Ploetz. Geschichte der Weltkriege. Würzburg, 1981, S.10

9 Burgdorff, S. 11.

10 Zit. nach: Schieder, Theodor: Staatensystem als Vormacht der Welt 1848–1918. Frankfurt/M, 1977, S. 331.

Kap. 2

1 Zit. nach: Schmid, Heinz Dieter/Wilms, Eberhard [Hrsg.]: Fragen an die Geschichte. Das 20. Jahrhundert. Berlin, 1999, S. 8, Q. 8

2 Zit. nach: Weimarer Republik. Informationen zur politischen Bildung, Nr. 261. Hg. von der Bundeszentrale für politische Bildung. Bonn, 1999, S. 4

3 Schmid, S. 8, Q. 11a

4 Schmid, S. 9, Q. 14c

5 Dederke, Karlheinz: Reich und Republik. Deutschland 1917–1933. Stuttgart, ⁴1981, S. 25

6 Binder, Gerhart: Geschichte im Zeitalter der Weltkriege. Unsere Epoche von Bismarck bis heute. Bd. I: 1870 bis heute. Stuttgart, o.J., S. 270

7 Max von Baden: Erinnerungen. Zit. nach: Binder, S. 276

8 Zit. nach: Schmid, S. 24, Q. 3

9 Zit. nach Heinloth, Bernhard [Hrsg.]: Geschichte 4, Ausgabe B. München, 1982, S. 78.

10 Zit. nach: Binder, S. 278

11 Zit. nach: Binder, S. 279

12 Zit. nach: Sösemann, Bernd: Demokratie im Widerstreit. Die Weimarer Republik im Urteil der Zeitgenossen. Stuttgart, ⁴1983, S.5 bzw. Heiber, Helmut: Die Republik von Weimar. München, 15 1982, S. 8.

13 Sösemann, Q 10, S.13

14 Zit. nach: Binder, S. 269.

Kap. 3

1 Zit. nach: Schmid, S. 25, Q.9

2 Zit. nach: Schmid, S. 25, Q.9

3 Zit. nach: Schmid, S. 25, Q 6

4 Zit. nach: Heinloth, S. 78

5 Zit. nach: Schmid, S. 25, Q.8

6 Zit. nach: Müller, Helmut: Schlaglichter der deutschen Geschichte. Bonn, 1986, S. 230

7 Zit. nach: Stammen, Theo: Die Weimarer Republik. Band 1: Das schwere Erbe. Bayerische Landeszentrale für politische Bildungsarbeit, München, 1987, S. 113.

8 Zit. nach: Schmid, S. 26, T 2.

9 Zit. nach: Stammen, S. 153

10 Heiber, S.50 f.

11 Zit. nach: Herzfeld, Hans: Die Weimarer Republik. Frankfurt/M, 1966, 26 f.

Kap. 4

1 Zit. nach: Schmid, S. 33, Q. 18

2 Zit. nach: Schmid, S. 31, Q. 12a

3 Zit. nach: Soesemann, Nr. 19, S. 25

4 Zit. nach: Binder, S. 317

Kap. 5

1 Zit. nach: Stammen, S. 290

2 Zit. nach: Stammen, S. 290

3 Zit. nach: Stammen, S. 290

4 Zit nach.: Heinloth, S. 87

5 Zit. nach: Stammen, S. 316

6 Zit. nach: Stammen, S. 295

7 Zit. nach: Heinloth, S. 87

8 Heiber, S. 65

9 Bullock, Alan: Hitler. Eine Studie über Tyrannei. Kronberg/Ts., 1977, S. 55

10 Zit nach: Schmid, S. 9, Q.13 a; 13 b

11 Zit. nach: Schulze, Hagen: Weimar. Deutschland 1917–1933. Berlin, 1982, S. 15.

12 Zit. nach: Schmid, S. 10, Q. 18 b

13 Schulze, S. 15

Kap. 6

1 Zit. nach: Heinloth, S. 77

2 Zit. nach: Dederke, S. 57 f.

3 Zit. nach: Die Weimarer Republik. Informationen zur politischen Bildung, H. 109/110. Hg. von der Bundeszentrale für politische Bildung. Bonn, 1978, S. 14

4 Heiber, S. 110 f.

5 Heiber, S. 128 f.

6 Heiber, S. 110

7 Zit. nach: Dederke, S. 59

Kap. 7

1 Zit. nach: Die Weimarer Republik. Informationen zur politischen Bildung, Heft 261, S. 27.

2 Zit. nach: Soesemann, Nr 18, S. 23

3 Zit. nach: Schmid, S. 32, Q. 15

4 Aus: Zeiten und Menschen, Ausgabe A, Bd. 4. Verlag Ferdinand Schöningh, Paderborn, 1979, S. 83

5 Aus: Zeiten und Menschen, Ausgabe K, Bd. 4/I, 1982, S. 56

6 Aus: Zeiten und Menschen, Ausgabe A, Bd. 4, 1979, S. 83

7 Zit. nach: Schmid, S. 32, Q.17

8 Zit. nach: Soesemann, Nr. 25, S. 32 f.

9 Zit. nach: Kampmann, Wanda/Wiegand, Berthold [Hrsg.]: Politik und Gesellschaft. Grundlagen und Probleme der modernen Welt. Bd. 2. Frankfurt/M, 1978, S. 116

10 Zit. nach: Heiber, S. 143

11 Zit. nach: Heinloth, S. 94

Kap. 8

1 Zit. nach: Schönbrunn, G. [Hrsg.]: Weltkriege und Revolutionen, 1914-1945. Geschichte in Quellen. München, 1979, Nr. 187, S. 174

2 Zit. nach: Schönbrunn, Nr. 188, S. 176

3 Zit. nach: Schönbrunn, Nr. 217, S. 205.

4 Zit. nach: Schulze, S. 353 f.

5 Zit. nach: Schulze, S. 354.

Kap. 9

1 Dederke, S. 59

2 Zit. nach: Schmid, S. 37, Q. 28

3 Zit. nach Schönbrunn, Nr.193, S. 181

4 Schulze, S. 29

5 Zit. nach: Dederke, S. 165

6 Zit. nach: Schmid, S. 35, Q. 22

7 Zit. nach: Schmid, S. 35, Q. 21

8 Zit. nach: Binder, S. 340

9 Heiber, S. 175

10 Zit. nach: Schönbrunn, Nr. 227, S. 216

11 Zit. nach: Dederke, S. 171

12 Beide zit. nach: Schulze, S. 286

Kap. 10

1 Zit. nach: www.frauennews.de/themen/wahlr.htm

2 Zit. nach: Holtmann, Eberhard (Koordinator): Die Weimarer Republik. Der brüchige Frieden. Bd. 2, 1924–1928. Hrsg. Bayerische Landeszentrale für politische Bildungsarbeit. München, 1994, S. 74

3 Zit. nach: Vogt, Hannah: Schuld oder Verhängnis? Zwölf Fragen an Deutschlands jüngste Vergangenheit. Frankfurt/M, 1961, S. 71

4 Schultze-Pfälzer, G.: Von Spa nach Weimar. Zürich, 1929, S. 32

5 Dederke, S, 181

6 Zit. nach: Holtmann, S. 44

7 Zit. nach: Holtmann, S. 79

Kap. 11

1 Zit. nach: Dederke, S. 188

2 Schulze, S. 317

3 Schulze, S. 319

4 Zit. nach: Info 261, S. 49

Kap. 12

1 Bracher, Karl Dietrich: Die Auflösung der Weimarer Republik. Königstein/Ts., [6]1978, S. 368 f.

2 Ebenda

3 Zit. nach: Schulze, S. 346 f.

4 Zit. nach: Schulze, S. 365

5 Zit. nach: Schulze, S. 326

6 Zit. nach: Schulze, S. 373

7 Zit. nach: Schulze, S. 373

8 Zit. nach: Schulze, S. 374

9 Zit. nach: Schulze, S. 375

10 Zit. nach: Schulze, S. 379

11 Zit. nach: Schulze, S. 382

12 Zit. nach: Dederke, S. 251

13 Zit. nach: Goebbels, Joseph: Vom Kaiserhof zur Reichskanzlei. Eine historische Darstellung in Tagebuchblättern. München, [22] 1937, S. 139

14 Zit. nach: Schulze, S. 384

15 Zit. nach: Schulze, S. 386

16 Zit. nach: Schulze, S. 392

17 Zit. nach: Schulze, S. 387

18 Zit. nach: Dederke, 259

19 Zit. nach: Blasius, Dirk: Weimars Ende. Bürgerkrieg und Politik 1930-1933. Göttingen, 2005, S. 30.

20 Zit. nach: Blasius, S. 29

21 Zit. nach: Blasius, S. 62

22 Zit. nach: Blasius, S. 35

23 Blasius, S. 94

24 Blasius, S. 102

25 Blasius, S. 174

26 Goebbels, S. 220 bzw. 222

27 Zit. nach: Schulze, S. 404

28 Zit. nach: Schulze, S. 404

29 Zit, nach: Schmid, S. 52, Q. 1

30 Goebbels, S.253 f.

31 Erdmann, Karl Dietrich: Die Geschichte der Weimarer Republik als Problem der Wissenschaft, in: Vierteljahrshefte für Zeitgeschichte, 3, 1955, S. 5

32 Schulze, S. 425.

33 Kolb, Eberhard: Die Weimarer Republik. München 1993, S. 230 f.

34 Schulze, S. 425

Abbildungsnachweis

S. 5 links: Familienarchiv Hamann, Wien – S. 5 Mitte: Deutsches Historisches Museum, Berlin – S. 5 rechts: Bayerische Landeszentrale für politische Bildungsarbeit, München – S.13: Corbis, Düsseldorf – S. 17 links und rechts: SPIEGELspezial – S. 19 oben: INTERFOTO Pressebild-Agentur – S. 19 unten links: Kunstamt Kreuzberg + Institut der Theaterwissenschaft der Universität Köln, Berlin 1977 – S. 19 unten rechts: INTERFOTO Pressebild-Agentur – S. 20: ulllstein bild, Berlin – S. 27: Erich Schmidt Verlag, Berlin – S. 31: INTERFOTO Pressebild-Agentur – S. 32: AKG, Berlin – S. 37: ullstein bild, Berlin/Archiv Gerstenberg – S. 38: ullstein bild, Berlin/Karlson – S. 43: Erich Schmidt Verlag, Berlin – S. 45: Geschichte und Geschehen BW, Bd. 4, Klett, Stuttgart/Leipzig, S. 40 – S. 47 oben: Hessisches Landesmuseum Darmstadt/Fuhrmannek – S. 48 oben: ullstein bild, Berlin – S. 49 oben und unten: ullstein bild, Berlin – S. 50: ullstein bild, Berlin – S. 51: Hessisches Landesmuseum Darmstadt – S. 55 oben: ullstein bild, Berlin – S. 55 unten: AKG, Berlin – S. 57 oben: Erich Schmidt Verlag, Berlin – S. 57 unten links und rechts: BPK, Berlin – S. 64: AKG, Berlin – S. 67: Simplicissimus 1932/33 – S. 75 oben links: ullstein bild, Berlin – S. 75 unten rechts: AKG, Berlin – S. 77 oben: INTERFOTO Pressebild-Agentur – S. 77 unten: BPK, Berlin – S. 80: Erich Schmidt Verlag, Berlin – S. 81: Landesarchiv Speyer, Bestand y24 Nr. 4897 – S. 85: ullstein bild, Berlin – S. 87: ullstein bild, Berlin/Archiv Gerstenberg – S. 91: Hessisches Landesmuseum Darmstadt/Fuhrmannek – S. 95 unten: ullstein bild, Berlin – S. 99: ullstein bild, Berlin/Atelier Binder – S. 103: Erich Schmidt Verlag, Berlin – S. 107 oben: ullstein bild, Berlin – S. 107 unten rechts: AKG, Berlin/© VG Bild-Kunst, Bonn 2005 – S. 108: Oldenbourg Schulbuchverlag GmbH, München – S. 112: Erich Schmidt Verlag, Berlin – S. 114 und 154 oben: Erich Schmidt Verlag, Berlin – S. 117: AKG, Berlin – S. 123: BPK, Berlin – S. 124: AKG, Berlin – S. 126: Severin & Siedler Verlag, Berlin – S. 129 unten und 154 unten: Erich Schmidt Verlag, Berlin – S. 129 oben rechts: BPK, Berlin – S. 132: Simplicissimus 1932/33 – S. 135: VG Bild-Kunst, Bonn 2005 – S. 137: AKG, Berlin – S. 138: BPK, Berlin – S. 139: AKG, Berlin – S. 141: VG Bild-Kunst, Bonn 2005

Der Verlag hat sich nach bestem Wissen und Gewissen bemüht, alle Inhaber von Urheberrechten an Texten und Abbildungen zu diesem Werk ausfindig zu machen. Sollte das in irgendeinem Fall nicht korrekt geschehen sein, bitten wir um Entschuldigung und bieten an, gegebenenfalls in einer nachfolgenden Auflage einen korrigierten Quellennachweis zu bringen.

Glossar (erklärt alle im Text mit einem * versehenen Begriffe)

Agitation, agitatorisch (lat. = anspornen, antreiben): Verbreitung radikaler Ideen bzw. die systematische aggressive Werbung für diese (→ Propaganda).

Annektieren, Annexion (frz. = eingliedern, Eingliederung): Erwerb eines fremden Staates durch rechtswidrige und/oder gewaltsame Aktionen (Drohung, Anwendung von Gewalt) und dessen Eingliederung in den eigenen Staat.

Autoritär, autoritärer Staat (lat. auctoritas = Ansehen, Bedeutung aufgrund von Ansehen): Ein autoritärer Staat ist ein straff zentralisierter Staat, dessen Regierung unter formaler Beibehaltung parlamentarischer Institutionen und Verfahrensweisen weitgehend selbständig und ohne echte Mitwirkung des → Parlaments bzw. des Volkes die unkontrollierte Macht ausübt (= parlamentarisch verbrämte Diktatur, → totalitär, totalitärer Staat).

Blankoscheck: Versprechen Wilhelms II. vom 5.7.1914 im Falle eines Kriegs zwischen Österreich-Ungarn und Serbien „im Einklang mit seinen Bündnisverpflichtungen und seiner alten Freundschaft treu an der Seite Österreich-Ungarns [zu] stehen". Der Blankoscheck sollte Österreich-Ungarn zu einem nach Ansicht der deutschen Reichsführung lokalisierbaren und (wegen der vermeintlich fehlenden Kriegsbereitschaft Russlands und Frankreichs) kalkulierbaren Krieg gegen Serbien bewegen. Der Blankoscheck war aufgrund der europäischen Bündniskonstellationen (→ Triple Entente, → Zweibund) riskant und trug wesentlich zum Ausbruch des Ersten Weltkriegs bei.

Burgfrieden: a) Im Bereich der mittelalterlichen Stadt verordneter dauerhafter Friede; b) Bezeichnung für die bei Kriegsbeginn 1914 zwischen den → Fraktionen des Deutschen Reichstags vereinbarte Einstellung von politischen Auseinandersetzungen im nationalen Interesse des zu gewinnenden Krieges.

Chauvinismus (frz.): Fanatische, maßlos übersteigerte Überbewertung der eigenen Nation, die einhergeht mit der Abwertung anderer Nationen (→ Nationalismus).

Dawes-Plan: Internationaler Vertrag von 1924 über die deutschen Reparationsleistungen, dessen Bestimmungen von dem amerikanischen Finanzexperten Charles Dawes ausgearbeitet wurden. Der Dawes-Plan orientierte sich erstmals an den wirtschaftlichen Rahmenbedingungen und brachte reparationstechnische Verbesserungen für Deutschland (→ Young-Plan).

Despotismus (griech.): Despotie bezeichnet die willkürliche, auf Gewalt gegründete Herrschaft einer Person (bzw. mehrerer Personen), in der sich der Despot weder an Gesetze noch an moralische Prinzipien hält. Der Despotismus ist also eine Form der → Diktatur, bei der sich die Herrschaftsausübung meist auf Günstlinge stützt und militärisch oft auf landfremde Söldner (→ Tyrannei, Tyrannis).

Dreibund: 1882 abgeschlossenes und bis 1914 geltendes Geheimbündnis zwischen dem Deutschen Reich, Österreich-Ungarn und Italien, das eintreten sollte bei einem unprovozierten Angriff Frankreichs oder dem Angriff von zwei und mehr Großmächten. Bei Kriegsbeginn 1914 beendete Italien das Bündnis durch seine Neutralitätserklärung (→ Zweibund, → Entente cordiale, → Triple Entente).

Dreiklassenwahlrecht, auch Zensuswahlrecht (lat. censere = schätzen): Wahlrecht, in dem nicht jede Stimme das gleiche Gewicht hat. Die politischen Rechte des einzelnen Bürgers hängen vielmehr von seinem Besitz bzw. seiner Steuerleistung ab. Das Dreiklassenwahlrecht in Preußen (1849 bis 1918) teilte die

Bürger nach ihrer Steuerleistung in drei Klassen ein. Die erste Klasse bildete z.B. 1908 eine kleine Gruppe von Bürgern (4%), die zusammen ein Drittel des gesamten Steueraufkommens in einem Wahlbezirk aufbrachten (Fabrikanten, Unternehmer, Großgrundbesitzer etc.); das zweite Drittel bestand aus 14% (mittleres Bürgertum) und das letzte Drittel aus 82% gering Verdienenden (Arbeiter, Tagelöhner, Nichtsteuerpflichtige). Jede Klasse wählte ein Drittel der Wahlmänner.

Ebert, Friedrich (1871-1925): Lehre als Sattler, Eintritt in die SPD 1889, starkes parteipolitisches Engagement; 1912 Mitglied des Reichstags, 1913 (zusammen mit Hugo Haase) Parteivorsitzender der SPD. Am 9.11.1918 wird Ebert für einen Tag Reichskanzler, am folgenden Tag Mitglied des Rats der Volksbeauftragten, vertritt eine evolutionäre innenpolitische Entwicklung; 1919-1925 Reichspräsident. Einflussreichste politische Persönlichkeit der Anfangsjahre der → Weimarer Republik.

Eiserne Front: Zusammenschluss des Reichsbanners Schwarz-Rot-Gold mit Gewerkschaftsorganisationen und Arbeitersportverbänden. Die Eiserne Front wurde im Dezember 1932 als Gegengewicht zur → Harzburger Front mit dem Ziel gegründet, die demokratische Republik zu erhalten.

Entente cordiale (frz. = herzliches Einverständnis): a) Seit Mitte des 19. Jhs. verwendete Bezeichnung für ein enges, freundschaftliches Verhältnis zweier Staaten; b) 1904 zwischen Großbritannien und Frankreich geschlossenes Bündnis, das zunächst dem Ausgleich kolonialer Interessen, dann der gemeinsamen Eindämmung der deutschen Machtpolitik diente (→ Triple Entente, → Zweibund).

Fraktion (lat. = Bruchteil): Vereinigung der Mitglieder eines Parlaments, die (in der Regel) der gleichen Partei angehören. Die Fraktion ist die parlamentarische Vertretung der Partei.

Freikorps [Aussprache: Freiko:r]: Truppen, die lediglich für die Dauer eines Krieges oder eines Feldzuges meist von einzelnen Führern aufgestellt wurden. Im November 1918 wurden in Deutschland in Absprache zwischen Regierung und Oberster Heeresleitung Freikorps aufgestellt, die aus ehemaligen Frontsoldaten bzw. ehemaligen Berufssoldaten bestanden. In den Freikorps sammelten sich monarchische antidemokratische, rechtskonservative und rechtsextremistische ehemalige Soldaten, denen der verlorene Krieg die berufliche Existenz und die politische Perspektive genommen hatte. Die ca. 400 000 Mitglieder, organisiert in über 200 Freikorps, unterstanden bis zur Unterzeichnung des Versailler Vertrags der Obersten Heeresleitung, danach der Reichswehrführung, waren aber sehr stark auf ihre Führer fixiert. Im Baltikum und in Oberschlesien schützten sie 1919 bis 1921 die dortige deutsche Bevölkerung gegen die Rote Armee bzw. gegen polnische Truppen. Im Deutschen Reich schlugen sie im Auftrag der Regierung in den unmittelbaren Nachkriegsjahren kommunistische Aufstände oft mit großer Brutalität nieder. Sie agierten jedoch auch gegen die verhasste Republik der „Novemberverbrecher" (vgl. Kapp-Putsch). Sie wurden nach ihrer Auflösung im Jahre 1921 entweder geschlossen in die Reichswehr eingegliedert oder organisierten sich neu in rechtsextremistischen Organisationen und Geheimbünden oder schlossen sich der SA und SS an. Die Freikorps bzw. ihre illegalen Nachfolgeorganisationen blieben aufgrund ihrer rechtsradikalen Einstellung und der von ihnen verübten politischen Morde in der Anfangsphase der Weimarer Republik (bis 1923) ein permanenter Faktor der innenpolitischen Destabilisierung.

Harzburger Front: Zusammenschluss von Rechtsparteien und nationalen Verbänden (DNVP, NSDAP, Stahlhelm, Alldeutscher Verband, Reichslandbund) und rechtskonservativer Persönlichkeiten in Bad Harzburg 1931. Ihr Ziel war die Beseitigung der Weimarer Republik (→ Eiserne Front).

Herrschaftssystem: System der staatlichen Herrschaft, auch → Regierungssystem oder politisches System genannt. Man unterscheidet: 1. Das demokratische (= konstitutionelle) Herrschaftssystem, in dem die staatliche Macht durch eine Verfassung geregelt und in Übereinstimmung mit den Gesetzen per Gewaltenteilung ausgeübt wird. 2. In → autoritären oder → totalitären Herschaftssystemen ist die gesamte unumschränkte und unkontrollierte Macht in den Händen eines einzelnen (Diktator) oder einer Gruppe konzentriert (Militärdiktatur, Parteidiktatur. Er/sie hat bei der politischen Willensbildung ein Monopol.

Hindenburg: Vollständiger Name: Paul von Beneckendorff und Hindenburg (1847-1934). Berufsoffizier, während des Ersten Weltkriegs Oberbefehlshaber Ost. Nach Siegen über die russische Armee bei Tannenberg und an den Masurischen Seen (strategischer „Vater" Erich Ludendorff) Ernennung zum Generalfeldmarschall. Volkstümlichster deutscher Heerführer des Ersten Weltkriegs. Ende August 1916 bildet er mit Ludendorff die Oberste Heeresleitung (OHL), die das deutsche Reich militärisch und politisch leitet. Diese → Militärdiktatur ersetzt (inoffiziell) die → konstitutionelle Monarchie. 1925 wird er als Kandidat der Rechtsparteien Reichspräsident und bestimmt bis 1933 unter dem zunehmenden Einfluss enger Vertrauter, der → Kamarilla, die Weimarer Republik entscheidend. Als monarchisches, antidemokratisch-parlamentarisches Staatsoberhaupt ermöglicht er vom Parlament unabhängige Rechtsregierungen (→ Präsidialregierungen), macht den verfassungstechnischen Ausnahmefall zum Normalfall, ernennt am 30.1.1933 ohne zwingende Notwendigkeit Hitler zum Reichskanzler und trägt insgesamt wesentlich zum Untergang der Weimarer Republik bei.

Imperialismus (lat. imperium = Reich, Weltreich): a) Bestreben eines Staates, sein Staatsgebiet durch Eroberung oder → Annexion anderer Gebiete zu vergrößern (direkter Imperialismus) oder seinen politischen, militärischen, wirtschaftlichen und kulturellen Einfluss auf einen anderen, rechtlich selbständig bleibenden Staat auszudehnen (indirekter Imperialismus); b) Außenpolitik europäischer Staaten, der USA und Japans zwischen ca. 1880 und dem Ersten Weltkrieg; c) Epoche von ca. 1880 bis 1914/18.

Kamarilla (span. = Privatkabinett des Königs): Gruppe von Günstlingen und engen Vertrauten, die ohne verfassungsmäßige Befugnis unkontrollierbaren Einfluss auf den Herrscher ausüben.

Kellogg-Pakt (auch: Briand-Kellogg-Pakt): Ein von Aristide Briand initiierter und nach dem amerikanischen Außenminister Frank Kellogg benannter Kriegsächtungspakt von 1928, den die USA, Belgien, Deutschland, Frankreich, Großbritannien, Italien, Japan, Polen und die Tschechoslowakei abschlossen. An seinem Zustandekommen war auch → Gustav Stresemann maßgeblich beteiligt.

Konstitutionelle Monarchie: Regierungsform, in der die Macht des Monarchen durch eine Verfassung beschränkt wird. Charakteristika sind die Beteiligung der Volksvertretung an der Gesetzgebung, die parlamentarische Kontrolle der Exekutive, Ministerverantwortlichkeit, Unabhängigkeit der Judikative und Garantie der Grundrechte (→ parlamentarische Monarchie).

Militärdiktatur: Uneingeschränkte Ausübung der Staatsgewalt durch das Militär bzw. durch militärische Führer. Die Militärdiktatur kann als verfassungsmäßige Notstandsmaßnahme bei außergewöhnlicher Gefährdung der öffentlichen Sicherheit legitim sein (vgl. Diktaturrecht der Weimarer Reichsverfassung), ist jedoch meist die verfassungswidrige Aneignung der politischen Macht durch die militärische Führung.

Misstrauensvotum: Beschluss der Mehrheit des Parlaments, der Regierung, dem Regierungschef oder einem Regierungsmitglied das Misstrauen auszusprechen. Ein erfolgreiches Misstrauensvotum zwingt zum Rücktritt. In der Weimarer Republik genügte das einfache Misstrauensvotum, d.h. die das Misstrauensvotum einbringenden Parteien mussten sich nicht auf einen gemeinsamen Kanzlerkandidaten festlegen (=destruktives Misstrauensvotum) und konnten deshalb den Kanzler leicht stürzen. In der Bundesrepublik regelt Art. 67 GG das konstruktive Misstrauensvotum. Die das Misstrauensvotum einbringenden Parteien müssen sich auf einen gemeinsamen Kanzlerkandidaten geeinigt haben, der im Falle des erfolgreichen Misstrauensvotums das Kanzleramt übernimmt.

Nationalismus: Übersteigertes Selbstbewusstsein einer Nation bzw. eines Nationalstaats verbunden mit Machtstreben und Überheblichkeit gegenüber anderen Nationen (→ Chauvinismus).

Organisation Consul (O.C.): Rechtsradikale Geheimorganisation, die 1920 aus dem → Freikorps „Brigade Ehrhardt" hervorgeht. Die extrem antidemokratische, antiparlamentarische und antisemitische Organisation hatte zeitweilig ca. 5000 Mitglieder. Sie war für zahlreiche Gewalttaten und Terrorakte verantwortlich, u.a. für die Ermordung von M. Erzberger (1921), W. Rathenau (1922) sowie ein (gescheitertes) Attentat auf P. Scheidemann (1922). Ziel ihrer terroristischen Aktivitäten war es, einen Linksputsch zu provozieren, nach dessen Niederschlagung sie mit der Reichswehr eine Diktatur errichten wollte. Nach ihrer Auflösung (1923) schlossen sich ihre Mitglieder im „Bund Wiking" zusammen.

Panslawismus (gr.-lat.): a) Im 19. Jd. ursprünglich literarisch-kulturelle Bewegung mit dem Ziel, das Gemeinschaftsbewusstsein aller Slawen zu stärken; b) Seit 1848 auf den politischen Zusammenschluss aller slawischen Völker ausgerichtete Bewegung; c) Russische Politik in der zweiten Hälfte des 19. Jhs. und zu Beginn des 20. mit folgenden Zielen: Zersetzung des osmanischen Reichs und des Vielvölkerstaats Österreich-Ungarn, Hegemonie auf dem Balkan. Der Panslawismus scheitert am Misstrauen der Polen, Ukrainer und Kroaten, die ihn als „Panrussismus" (= unverhüllter russischer Imperialismus) ansehen.

Parlament (mittellat. = Gespräch, Besprechung): Vom Volk gewähltes politisches Vertretungs- bzw. Repräsentativorgan des eigentlichen Souveräns (= Volk). Höchstes Organ der modernen repräsentativen Demokratie mit folgenden Funktionen: 1. Legislative; 2. Kontrolle des Vollzugs von Gesetzen, Kontrolle der Regierung und der Verwaltungsbehörden; 3. Bildung und Unterstützung bzw. Kontrolle der Regierung; 4. Mitwirkung an der politischen Meinungs- und Willensbildung des Volkes; 5. Legitimierung des demokratischen Herrschaftssystems.

Parlamentarische Monarchie: Staatsform, die sich aus der → konstitutionellen Monarchie entwickelte. Sie ist aufgrund ihrer Regierungsform eine parlamentarische Demokratie. Charakteristika: 1. Das Staatsoberhaupt ist ein durch Erbfolge auf Lebenszeit bestellter Monarch, der jedoch nur repräsentative Aufgaben wahrnimmt (z.B. die des Staatsoberhauptes, die Ernennung der Regierung und hoher Beamter, die Eröffnung des Parlaments etc.); 2. Träger der Staatsgewalt ist die Volksvertretung (=Parlament); 3. Die Regierung ist allein vom Vertrauen des Parlaments abhängig.

Parlamentarismus: 1. Politische Bewegung, die seit dem 17. Jh. in England und seit dem 18. Jh. auf dem Kontinent die Ablösung der absoluten oder konstitutionellen Monarchien anstrebte. 2. Regierungssystem der parlamentarischen Demokratie in einer parlamentarischen Monarchie (z.B. Großbritannien) oder einer parlamentarischen → Republik, in dem die Volksvertretung die höchste Entscheidungsbefugnis hat.

Präsidialregierung: Bezeichnung für die Regierungen der Weimarer Republik 1930 bis 1933, die sich ausschließlich auf das Vertrauen des Reichspräsidenten, nicht jedoch auf das des Parlaments stützten. Die Kabinette Brüning, Papen, Schleicher und Hitler (bis 1934) regierten in der Regel ohne bzw. gegen das → Parlament mit Hilfe des Notverordnungsrechts des Reichspräsidenten (Art. 48 Weimarer Verfassung).

Propaganda (lat. propagare = verkünden): Methodische und systematische Werbung für bestimmte Ideen und Ziele bzw. für die dahinter stehenden Personen und/oder Organisationen (→ Agitation).

Protektorat (lat.): Schutzherrschaft über einen Staat, die jedoch in der Regel die Abhängigkeit des geschützten Staates bedeutet.

Räte, Rätesystem, Räterepublik: In der idealtypischen Form des Rätesystems werden wichtige Entscheidungen von der politischen Basis, den Urwählern getroffen, die auch ihre politische Vertretung (Räte) wählen. Die Räte der untersten Ebene (Betriebs-, Wohnebene) wählen die Räte der nächsthöheren Ebene usw., sodass sich eine hierarchische Struktur ergibt, an deren Spitze ein Zentralrat steht. Alle Räte tagen öffentlich und haben die legislative, exekutive und judikative Macht, die von gewählten Vollzugsausschüssen (Volksbeauftragte, Volkskommissare) ausgeübt wird. Die Räte sind an die Weisungen ihrer Wähler gebunden (imperatives Mandat). Gewaltenteilung existiert nicht. In der Praxis entartet das Rätesystem, da es einen hohen Grad an politischer Mitarbeit aller voraussetzt, weshalb in der Regel nur eine kleine Gruppe die Politik bestimmt. Die fehlende Gewaltenteilung verstärkt diesen Prozess der Machtkonzentration ebenso wie die nicht durchführbare Kontrolle übergeordneter Räte durch die Basis, die Urwähler.

Das Rätesystem ist in der kommunistischen politischen Theorie das Regierungssystem, das in der Revolutions- und Übergangzeit (vom Kapitalismus zum Sozialismus) die Diktatur des Proletariats sichern soll.

Regierungssystem: s. Herrschaftssystem.

Republik (lat. res publica = Sache der Allgemeinheit, der Öffentlichkeit): Staatsform, in der das Staatsoberhaupt (im Gegensatz zur → Monarchie) ein durch Wahl für eine bestimmte Zeit bestellter Staatspräsident ist. Über das → Herrschafts- bzw. Regierungssystem sagt die Staatsform nichts aus. Eine Republik kann eine Demokratie westlicher Prägung sein, eine Volksdemokratie (wie in den früheren Ostblockstaaten) oder eine Diktatur.

Splendid Isolation (engl. = glanzvolles Alleinsein): Bezeichnung für die britische Außenpolitik des 19. Jhs., die aufgrund der Insellage Großbritanniens davon ausging, dass das Königreich keine Bündnisse brauche und diese vermied, um so seine uneingeschränkte politische Handlungsfreiheit zu wahren.

Staatsform: Form, in der in einem Staat die staatliche Herrschaft organisiert ist. Es gibt zwei Arten der Staatsformen, die abhängig sind von der Bestellung und der Amtszeit des Staatsoberhauptes: 1. Die Monarchie mit einem durch Erbfolge bestellten und auf Lebenszeit amtierenden Monarchen; 2. Die Republik, deren Staatsoberhaupt ein für eine bestimmte Zeit gewählter Staatspräsident ist (→ Herrschaftssystem, Regierungssystem).

Stresemann, Gustav (1878-1929): 1907-1912 Reichstagsabgeordneter der Nationalliberalen Partei. Im Ersten Weltkrieg Befürworter

→ annexionistischer Forderungen. Mitbegründer der DVP (Dez. 1918), Reichskanzler einer Großen Koalition (SPD, Z, DDP, DVP) vom 23.8.1923 bis zum 2.11.1923; beendet den Ruhrkampf und erreicht die Stabilisierung der von ihm eingeführten neuen Währung (Rentenmark) und der Staatsfinanzen; von August 1923 bis zu seinem Tode Außenminister. Einflussreichste, stabilisierende Persönlichkeit der Weimarer Republik.

Totaler Krieg: Neuartige, im 19. Jh. sich entwickelnde Form des Kriegs (Vernichtungskrieg) mit folgenden Charakteristika: 1. Ziel ist nicht nur die militärische Unterwerfung des Gegners, sondern dessen physische und moralische Vernichtung; 2. Unterordnung aller militärischen, wirtschaftlichen und politischen Belange unter dieses Ziel; 3. Einsetzung aller ideologischen und propagandistischen Mittel zur Diskriminierung des Gegners; 4. Uneingeschränkte massive Gewaltanwendung auch gegenüber der Zivilbevölkerung; 5. Einsatz von Massenvernichtungsmitteln und Zerstörung ganzer Landstriche.

Totalitär, totalitärer Staat (lat. = gänzlich, völlig): Ein totalitärer Staat hat die → Herrschaftsform der Diktatur, die alle gesellschaftlichen und politischen Bereiche erfasst, reglementiert, lenkt und kontrolliert. Der totalitäre Staat erlaubt keinen staatsfreien Lebensbereich und unterdrückt jegliche freie Willensäußerung. Charakteristika: 1. Totalitäre, d.h. allein gültige Ideologie; 2. Völlige Politisierung und Uniformierung des gesellschaftlichen Lebens; 3. Gleichschaltung aller gesellschaftlichen und politischen Kräfte, Gruppen und Organisationen; 4. Einparteiensystem; 5. Führerprinzip. Der Totalitarismus (= Herrschaftssystem des totalitären Staates) war die Grundlage des Faschismus, des Nationalsozialismus und des Bolschewismus (→ autoritär).

Triple Entente: Bündnis von 1907 zwischen Großbritannien, Frankreich und Russland.

Es entwickelte sich aus dem russisch-französischen Militärbündnis (1892), der britisch-französischen Entente cordiale (1904) und dem britisch-russischen Ausgleich für Persien, Afghanistan und Tibet (1907). In Deutschland wurde sie als „Einkreisungspolitik" angesehen (→ Entente cordiale, → Zweibund).

Weimarer Republik: Bezeichnung für die erste deutsche Republik, deren politische und verfassungsrechtliche Grundlagen in Weimar gelegt wurden. Da es keine exakte Datierung gibt, werden im Allgemeinen als markanteste Ereignisse der 9.11.1918 (Ende der Monarchie bzw. Ausrufung der Republik) und der 30.1.1933 (Ernennung Hitlers zum Reichskanzler) verwendet.

Young-Plan: Der nach dem amerikanischen Finanzexperten Owen Young benannte Plan von 1929 zur Regelung der Reparationsfrage (→ Dawes-Plan).

Vierzehn Punkte: Januar 1918 vom amerikanischen Präsidenten Woodrow Wilson verkündetes Programm einer künftigen Weltfriedensordnung. Programmpunkte waren u.a. die freie und öffentliche Diplomatie, die Freiheit der Meere und der Wirtschaft, Abrüstung, Selbstbestimmungsrecht der Völker und ein Völkerbund als Garant für politische Unabhängigkeit, territoriale Unverletzlichkeit, Gerechtigkeit, Frieden und Freiheit.

Zweibund: 1879 zwischen dem deutschen Reich und Österreich-Ungarn abgeschlossenes Defensivbündnis. Inhalt: Gegenseitiger Beistand bei einem Angriff Russlands oder bei dessen Unterstützung einer anderen angreifenden Macht (z.B. Frankreich). Bei alleinigem Angriff einer anderen Macht sind die Vertragspartner zur wohlwollenden Neutralität verpflichtet (→ Dreibund, → Entente cordiale, → Triple Entente).

Abiturwissen. Sicher ins Abi.

Abiturwissen Deutsch
Deutsche Literatur
Band 1 – Anfänge bis 1914
ISBN 978-3-12-929638-7

Abiturwissen Deutsch
Grundbegriffe der
Literatur von A – Z
Defitionen, Beispiele,
Erläuterungen
ISBN 978-3-12-929788-X

Abiturwissen
Mathematik
Analysis
ISBN 978-3-12-929639-4

AbiWissen kompakt
Biologie
ISBN 978-3-12-929835-0

Abiturwissen Geschichte
Das Dritte Reich
ISBN 978-3-12-929636-3

Lektürehilfen
J. W. von Goethe –
„Faust – Erster und zweiter
ISBN 978-3-12-923002-2

Erhältlich im Buchhandel

Informationen unter **www.klett.de**.

Klett Lernen und Wissen GmbH,
Postfach 10 26 45, 70022 Stuttgart
Telefon 01 80 · 255 38 82, Telefax 01 80 · 255 38 83